ERIC LAMARRE | KATE SMAJE | RODNEY ZEMMEL

エリック・ラマール｜ケイト・スマージュ｜ロドニー・ゼメル [著]　黒川通彦 [代表監訳]

マッキンゼー
REWIRED
［リワイヤード］

デジタルと
AI時代を勝ち抜く
企業変革の実践書

東洋経済新報社

REWIRED

The McKinsey Guide to Outcompeting in the Age of Digital and AI
by Eric Lamarre, Kate Smaje, Rodney Zemmel

◎日本語版出版に当たって

　ある日、私のメールボックスに、エリック・ラマールから届いた一通のメールを見つけた。エリックは、マッキンゼーの北米のデジタル部門代表のシニアパートナーであり、私が日本でデジタル部門を率いるうえで、常に的確なアドバイスを授けてくれるメンターの一人だ。そのメールには、『Rewired』という書籍を北米で出版したこと、そして、その書籍がベストセラーに輝いていることが記されていた。メールの最後には「この書籍を読んで、あなたの感想を聞かせてほしい」と記されていた。

　しかし、『Rewired』とは一体何なのだろうか？　辞書をひいてみても、「Rewired：電線を配線しなおす、入れ替えること」という定義しか得られない。私は迷わず電話を取り、エリックにこの書籍の出版の意図について尋ねてみた。

　エリックは熱心に語った。「デジタルとAIは、ビジネスで必要不可欠なものとなっているが、その恩恵を最大限に引き出し、大きな成功を収めるためには、経営陣が組織の『大手術』を行う覚悟と意志が必要である。何百、何千ものチームがテクノロジーを駆使し、持続的な顧客体験を創造し、効率を向上させ、価値を高め、成長を遂げる必要がある。それこそが、『Rewired：ビジネスの配線をし直すこと』なのだ。この大変革は、世界中のすべての経営幹部にとっての大きな課題であり、この書籍はその重要性に焦点を当て、コアビジネスの変革に向けたチームの調整方法、人材の再教育、新しいオペレーティングモデルの導入、チームを強化するための分散テクノロジーとデータ環境の構築、そして価値の拡大についての実践的な手引きを提供している。マッキンゼーは毎年、2,000社以上のデジタルおよびAIトランスフォーメーション（DX）プロジェクトを支援しており、その中から、特に大きな成功を収めた選りすぐりの200社との共同作業の中で導いた、成功のための方法論や教訓を、本書にまとめた。アセスメント、オペレーティングモデルの設計、テクノロジーとデータアーキテクチャ、ハウツーチェックリスト、ベストプラクティス、詳細な導入方法など、豊富なケーススタディと、100点以上の図解で解説したもので

ある。『Rewired』は、デジタルとAIの時代において競争に勝ち抜くための、ハードワークをこなす準備ができたリーダーのための実践書なのだ。これから残りのキャリアすべてをかけて、ビジネスを再構築し、成功への道を切り拓くための貴重な情報が詰まっているのである。書籍を読んだ、ファイザー、アルファベット、ING、アディダス、ボーイングといったDXで成功した企業のCEO・CxOからも、本書は最高のDXの手引書であると、賛同のコメントが多数寄せられ、書籍は全米のビジネス書でベストセラーになった」

　30分にわたり、熱弁を振るったエリックの説明には、大きな説得力があった。

　日本でこれまでに出版されているDXの書籍は、「なぜ (Why)」に焦点を当てたものが多かった印象がある。しかし、それは日本の経営者にとって、耳にタコなのではなかろうか。やらねばならない事は分かっている、でも、できる人がいない、何を優先的にやるべきか分からない。それを解説してほしいのだ。『Rewired』は、今までの書籍とは、その点で大きく異なる。この書籍には、もはやDXの必要性 (Why) はほとんど語られていない。企業変革するために、何を (What)、どうやるか (How) に、大きな焦点を当てて解説されている。この書籍は日本で初めて出版される、デジタル・AIの実践的な手引書と言えるだろう。

　私は、最終的にエリックの冒頭のメールに次のように返信した。

　「この書籍は、日本のDXを10年、20年先に進める可能性を秘めている。正しい方々に、正しい方法で、とにかく早く届けなければならない。すぐにこの書籍を日本語に翻訳し、出版させてほしい。出版したら、エリック、あなたは、共同執筆者のロドニー、ケイトと共に、すぐに日本に飛んでくれ。そして、日本の経営者と直接対話をしてほしい」。彼は快諾し、私はマッキンゼー・デジタルの書籍出版チームをすぐに組成し、急ピッチで翻訳を進めた。海外のベストプラクティスを、そのまま当てはめるのが難しい部分については、日本における適用方法について、日本で数多くのDXを成功させてきた日本のリーダーたちが日本語版補記を寄稿することで、より日本のビジネスコンテキストに合わせた解説を行っている。特に、日本のボトムアップ・根回し・合議制などの企業文化の課題や、デジタル人材不足・IT丸投げ・クラウド慎重論・部門縦割りによるデータの分断など、組織能

力の課題を乗り越えていく方法に重点を置いて解説した。

　日本では、現在、空前の生成AIブームに沸いている。一方で、DXによる企業変革そのものへの関心は低下気味で、DX疲れのような空気も感じられる。しかし、これは大きな間違いだ。なぜなら、生成AI単独が貢献する企業価値向上幅は限定的だからだ。GDPを押し上げるような、最も大きな価値は、デジタルとAI（生成AIも含まれる）を用いた、企業変革から生まれるからだ。本書でも述べているように、そもそも企業価値は、収益性と成長性の愚直な変革でしか生まれない。収益性であれば、他社よりも圧倒的に資本効率が高いビジネスモデル・ビジネスプロセスに変革がなければならないし、成長性であれば、将来にわたり顧客にとって魅力的な商品・サービス・顧客体験を作り続けなければならない。そして、それを支える人が、高いエンゲージメントでやる気をもって、絶え間なく変革し続けなければならないのである。この変革に、ありとあらゆる手段を使う。その手段がデジタルやAIであるというわけだ。変革は決して容易ではなく、失敗も繰り返すことになる、だが、そこでやめることはできない、なぜなら、DXは企業活動そのものだからだ。

　最後に、これらの課題を乗り越えるために、本書で語られている、心に残った印象的なメッセージをいくつか紹介し、締めくくりとしたい。

　「すべての経営者は、その残りのキャリアを、テクノロジーを活用して競争優位を築くために費やすことになるであろう」

　「DXとは、継続的に競争力を高めるための旅なのである。DXは、一度きりの変革で終わるものではない」

　「魔法のようなユースケースは一つもない。奇跡を急ぐ人は、腐った奇跡を手に入れるだろう」

　「デジタルネイティブな企業ですら、成功するために投資し、実験し、失敗し、適応し、ようやく今の姿になった」

　「計画のない目標は、ただの願望に過ぎない。変革ロードマップは経営陣にとっての契約書である」

　「DXは究極のチームスポーツ。口笛だけで交響曲を演奏できる人はいない。演奏するにはオーケストラが必要なのだ」

　「自社の競合差別化を作る部分は、決して、丸投げ・アウトソースしてはならない」

「DXの旅はまだ1日目、つまり始まったばかりである」

　この書籍が、日本のより多くの方々に届き、難しく、困難なDXを成功させるために活用されることを祈りながら、皆さんと直接お話しできる日を、マッキンゼー一同、心待ちにしている。

マッキンゼー・デジタル　日本共同代表　黒川通彦

● デジタルおよび AI トランスフォーメーション（DX）の意味合い

デジタルおよび AI トランスフォーメーション（DX）とは、

競争優位性の
源泉　　　　……… テクノロジーをベースとした組織能力 を構築する

CEO を含む
経営層が主導　……… プロセス であり、それによって、

改革の両輪　……… 企業は 顧客体験の向上とコスト削減 を

今まで
できなかった　……… 継続的に実現 し、長期にわたり
こと

究極の目標　……… 競争優位性 を維持することが可能となる

企業がデジタルとAIを持続的な競争優位の源泉に転換するための条件

　ビジネスリーダーたちは、残りのキャリアをかけて、自社のデジタルおよびAIトランスフォーメーション（以下、DX=Digital Transformation）を推進することになる。

　この声明は、2つの現実を反映している。一つは、デジタルは絶えず変化しているということである。過去10年間で、新たなテクノロジー（クラウド、AIなど）、新たなアーキテクチャのパラダイム（マイクロサービス、APIなど）、ソフトウェアの新たな構築方法（アジャイル、DevSecOps〈開発、セキュリティ、オペレーション〉など）が次々と登場したことで、デジタルは我々の生活のほぼすべての側面に浸透している。さらに、生成AI、エッジコンピューティング、量子コンピューティングなど、他のフロンティアテクノロジー[1]については、まだほんの一端しか見えていない。

　テクノロジーが進化し続ける限り、ビジネスも進化させる必要がある[2]。「トランスフォーメーション（変革）」という言葉自体が、終わりのある1回きりの取り組みを連想させるため誤解を招きやすいが、実際には、DXは継続的に競争力を高めるための旅なのである。

　もう一つの現実は、DXを成功させるのは難しいということである。このテーマに関するマッキンゼーの最新の年次調査では、89％の企業がDXに着手していると回答している。しかし、各社は期待された収益の31％しか獲得しておらず、期待されたコスト削減総額のわずか25％しか実現できていない[3]。

　残念ながら、即効性のある解決策はない。システムやテクノロジーを導入すればそれで終わり、というわけにはいかないのである。DXリーダー企業を見てみても、「魔法のような」ユースケースは一つもないことが分かる。彼らは、何百ものテクノロジー主導型ソリューシ

ョン（独自開発および既製品⁴）を連携させ、それらを継続的に改善することで、優れた顧客体験や従業員体験を生み出し、単位コストを引き下げ、価値を生み出しているのである。そして、このようなソリューションを生み出し、管理し、進化させるためには、企業は自社のオペレーション方法を根本から見直す必要がある。これはつまり、組織の様々な部門にまたがる何千人もの人々が協力し、これまでとは異なる方法で働くことを意味する。そして、新たな人材を迎え入れ、そのスキルを活用し、成長を支援する高速学習ループを開発することも必要となる。DXは、テクノロジーと同様に、新たな組織能力を開発することも非常に重要である。

　どのような企業も、この問題に苦労を強いられてきた。誰もが知るテクノロジー業界の寵児でさえ、成功するために投資し、実験し、失敗し、適応しなければならなかった⁵。Amazonの小売ビジネスを例にとると、同社は現在、新規取引業者の開拓、在庫補充、価格設定、注文処理などを自動化している。これらのプロセスはすべて、ビジネス、テクノロジー、オペレーションの専門家で構成される何千もの部門横断チームによって開発された独自のソリューションにより自動化された。しかし、Amazonといえども、最初から今日我々が知る「Amazon」であったわけではない。同社は、テクノロジーと組織能力の開発に投資し、時間をかけて継続的に改善することで、真のデジタル企業へと自らを変革してきたのである⁶。

　Amazonの成功はよく知られているが、DXによって競争を勝ち抜き、デジタル力においてライバル企業との差を拡大している企業の好例は他にもある。こうした成功は、苦労して得た教訓に基づくものであり、その教訓は成功のレシピとして集約されている。本書はまさにそのレシピであり、そのストーリーを綴ったものである。

◉ 競争優位の源泉としてのデジタル

　つい最近まで、伝統的企業の経営者は、しばしば基幹システムの刷新を先延ばしにしてきた。その理由は、「他社で導入実績のあるシステムを後から購入する方が安価でリスクも少ない」との考えからであった。我々も、経営者たちが、「標準的なパッケージを購入したい。カスタムメイドのものは高価で複雑すぎる」と言うのをよく耳にした。

テクノロジーはもちろん会社を運営するために必要であったが、どの企業もベンダーから同じテクノロジーを購入することができたため、それが競争上の優位性をもたらすことはほとんどなかった。もし優位性があるとすれば、これらのシステムを予算内で期限通りに導入し、導入した機能を上手に活用することにあった。

しかし、この状況は一変した。企業は今でもベンダーからシステムを購入して事業を運営しているが、デジタルテクノロジーの台頭と、それに関連する新たなアーキテクチャのパラダイムやソフトウェア開発方法により、独自のアプリケーションを開発・維持することが可能になった。ソフトウェア産業が成熟し進化するにつれて、既存のソフトウェアの構築要素からアプリケーションを組み立て、必要な部分のみ新しいコードを開発するソフトウェアサプライチェーンが出現したのである。こうした進展や、生成AIのように眼前に現れた新たな発展により、独自のアプリケーションを開発するためのコストと時間が劇的に削減され、あらゆる企業がそれを基盤として競争することが可能となった[7]。

では、デジタルによって競争優位を築き、それにより十分な成果をあげている企業はあるのだろうか。企業の業績には多くの要因が影響するため、その結果が財務業績に表れるほど企業を大きく変革するには時間がかかる。とはいえ、これは根本的な問いである。企業は、デジタル化に向け、組織的にも財務的にも大規模な取り組みを行っている。それにもかかわらず期待する成果をあげられないということは、これらの取り組みが果たして労力に見合うものなのか、という疑問を投げかけることになる。

我々の数年間に及ぶ調査結果からは、トップクラスの業績をあげている企業は、一連のデジタル化の取り組みを実施することで、顕著な改善を達成していることが明確に示されている[8]。

例えば、1,300人以上の経営層を対象にした最新の調査では、トップ企業の70%が高度なアナリティクスを活用して独自の洞察を深めており、50%がAIを活用して意思決定を改善・自動化していることが明らかになっている[9]。

この基本的なデータを基に、我々は、DXと財務上の優れたパフォーマンスとの関連性を、具体的かつ実証的に明らかにするための研究を開始した。そこで我々は銀行業界に注目した。この業界には、先進

国市場における80のグローバル銀行に関する独自のベンチマーキングデータが存在する。また、銀行は5～10年の間にDXを進めてきたセクターであり、その効果を確認するのに十分な期間があった。我々の研究は2018年から2022年の期間をカバーしており、20のDXリーダー企業と20のデジタル後発企業に焦点を当てた。その結果、次の3つの主要な洞察が導き出された[10]。

❶ DXリーダー企業は優れた業績をあげている

　銀行業界のDXリーダー企業は、主要な財務指標である有形株主資本利益率 (ROTE) を向上させている。また、株価収益率 (PER) についても同様の結果を示している。この期間中、DXリーダー企業は、優れた営業レバレッジ (固定費をどれだけ活用して営業利益を生み出しているかを測定する指標) で後発企業を上回った。DXリーダー企業の株主資本利益率 (TSR) は年間8.2%上昇したのに対し、後発企業は4.9%にとどまった。DXリーダー企業は、経済的に十分な利益を獲得することができたのである。

❷ 競争優位性は、エンド・ツー・エンドのビジネスモデル変革から生まれる

　我々は、銀行業界におけるビジネスモデル変革の4つの中核指標と、これらの指標がDXリーダー企業と後発企業において、経時的にどのように変化したかを調査した (図表0-1)。最初の指標は、顧客のモバイルバンキングアプリ導入率である。DXリーダー企業は後発企業を上回ったが、両者とも大幅な改善を遂げている。これは意外に思えるかもしれないが、そうではない。ある銀行がモバイルの新機能を導入すると、他の銀行も6～12カ月以内に追随する。銀行業界においてモバイルアプリは基本的なソリューションであり、競争上の差別化にはつながらない。大半の銀行が、モバイルアプリを開発・改善するためのデジタルチームを構築している。次に、他の3つの指標、すなわちデジタルセールス、支店網要員数、コンタクトセンター要員数を見てみよう。これらの指標は真のオペレーションの優越性を反映するものであり、この点においてDXリーダー企業は後発企業に対して加速度的な改善を示している。これらの指標を改善するにはそれぞれエンド・ツー・エンドのプロセス変革が必要となるため、その実現にはよ

図表0-1 ● 銀行業界におけるDXの中核指標

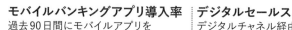

■後発企業
■DXリーダー企業

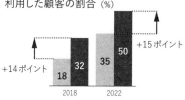

モバイルバンキングアプリ導入率
過去90日間にモバイルアプリを
利用した顧客の割合（%）

+15ポイント
+14ポイント
18 32 35 50
2018 2022

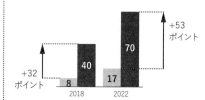

デジタルセールス
デジタルチャネル経由の売上高比率（%）

+53ポイント
+32ポイント
8 40 17 70
2018 2022

支店網要員数
顧客10万人当たりの支店平均
FTE数の変化率（%）

2018年から2022年
-20 -29

コンタクトセンター要員数
インバウンドコンタクトセンターの
顧客10万人当たりの平均FTE数の
変化率（%）

2018年から2022年
20 -11

資料：Finalta Global Digital Benchmark、グローバルコンタクトセンター指標（2019年以降のみ）

り困難を伴う。

　DXリーダー企業では、このプロセスのフロントエンドにおいて、パーソナライゼーション分析とデジタルマーケティングキャンペーンを統合し、（潜在的な）顧客に関連するオファーを提供している。プロセスの途中で顧客がオンラインからアクセスした場合でも、支店やコンタクトセンターのスタッフは、顧客をサポートするためのツールやデータを活用し、セールスジャーニーのあらゆる段階において顧客にオムニチャネル体験を提供している。

　また、これらのDXリーダー企業では、自動化された信用リスク判定により、顧客の承認をリアルタイムで行うことが可能である。プロセスのバックエンドでは、最新のデータアーキテクチャによって実現された優れた設計によるデジタル業務フローを通じて、顧客のセルフサービスを促進している。つまり、DXは、フロントエンドのモバイルアプリにとどまらず、マーケティング、セールス、サービシング、リスク管理にまで及んでいるのである。

❸DXリーダー企業はより優れた組織能力を構築している

　我々は、DXリーダー企業と後発企業のDXの実践方法について調査した。その結果、明確な違いが浮かび上がった。リーダー企業は、一流のエンジニアが活躍できる環境づくりに重点を置き、質の高いデジタル人材チームの構築を進めている。彼らは、新しいオペレーションモデルを採用しており、ビジネス、テクノロジー、オペレーションの各分野の人材を集め、少人数のアジャイルチームを編成し、継続的に顧客体験を向上させ、自動化によって単位コストを削減している。また、クラウドを基盤とした最新の分散型テクノロジーとデータアーキテクチャを構築しており、これにより、IT部門だけでなく、組織全体でデジタルおよびAIベースのソリューション開発が可能となっている。彼らは、人材、オペレーティングモデル、テクノロジー、データといった能力開発に投資し、組織全体でそれらを活用し、優れたデジタル体験と継続的な改善を実現しているのである。つまるところ、DXリーダー企業の経営陣は、コアビジネスの再構築に大胆に取り組み、ビジョンを実現するために、従来の縦割り構造から脱却し、チームとして結束力を高めている。また彼らは、競争優位性の源泉となる組織的・技術的な差別化能力の構築に、より戦略的に投資している。このような能力は、時間の経過と共に、顧客体験を絶えず向上させ、単位コストを引き下げる原動力となる。そうすることで、彼らは競争力を高め、財務的成果を得ることが可能となっているのである。

　このことは、B2BかB2Cか、製品かサービスかを問わず、あらゆる業界に当てはまることである。すべての企業に、DXから大きな価値を生み出すチャンスがある。ただ、その方法を知っているかどうかが問題なのである。

◦ 方法論

　DXの基本や、それにより実現される価値については、多くの企業が精通しているであろう。なかには、初期の段階で大きな成功を収めた企業もある。しかし、ビジネスの価値を劇的に変えるほどの大規模で勢いのあるDXは、それとは全く異なるものである。

　経営者たちには、大規模なインパクトを達成するための組織能力をどのように構築するかについての詳細な視点が欠けている。本書は、

その「どのように」という問いに答えるものである。そして、変革を成功させるために必要となる困難な仕事に取り組む覚悟を持つリーダーのためのマニュアルでもある。本書では、スマートフォン、IoT (モノのインターネット)、人工知能 (生成AIや機械学習、ディープラーニングを含む)、AR (拡張現実) やVR (仮想現実)、ビッグデータやリアルタイム分析、デジタルツイン、API、クラウドテクノロジーなど、テクノロジーが生み出すユニークな課題と機会を検証している。DXでは、これらのテクノロジーを組み合わせてデジタルソリューションを開発する必要がある。

本書で紹介する方法論は、世界中のマッキンゼーのチームが、クライアントと共にDXに取り組む際に使用しているものと同様のものである。本書『Rewired』は、過去10年にわたる現場での絶え間ない開発、改良、学習の成果として、マッキンゼーの教訓と、効果検証済みの方法論をハウツー本としてまとめたものである。

本書では、これらの教訓を、各企業の組織能力に対応して6つの部に分類している。まず、変革の価値やロードマップについて経営陣の合意を形成することについて説明する。次に、競争力のある差別化されたデジタルソリューションを開発するための遂行能力の構築方法について取り上げ、最後に、デジタルソリューションのビジネスプロセス全体への導入を促進し、企業全体で効果的に規模を拡大するためのチェンジマネジメントについて説明する (図表0-2)。

本書はこれらの6つの部で構成され、それぞれ企業に不可欠な組織能力について取り上げている。企業は、これらすべてに取り組まなければ、DXを成功させることはできない。これは、過去10年間にわたりマッキンゼーがクライアントと共に取り組んできた結果から明らかになった重要な知見である。また、本書では、3つの企業がどのようにDXの旅路を歩んできたかを考察する部も設けている。各部の主な内容は以下の通りである。

CHAPTER 1 DXロードマップの構築

CHAPTER 1では、経営陣が、いかにして「北極星 (目指すべき指針)」となるビジョンを策定し合意を形成するか、また、いかにしてテクノロジーによってビジネスを再構築するかについて説明する。その結果導き出された決定事項を、具体的なインパクトと実現に必要となる新

合意形成

❶変革ロードマップ

変革のビジョン、価値、ロードマップについて経営陣の合意を形成し……

……卓越した顧客体験と単位コストの削減を実現するために事業ドメインを再構築する

遂行能力

❷タレントプール
実行と革新のための適切なスキルと能力を確保する

❸オペレーティングモデル
ビジネス、オペレーション、テクノロジーを一体化させることで、組織の新陳代謝を促進する

❹テクノロジー
革新のスピードを加速させるため、より簡単にテクノロジーを活用できるようにする

❺データ
継続的にデータを充実させ、組織全体で利用しやすくすることで、顧客体験と事業運営を改善する

**チェンジ
マネジメント**

❻導入と普及
デジタルソリューションの導入と組織全体への普及を確実に行い、変革の進捗とリスクを厳重に管理することで、価値獲得の最大化を図る

たな能力を踏まえ、詳細なロードマップに落とし込む。頓挫したDXを検証してみると、直面する課題の多くは、この段階での失策に起因していることが分かる。

CHAPTER 2 デジタル人材チームの構築

デジタルエクセレンス実現への旅をアウトソーシングすることはできない。企業は、独自のデジタルソリューションを構築し進化させる能力を持つ必要があり、そのためには質の高いデジタル人材が必要になる。伝統的企業の多くは、タレント獲得においてデジタルネイティブ企業と競争することは不可能と考えがちであるが、実際には競争することも獲得することも可能である。CHAPTER 2では、優秀な人材を採用するだけでなく、その人材が活躍できる環境を構築するための組織づくりなど、DXロードマップと同様に詳細なタレントロードマップを策定する方法について詳述する。

CHAPTER 3 新たなオペレーティングモデルの導入

DXにおいて、おそらく最も複雑な側面は、顧客中心主義とスピードを促進するオペレーティングモデルを開発することである。これは、組織の中核、管理プロセス、そして数多くのチームの働き方に関わるからに他ならない。CHAPTER 3では、デジタルファクトリーから、製品やプラットフォームを中心に構築された組織まで、検討すべき様々なオペレーティングモデルの選択肢について説明し、組織の実態に合わせた選択方法を示す。さらに、プロダクトマネジメントや顧客体験デザインなど、成功を勝ち取る組織能力をどのように確立し、拡大していくかについて紹介する。

CHAPTER 4 スピードと分散型イノベーションのためのテクノロジー

CHAPTER 4では、デジタルおよびAIソリューションを迅速に構築するために必要なサービスを、何百、何千ものチームが簡単に利用できる分散テクノロジー環境を構築する方法について説明する。また、DevSecOps（開発、セキュリティ、オペレーション）やMLOps（機械学習オペレーション）など、高速開発、高品質なコード、最高クラスのオペレーション性能を実現するために中心的な役割を果たす最新のソフトウェアエンジニアリングの取り組みについても詳述する。

CHAPTER 5　あらゆる場所にデータを浸透させる

CHAPTER 5では、データの品質、活用、再利用を促すために必要なデータ設計に関する意思決定について説明する。これにより初めて、真のAIの力を発揮することができる。我々は、ビジネスに最大の利益をもたらすようなデータプロダクト（他のアプリケーションから簡単に利用できる形式にパッケージ化されたデータ）を開発・実装する方法を探る。また、最も有望なデータプロダクトでさえも台無しになりかねない、難解なデータガバナンスと組織の課題について言及する。

CHAPTER 6　導入と普及の鍵

デジタルおよびAIトランスフォーメーション（DX）で最も悩ましい側面の一つは、最良のデジタルソリューションでさえも、想定しているほどの効果が得られないことである。企業は通常、初期のソリューション開発には投資するが、ユーザーへの普及や企業全体への拡大を促進するための投資を渋る傾向がある。CHAPTER 6では、優れたソリューションがその価値を十分に発揮できない原因となっているテクノロジー、プロセス、および人的な問題に対処する方法に焦点を当てながら、チェンジマネジメントにおける課題を追求する。

CHAPTER 7　変革ジャーニーのストーリー

本書の終わりに、我々がDXリーダー企業と考える3つの企業、フリーポート・マクモラン、DBS、LEGOグループについて詳細な分析を行う。CHAPTER 7では、本書で取り上げた6つの要素がこれらの模範的企業でどのように組み合わされているかを明らかにし、これらの企業が能力を構築した方法から、価値を提供するためにチームがどのように取り組んだかに至るまで詳細に考察する。また、彼らの長い旅路における分岐点、克服したチェンジマネジメントの課題、そして、競合他社に対してどのように競争優位性を確立したかについても焦点を当てる。

本書は、これらの要素が互いにどのように作用し合うのが効果的かについて、統合的な視点を提供する。例えば、CHAPTER 1のDXロードマップは、CHAPTER 6の価値追跡方法と整合している。CHAPTER 2のデジタル人材は、CHAPTER 3のオペレーティングモデルの設計と

整合している。このような統合的アプローチは、DXを成功させるための基盤となる。我々は、多くの企業が変革全体の一貫性を確立するのに苦労しているのを目の当たりにし、それが本書を執筆する最大の動機の一つとなった。

● 本書が提供するもの、しないもの

我々が提供するのは、DXに関する引用可能な統計が掲載された、分厚い本ではない。変革を成功させるために必要不可欠なツールである。これには、マッキンゼーのフレームワーク、プロセスフロー、テクノロジーアーキテクチャ図、ワークプラン、ハウツーチェックリスト、チームの編成モデルなどが含まれる。

本書は、企業のDXの策定と遂行に責任を持つリーダーや実務家向けに作成されたものである。CEOや経営陣はもちろんのこと、ビジネスユニットや機能ユニットにおいてテクノロジー関連の変革を主導する責任者も対象としている。

本書はまた、これらのテーマに関する記事や書籍を何十冊と読んでもなお、テクノロジーに戸惑いや違和感を持つ経営者のためのものでもある。ビジネスにデジタルテクノロジーを効果的に導入するために経営者が知っておくべきことを網羅している。特定のテクノロジーに焦点を当てるのではなく、DXにより目標を達成するために必要な幅広いテクノロジーのリストを示している。

また、本書は特定のデジタルソリューションに焦点を当てるものではない。どの業界も、また各業界内のどのプロセスも、顧客により良いサービスを提供し、単位コストを削減するために、それぞれ異なるデジタルソリューションが使用されている。例えば、消費財業界では、収益管理ソリューションが業績向上に不可欠である。鉱業では、プロセスの歩留まりを最大化することに焦点を当てたソリューションが鍵となる。本書では、どのようなデジタルソリューションを構築すべきかを見極め、それをどのように構築・実装すべきかについて考察する。

本書『Rewired』は、企業がDXにおいて直面する一般的なトピックを、順を追って説明している。ただし、既に変革ジャーニーの途中にある人や、変革の特定の領域を担当している人が、自らが直面している課題に最も関連性の高い箇所のみを参照できるよう、各

CHAPTER・各SECTIONごとに完結する構成とした。

　周知の通り、デジタルは日進月歩の分野であり、最先端のテクノロジーは常に進化している。本書の内容は、マッキンゼーが独自に開発したDX方法論の第4世代に基づいている。我々はこの方法論を約18カ月ごとに更新しているが、本書も定期的に更新し、実務家の視点から、この分野がどのように進化しているかを明確に理解していただくことを意図している。本書が、このエキサイティングな旅路において、皆様にとって信頼できる有益なガイドブックとなることを願っている。

● DXの旅は始まったばかりである

　企業がデジタルの世界をどのように航行し持続可能な競争優位を達成するかは、現代ビジネスにおける最重要課題の一つである。DXの規模を拡大し、テクノロジーで他社を凌駕するためには、トップチームは自社のビジネスを再構築するために必要となる組織的な「手術」を行う覚悟と意思を持つ必要がある。

　DXは、まさに絶え間ない進化と改善の積み重ねであり、現代のビジネスを成功裏に運営するための方法論である。この前提を受け入れることができれば、目の前の仕事への取り組み方に対する見方も変わるであろう。Amazon.com創業者、元CEOのJeff Bezos氏の言葉を借りれば、DXの旅はまだ1日目、つまり始まったばかりである。

参考

1. Michael Chui, Roger Roberts, and Lareina Yee, "McKinsey technology trends outlook 2022," McKinsey.com (2022年4月22日)
   https://www.mckinsey.com/capabilities/mckinsey-digital/our-insights/the-top-trends-in-tech.

2. Simon Blackburn, Jeff Galvin, Laura LaBerge, and Evan Williams, "Strategy for a digital world," *McKinsey Quarterly* (2021年10月8日)
   https://www.mckinsey.com/capabilities/mckinsey-digital/our-insights/strategy-for-a-digital-world.

3. Laura LaBerge, Kate Smaje, and Rodney Zemmel, "Three new mandates for capturing a digital transformation's full value," McKinsey (2022年6月15日)
   https://www.mckinsey.com/capabilities/mckinsey-digital/our-insights/three-new-mandates-for-capturing-a-digital-transformations-full-value.

4. 独自開発ソリューションとは、ビジネスやユーザーの問題を解決するために、既製のソフトウェアや、カスタム開発されたソフトウェアやデータセットを使用して構築されたソリューションを指す。独自開発ソリューションによりパフォーマンスに有意な違いをもたらし、競合他社がそれを複製することが困難な場合、それは競争上の優位性をもたらすものとなる

5. Steven Van Kuiken, "Tech companies innovate at the edge：Legacy companies can too," *Harvard Business Review* (2022年10月20日)
https://hbr.org/2022/10/tech-companies-innovate-at-the-edge-legacy-companies-can-too.

6. Colin Bryar and Bill Carr, "Working Backwards：Insights, Stories, and Secrets from inside Amazon", St. Martin's Press (2021年)

7. ソフトウェア開発者200人を対象とした生成AIの効果に関するマッキンゼーの社内研究では、コード開発における生産性が25%以上向上することが示唆されている (この研究成果は近日中に公開予定)

8. Michael Chui, Bryce Hall, Helen Mayhew, Alex Singla, and Alex Sukharevsky, "The state of AI in 2022 and a half decade in review," McKinsey.com (2022年12月6日)
https://www.mckinsey.com/capabilities/quantumblack/our-insights/the-state-of-ai-in-2022-and-a-half-decade-in-review.

9. Laura LaBerge, Kate Smaje, and Rodney Zemmel, "Three new mandates for capturing a digital transformation's full value," McKinsey.com (2022年6月15日)
https://www.mckinsey.com/capabilities/mckinsey-digital/our-insights/three-new-mandates-for-capturing-a-digital-transformations-full-value.

10. この研究成果は "Harvard Business Review" 誌に掲載予定

CHAPTER 1
DXロードマップの構築

デジタルおよびAIトランスフォーメーション (DX) を成功に導く
ビジネス主導型のロードマップを整備する

CHAPTER 2
デジタル人材チームの構築
デジタル人材を惹きつけ、活躍できる環境を整備する

CHAPTER **3**
新たなオペレーティングモデルの導入
迅速かつ柔軟な組織とガバナンスに再編成する

CHAPTER **4**
スピードと分散型イノベーションのためのテクノロジー

組織全体のデジタルイノベーションを支えるテクノロジー環境を構築する

CHAPTER **5**
あらゆる場所にデータを浸透させる
組織全体でデータの利用を容易にするための取り組み

CHAPTER **6**

導入と普及の鍵

デジタルソリューションの導入と企業全体への普及を実現する方法

CHAPTER 7
変革ジャーニーのストーリー

DXを成功裡に推進した3社の探索

CHAPTER **1**

DXロードマップの構築

デジタルおよびAIトランスフォーメーション（DX）を成功に導く
ビジネス主導型のロードマップを整備する

失敗・頓挫したデジタルおよびAIトランスフォーメーションDX（以下、「DX」）を評価したところ、その多くが計画や合意形成が不十分であったことに起因していることが分かった[1]。戦略的な計画策定の段階で経営陣の中で認識のズレがあると、DXの実行は確実に混迷を極めることになる。

　典型的な落とし穴として、以下の5つが挙げられる。「①経営陣のデジタルへの理解がそれぞれ異なるため議論が噛み合わない」「②経営陣があまり価値をもたらさないプロジェクトに労力を注いでしまう」「③経営陣がテクノロジーソリューションに過度に集中し、肝心な人材やケイパビリティの要件を見落としてしまう」「④変革の対象領域が広すぎるため投資が薄く分散してしまう」「⑤経営者が他の経営陣に責任を委譲してしまう[2]」。

　もしこれらの落とし穴のどれかが現在あなたの会社に悪影響を及ぼしているならば、一度立ち止まって再考すべきである。変革の旅路の途中であっても、リセットするのに遅すぎることはない。何を達成したいのかを明確にし、それを達成するための計画について合意を形成することで、この先の変革に対し高揚感と信念を生み出すことができる。以下のSECTIONでは、ロードマップを構築し、DXのための強固な基盤を確立する方法について説明する。

SECTION 1-1　トップチームを動機づけし、ビジョンについて合意を形成する

　デジタルにおける共通言語を確立し、他の業界から学び、共有ビジョンを策定し、野心に見合った一連のコミットメントに明確に合意するための時間を設ける。

SECTION 1-2　変革の対象範囲を適切に定める

　苦心を強いられる変革の根本的な原因のほとんどは、十分なインパクトを生むには対象範囲が狭すぎるか、逆に範囲が広すぎて複雑になり実現できないことにある。

SECTION 1-3　ビジネスリーダーが「可能性」を定義する

　ビジネスリーダーが各々の事業ドメインにおいて、野心的でありながら実現可能な変革の目標を設定できたとき、変革の歯車が回り始め

る。

SECTION 1-4 目標達成に必要なリソースを特定する

アジャイルポッドは、再構築されたビジネスを提供するためのドメイン横断型の小さなチームであり、どのような種類のチームがどれだけ必要なのかを特定する必要がある。

SECTION 1-5 現在および次の10年に向けたケイパビリティを構築する

デジタルとAIの時代の競争に打ち勝つために組織能力を抜本的にアップグレードする。その際、必要となる能力とは何か、それらをどのように構築するかを明確にする必要がある。

SECTION 1-6 DXロードマップは経営陣にとっての契約書である

DXロードマップは、事業ドメインを変革するための計画を、投資と利益を含め詳細にわたり説明するものであり、組織能力について、ある一定の定量的な成熟度合いに達するための計画を示すものである。

SECTION 1-7 DXは究極の企業内チームスポーツである

企業がDXの旅を成功させるためには、経営陣全員が自らの役割を果たす必要がある。

参考

1. Dennis Carey, Ram Charan, Eric Lamarre, Kate Smaje, and Rodney Zemmel, "The CEO's playbook for a successful digital transformation" *Harvard Business Review* (2021年12月20日)
https://hbr.org/2021/12/the-ceos-playbook-for-a-successful-digital-transformation.
Celia Huber, Alex Sukharevsky, and Rodney Zemmel, "5 questions boards should be asking about digital transformation," *Harvard Business Review* (2021年6月21日)
https://hbr.org/2021/06/5-questions-boards-should-be-asking-about-digital-transformation.
2. Jacques Bughin, Tanguy Catlin, Martin Hirt, and Paul Willmott, "Why digital strategies fail," McKinsey.com (2018年1月25日)
https://www.mckinsey.com/capabilities/mckinsey-digital/our-insights/why-digital-strategies-fail.

SECTION 1-1 トップチームを動機づけし、ビジョンについて合意を形成する

> 「奇跡を急ぐ人は、
> 腐った奇跡を手に入れるだろう」
>
> ──ミラクル・マックス
>
> （ミラクル・マックス：映画「プリンセス・ブライド・ストーリー」より）

　成功するDXには、普遍的な基盤的要素が3つある。「ビジョン」「合意形成」「コミットメント」である。これらの要素はどのような変革においても重要であるが、DXでは、目標やゴールを設定する際に同様の厳格さが求められないことが多い。これは、デジタルがビジネスにおいて副次的な領域として扱われている、もしくは経営陣がデジタルで何が実現可能かを十分に理解していないために起きる典型的な症状である。

　DXはビジネスにおいて多くの部分に影響を及ぼすため、これらの基盤を整備するために十分に時間を費やすことで、明瞭かつ的確なアクションをとることが可能となり、大きな利益を得ることができる[1]。

◦ ビジョン

　ビジョンとは、変革の最終的な高レベルの目標、およびそれに付随する価値に対する共通認識である。ビジョンは単なる願望ではなく、その根底にある「動機づけ──なぜ取り組むのか」を表すものであり、ロードマップに記載されたすべての活動やソリューションに明確な指針を提供し、変革における「北極星 (目指すべき指針)」のような役割を果たす。チームの戦術的な目標や目的、そして彼らが取り組むミッションは、すべてこの共通のビジョンに向かうものでなければならない。

企業によってはビジョンを別の用語で表現しているところもあるが、どのような用語を使うにせよ、ビジョンは、明確かつ、ビジネス全体のDXの取り組みに関連するものである必要がある。

優れたビジョンとは何か。強力なビジョンにはいくつかの共通する要素がある。それは、顧客を中心に据えた目標、時間軸、重要な価値基準の定量化である。また、ビジョンは、従業員を鼓舞するものでなければならず、全員が理解できるように整理されている必要がある。最良のビジョンとするためには、単に「比類のない顧客サービス」のような理想論的な願望を掲げるのではなく、「カスタマージャーニーの各段階で、パーソナライズされた積極的なコミュニケーションを提供する」のように、より具体的なものにすべきである。その好例として、ある企業は、「コア業務プロセス全体でAIを活用し顧客と従業員にスムーズな体験を提供することで、3年間で業界最高の顧客満足度とEBITの15%向上を達成する」というビジョンを掲げた。

優れたビジョンとは、ビジネスの再設計の方向性と、ビジョンを達成するために必要な能力を明確に示すものである（図表1-1.1参照）。また、全社の戦略に紐づいていることも一つの基準となる。

● 合意形成

ここでの「合意形成」は、アクションを伴うものである必要があり、全員がそれぞれの役割とやるべきことを理解することを意味する。DXでは、常に緊密で部門横断的な協働が必要になるため、これは極めて重要である。例えば、企業がオンラインチャネルへの移行を成功させるためには、セールス、マーケティング、プライシング、カスタマーサービス、出荷など、プロセス全体での協働が不可欠となる。

このようなエンド・ツー・エンドでの協働は、DXでも例外ではなく、むしろ規範となるものである。そのため、合意形成を正しく行うことは極めて重要である。調査によると、変革を成功させた企業は、失敗した企業に比べ、「変革目標を達成することに対する責任感（当事者意識）を組織内で共有している」という傾向が4倍以上高いことが観察された[2]。

初期段階において、DXに関して経営陣の間に認識のズレがあることは珍しいことではない。経営陣は、多くの場合、それぞれが相反す

図表1-1.1 ● DXにおけるビジョンの例
——消費財メーカーの例

目標	**ビジネス目標** ・D2Cパーソナライゼーションを新たな成長源として、消費者にとって最も優れた消費財メーカーになる	**財務目標** ・20XX年までに利払前・税引前利益(EBIT)において10億ドルの増益を実現する
ビジネスの再構築	**インサイト主導のカスタマージャーニー** ・個々の顧客に最適化されたメッセージ、商品、体験を提供し、消費者一人ひとりに最適なインタラクションを実現する **カテゴリーおよび顧客の成長** ・カテゴリーを成長させ利益をあげるための分析力を養い、戦略を実行し、小売業者の良きパートナーになる	**イノベーション** ・データマイニングを活用し、満たされていない消費者ニーズをより深く理解し、コアカテゴリーの改革を加速する **サプライチェーンの優位性** ・最も安価な納入コストで、最適な水準のサービスを提供する
新たなデジタルケイパビリティ	**人材** ・デジタルの中核人材を育成し、より多くの従業員のデジタル対応能力を向上させる **テクノロジー** ・現代的でオープンなモジュラー型クラウドベースアーキテクチャを採用する	**アジャイルオペレーティングモデル** ・独自のデジタルソリューションを開発するために、権限委譲された部門横断チームを創設する。このチームは、ビジネス部門に配属され、ビジネス部門が主導する **データ** ・顧客・消費者体験を差別化する独自のデータ資産の開発に投資する

る可能性のある異なる優先順位や視点を持って、DXに取り組んでいる。また経営陣は、デジタルに対する共通理解とデジタルテクノロジーがもたらす可能性に対する認識共に欠如している。経営陣は、最も基礎的な「人工知能とは何か」「データエンジニアは何をするのか」「なぜDevSecOpsが重要なのか」といった問いに対する共通理解すら持っていないかもしれない。経営陣は、デジタルがどのような可能性をもたらすのか、それを発現させるために何が必要なのかについて、共通言語、共通理解、そして信念を構築する必要がある。

そのため、変革の初期段階では、デジタルとAIの基礎を学ぶ経営陣向け研修や、デジタル化によりビジネスの様々な領域をどのように変革できるかについての共通認識と信念を構築するための実践的なワークショップを組み合わせた、体験型の学習カリキュラムを作成することを強くお勧めする。

経営陣のそれぞれがロードマップの策定に生産的に取り組めるようにするためには、最低でも20時間以上の学習時間を確保する必要がある。我々の経験では、これは変革の初期段階で行う最も重要なことである。

コミットメント

コミットメントなくして変革は不可能である。コミットメントは、予算配分以上に重要なものであり、必要最低限のものでもある。コミットメントとは、経営陣が、投資されたリソースに基づき、ビジョンとそれに関連する便益を達成するための責任を、個人として、また共同で担うことを意味する。

経営陣のコミットメントは、ロードマップが完成するまでにしっかりと確立されているべきであり、それは次の4つの形で反映される。

❶行動を起こす価値のあるデジタルビジネスケース

ビジネスリーダーたちは、顧客体験や投資収益率の明確なパフォーマンス改善にコミットする準備を整えておかなければならない。この段階で、以下のことを自問すべきである——「我々の計画は本当に変革をもたらすのか」「投資は機会に見合っているか」。2つ目の質問については「デジタルマジック」、つまりわずかな投資で膨大な価値を

得ようとするような発想に陥らないよう注意する必要がある。「デジタルマジック」などというものは存在しない。

❷基礎となる組織能力の構築に向けた着実な投資

一部の投資は特定のデジタルのビジネス機会に紐づけるべきであるが、他の投資は、(a) デジタル人材、(b) オペレーティングモデル、(c) テクノロジースタック（開発者がより速く、より効率的にソフトウェアを構築するためのクラウドベースのソフトウェアツールの組み合わせ）、(d) データ環境、といった基礎となる組織能力の構築に重点を置くべきである。DXの初期段階では、具体的なソリューションの構築と組織能力の構築に半々の割合で投資するものと思われるかもしれない。しかし、最近の分析によると、業績で上位10%のパフォーマンスを誇る企業は、基盤となるテクノロジーへの投資において、多くの分野で同業他社を大きく上回っていることが分かっている[3]。ただし、長期的なタイムラインを策定して損益計算書に過度の負担をかけることには注意が必要である。DXには実質的な投資が必要であるが、その投資は、投資回収期間を明確に定めたうえで、管理可能なタイムラインに分割すべきである。初期投資後は、遠い将来ではなく、変革の過程で価値が創造されるようにすべきである。

❸CEO主導の変革ガバナンス

成功した変革では、CEOがスポンサーの役割を担っている。全社的にデジタルケイパビリティ（企業がデジタル化を推進するうえで求められる組織能力）を構築するための大胆な意思決定を行い、成功に向けて必要な部門間の調整を行うことができるのはCEOだけである。そして、トランスフォーメーションオフィス (TO) を設立し、最も有能な人材を配置することも重要である（詳細については「SECTION 6-3」参照）。

❹経営層による問題解決およびロールモデルの提示

CEOをはじめとする経営陣は、もちろん他にも多くの責任を担っているが、それでもなお、変革に相当量の時間を割く必要がある。彼らは、顧客中心、協調性、テクノロジーへの理解、そしてアジャイル性といった、優れたデジタルリーダーとしての資質を、ロールモデルとして示すべきである。そして、テクノロジーの可能性について好奇

心を持ち続け、学び続けなければならない。また、新しいデジタルソ
リューションを導入する際のチームの成功や課題を間近で見るために、
現場に足を運ぶ必要もある。ロードマップには、上級幹部が何を期待
しているかを明確に定義すべきである（詳細については「SECTION 1-7」参照）。

参考

1. Kate Smaje, Rodney Zemmel, "Digital transformation on the CEO agenda,"
   McKinsey.com（2022年5月12日）
   https://www.mckinsey.com/capabilities/mckinsey-digital/our-insights/digital-
   transformation-on-the-ceo-agenda.
2. "Losing from day one: Why even successful transformations fall short,"
   McKinsey.com（2021年12月7日）
   https://www.mckinsey.com/capabilities/people-and-organizational-
   performance/our-insights/successful-transformations.
3. "The new digital edge : Rethinking strategy for the postpandemic era,"
   McKinsey.com（2022年5月12日）
   https://www.mckinsey.com/capabilities/mckinsey-digital/our-insights/the-
   new-digital-edge-rethinking-strategy-for-the-postpandemic-era.

SECTION 1-2 | 変革の対象範囲を適切に定める

> 「重要に足るに大きく、
> 勝利に足るに小さな戦いを選べ」
>
> ──ジョナサン・コゾル
> （アメリカ合衆国の教育者、ノンフィクション作家、社会活動家）

多くの企業は、変革の対象範囲を見誤ることで、DXを最初から難航させている。一部の企業は、漸進的なアプローチでリスクを低減できると考え、あまりにも小さな範囲からスタートしているが、これは誤りである。変革を成功させるには、ビジネスにとって意味のある何かを変える必要があり、それにより大きな価値を生み出し、その影響を測定可能なものにしなければならない。リビングルームの壁を塗り替えただけでは、家は大きくは生まれ変わらない。キッチンのリフォームのように、もっと大規模なものに取り組む必要がある。

他方、良かれと思い、早すぎる段階で大きすぎる目標を立て、一度に全社を変革しようとする企業もある。これはあまりにも大胆であり、正しく実行するにはコストがかかりすぎる、もしくは初めてのプロジェクトとして取り組むには難しすぎて、通常は失敗に終わってしまう。さらによくあるケースとして、企業が、投資およびリソースを、統一性のない一連の活動や施策に薄く広く投下してしまうことがあるが、この場合、多くの変革活動が行われるものの、大きな価値をもたらすことはできない。

● ドメインベースのアプローチ

正しいアプローチは、ビジネスの中でいくつかの重要かつ自己完結

型のドメインを特定し、それらを完全に見直すことである。苦戦する
DXへの介入を成功させた企業の80%は、明確に定義されたドメイン
に対して全社一丸となって取り組みを推進するために、対象範囲を見
直し、再度設定している[1]。このアプローチをとるためには、まずド
メインを特定することから始める必要がある。ドメインとは、関連す
る一連の活動を集約した、企業活動の一部である。ドメインを定義す
る方法はいくつかある (図表1-2.1)。

　企業は、最適なドメインを定義するために、一連のビジネス活動を
どのように切り分けるか、自ら最良の方法で決定することができる。
重要なのは、企業にとって価値があり、注目に値するのに十分な大き
さでありながら、他の業務との相互依存関係によって過度に影響され
ることなく変革するのに十分な大きさのドメインを定義することであ
る。企業にとってドメインの総数はいくつが妥当だろうか。単一ビジ
ネスの場合、適切な数は10〜15程度である。コングロマリットの場
合、適切な分析単位はビジネスユニット (事業部) となるため、ドメイ
ンはそのレベルで定義される。ただし、DXの目標を達成するために
は、まずは2〜5つのドメインを選んで集中的に取り組むことが重要

図表1-2.1 ● ドメインを定義する3つの方法
──消費財メーカーの例

業務フロー／プロセス	カスタマージャーニー	機能
アセット管理、顧客ケア、調達〜支払いのような高付加価値ビジネス	顧客のオンボーディング、顧客への助言、オンライン上での製品購入など、顧客接点を多用するビジネス	販売、財務、マーケティング、サプライチェーンなどの成熟したビジネス

ほとんどの企業は、顧客や従業員に最も大きな価値を提供する可能性のある業務
フローやカスタマージャーニーごとにドメインを整理している

消費財メーカーにおけるドメインの例

フロント機能	オペレーション	サポート機能
パーソナライズドマーケティング	サプライチェーン計画	人事
店舗運営	物流	財務
デジタル接点	製造	法務
イノベーション・研究開発	調達	
収益管理		

である。最初から大規模に、より多くのドメインを選ぶことも可能であるが、それには直近での多額の投資や、より多くの調整、より多くの人材が必要になる。それらはリスクを高める可能性があり、ほぼ間違いなく大量の外部リソースが必要となるため、組織として早期の学びを得ることができなくなってしまうかもしれない。そのため、どのドメイン、いくつのドメインに取り組むかについては慎重に検討する必要がある。

ドメインの優先順位づけ

どのドメインを優先して進めるべきかを決めるには、価値創出の可能性と実現可能性の2つの大きな軸に沿って評価する必要がある（図表1-2.2参照）。このシンプルな優先順位づけの方法を理解することは難しくないが、評価基準には注意を払う必要がある。

この段階での評価では、客観的な分析と上級幹部や業界エキスパートとの議論に基づいた、潜在的価値の大まかな見積もりがあれば十分である。ほとんどの企業は、デジタルで何ができるかを理解するため

図表1-2.2 ● ドメインの優先順位は、価値創出の可能性と実現可能性に基づいて決定する
──消費財メーカーの例

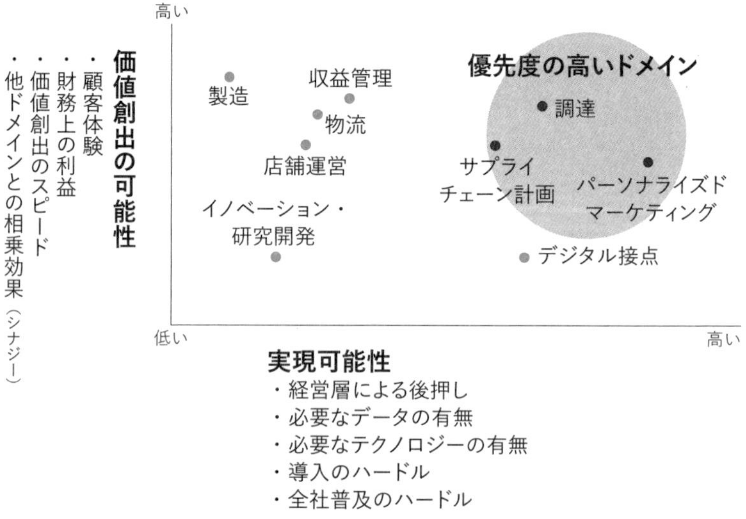

の経験が不足しているため、このような見積もりに苦労する。この課題に対処するためには、成功した企業（他業界を含む）をベンチマークとして使用することをお勧めする。価値創出に関する主な検討事項は以下の通りである。

❶顧客体験

DXに成功した大半の企業は、顧客とそのニーズを満たすことを中心に据えており、顧客体験の向上は優先事項の中でも筆頭に据えるべきものである。競合他社と現状の顧客体験を比較し、ドメインを変革した場合にどれだけの改善が見込めるかを予測することは有益である。ここで創出される価値は、具体的な顧客満足度の向上度、顧客の増加数、顧客1人当たりの純価値の向上などを指標として算出することが可能である。

❷財務上の利益

この段階では、新規顧客の増加、離脱の減少、顧客1人当たりの価値の向上、プロセスの効率化、あるいはサービス提供コストの削減といった、オペレーションにおける重要業績評価指標（KPI）に焦点を当てて財務上の利益を見積もる。どれだけの改善が見込めるかをこの段階で正確に見積もるのは難しいが、類似業界における他企業の実績に基づいた概算で十分である。ただし、この概算はあくまで優先順位づけのためのものでビジネスケースではないため、この段階で潜在的なポテンシャルを過小評価しないよう注意すべきである。

❸価値創出のスピード

ドメインベースの変革では、ドメインにもよるが、通常6〜36カ月で明確な価値を創出すべきである。これは、早期に利益をもたらし、変革を下支えする原資となるため、重要な意味を持つ。一般的に、AIを多用する取り組みは、より早く利益を生み出すことが分かっている。

❹他ドメインとの相乗効果（シナジー）

複数のドメインを変革する場合、ドメイン間のシナジーは有用な効果をもたらす。シナジーは主に3つの要素で評価できる：(a) ソリューション間でのデータの再利用、(b) ソリューション間でのテクノロ

ジースタックの再利用、(c) 一元的なチェンジマネジメントの推進、である。例えば、新たな住宅ローン販売プラットフォームとクレジットカード販売プラットフォームを同時に開発することで、数千人もの支店の営業担当者の再教育を一斉に実施することができる。

　実現可能性の評価は、ドメイン担当役員のコミットメントの度合い、データとテクノロジーの整備状況、必要なチェンジマネジメントの取り組みを組み合わせたものとなる。最も重要な検討事項は以下の通りである。

❶担当役員による強力な支援

　そのドメインの担当役員が全面的に賛同しているかどうかを明確にする必要がある。ある部門はDXの機が熟しているかもしれないが、新たなITシステムの導入や大規模なコンプライアンス対策の実施など、競合する優先事項がある場合、その部門で変革を進めるには適切な時期ではないかもしれない。

❷データとテクノロジーの整備状況

　整備状況の評価については、データ面では、必要なデータフィールドをクラウドに移行する際の難易度と、基礎となるデータの品質が主な項目となる。この段階では大まかな分析で十分であるが、選定されたドメインについてはより詳細な検討が必要となる。テクノロジー面では、クラウドアーキテクチャの品質、基礎となる基幹システムのパフォーマンス、APIを用いてデータやアプリケーションにアクセスする際の難易度が主な評価項目となる。この評価は、自社のエンタープライズアーキテクトで行うのが最も適切である。なお、レガシーテクノロジー、つまりERP（統合基幹業務システム）のアップグレードなどの既存の大規模基幹システムでの負担が、進捗遅れの言い訳として使われることには留意する必要がある。もちろん、この問題については理解されるべきであるが、進捗遅れの理由にはならない。レガシーテクノロジーよりもレガシーマインドセットのほうが大きな課題なのである。

❸適用の難易度

　変革における取り組みの対象範囲、労力、リスクを把握することで、

デジタルソリューションの適用の際の潜在的な障害を特定することができる。例えば、労働組合がある環境で変革を行う場合、取り組みを効果的に実施するためには時間をかけた交渉が必要になる可能性がある。

❹展開の難易度

デジタルソリューションを成功裡に開発できたと仮定して、それを全社に展開することがどれだけ困難かを評価する。チェンジマネジメントはどれだけ複雑になるのか。ソリューションを適用するデータ環境はいくつになるのか。これらの問いは価値を最大限に引き出すうえで重要である。

この価値創出―実現可能性分析では、優先すべき2〜5つのドメインを特定すべきである。この時点で重要なのは、精度を求めているわけではないということである。推定値が真に正確であるか否かはこの時点では重要ではなく、むしろこれを経営層との対話を構造化するためのアプローチとして捉えるべきである。推定の精緻化はドメインの再構築の一環として次のステップで行う。

IN THEIR WORDS │ 先駆者の言葉

「分散を避け、より良いコラボレーションを実現する」

「Sanofiのような大企業でのDXの最大の敵は分散である。有望そうな最新テクノロジーに惑わされ当初の目標を見失い、大きな成果の創出を遅らせる可能性があるため、厳格に優先順位をつける必要がある。

現在、我々は3年前よりも投資総額を減らしている一方で、特定の優先プロジェクトにはより多くのリソースを投入している。我々は反復的なアジャイル開発サイクルをさらに高速化し、開発プロセスにユーザーを巻き込むことで、より適切でインパクトのあるソリューションを生み出している。

　成功を阻むもう一つの障害は、我々、つまり経営陣とマネジメントチームにあった。全員が自身の裁量権を固持し譲ろうとしなかった。これは組織固有の、しばしばサイロ化された損益管理に関連しているが、デジタルの未来はそうあってはならない。よりオープンになり、権限を与え、協力する必要がある。デジタルケイパビリティの構築もその重要な要素の一つである。弊社は、デジタル人材を惹きつけ維持し続けるために、デジタルを理解できる人材を大量に育てる必要があった。以前は、迅速に対応することができず、新たなデジタル人材が持ち込んだ革新的な働き方を受け入れることができなかった。それがフラストレーションを招き急速な離職につながった」

—— ドクター　ピウス　S.ホーンスタイン

（Sanofiデジタルグローバル事業部グローバル統括）

　経営陣がどこに価値があるのかを明確に把握している場合には、優先順位づけのステップを省略して、注力するドメインに即座に取り組むこともある（「SECTION 7-1」のFreeport-McMoRan社の事例を参照）。経営陣が明確に共通理解を持ち、そのドメインから得られる価値が相応なものである場合、これは優れたアプローチとなり得る。また、実際には、注力するドメインを早期に決定することで、デジタルやAIによってどれだけの価値を創出または保持できるかを明確に示すことができるため、組織内で変革への弾みをつけるためにも有効な方法である。

　ある大手農業企業は、この方法を採用し、初めに商業ドメインに注力して、生産者（顧客）により良いサービスを提供できるよう自社の農学者をサポートし、生産者が自社とのビジネスをより簡単かつ円滑に行えるようにすることを目指した。CEOとトップチームは、デジタル企業の新規参入による競争圧力を経験しており、クロスセルとリテンションを改善するために、迅速に対処できる顧客のペインポイントが多数あると感じていた。

　試験的ドメインに素早く着手することで良い結果をもたらすこともあるが、経営陣は、注目度は高いものの、実質的なビジネスの変革にはつながらないような新たなパイロットを立ち上げることにならない

よう注意する必要がある。だからこそ、次SECTIONで説明するように、十分な時間をかけて徹底的にドメインの再構築に取り組むことが非常に重要なのである。

参考
1.　Tim Fountaine, Brian McCarthy, and Tamim Saleh, "Getting AI to scale,"
　　Harvard Business Review (2021年5月〜6月)
　　https://hbr.org/2021/05/getting-ai-to-scale.

SECTION
1-3

ビジネスリーダーが「可能性」を定義する

「想像力の飛躍、つまり夢を見ることができなければ、
　我々は可能性への情熱を失ってしまう。結局のところ、
　夢を見ることは計画を立てることなのだ」

　——グロリア・スタイネム（フェミニズム運動活動家、著述家）

　変革の対象となる各ドメインにおいて、目指すべきは、相互に関連する複数のソリューションを特定することであり、それらを実行することで、パフォーマンスに有意義な影響を与え向上させることである。

図表1-3.1 ● ドメイン再構築のための5つのステップ

①解決すべき課題
解決すべきビジネス上の課題、つまりユーザーにとって満たされていないニーズやプロセスのペインポイントを特定する。課題を解決するための有効な改善策を洗い出す

②ソリューションとユースケース
「解決すべき課題」に対処するために必要なデジタルソリューションと基礎的なユースケースを特定する

③データおよびテクノロジー要件
目標とするソリューションアーキテクチャに照らして、データ構成とテクノロジースタックを見積もる。現状とのギャップと必要となる投資を把握する

④インパクトと投資
ソリューションにより各レバー・KPIがどのように改善されるかを特定し、達成し得るインパクトを見積もる。必要な投資額の概算を算出する

⑤実行計画
最大限の価値を創出するために必要となるチェンジマネジメント要件を明確にし、実施順序を策定する。責任を担う経営幹部と責任範囲を明確にする

ここで重要なのは「有意義な」である。非常によくあるのは、旧来の
ビジネスにおける固定観念の枠内で考えた結果、現状をわずかに上回
る程度の改善を目指すケースである。小さな思考は小さな結果しかも
たらさず、その結果は変革の労力に見合わないことが多い。我々の経
験則では、堅牢なDXロードマップにより、EBITDAを20%以上改善
することが可能である。

そこで、各ドメインの堅牢なビジネスケースを策定するための、シ
ンプルな5つのステップを以下に紹介する（図表1-3.1）。

ステップ1では、解決すべきビジネス上の課題を明確にする。顧客
やユーザーの満たされていないニーズは何か、プロセスにおけるペイ
ンポイントは何か。これらを特定するには通常2つのアプローチがあ
る。

❶ゼロベースのジャーニー設計

デザイン思考の手法を用いてエンドユーザーのペルソナを定義し、
ユーザーインタビューやワークショップを通じて、エクスペリエンス
（体験）ジャーニーに沿って、満たされていない顧客ニーズを特定する。
このアプローチは、優れた顧客体験による差別化が重視されるサービ
ス重視の業界で好まれる。結果として得られたジャーニーマップは、
ユーザー体験を再構築するための出発点となる。顧客またはユーザー
の満たされていないニーズを中心に据えアプローチを構築するうえで、
デザイナーとの協働は非常に有効である（顧客体験〈UX〉デザインについては
「SECTION 3-4」で詳しく解説）。

❷エンド・ツー・エンドのプロセスマッピング

コアビジネスを一連の業務プロセスに分解し、価値の提供方法にお
ける無駄、ペインポイント、機会損失を特定する。このアプローチは、
業務プロセスの稼動時間と単位コストの低減が競争力の基盤となるオ
ペレーション重視の業界でよく用いられる。

ステップ2では、ユーザーの満たされていないニーズまたはプロセ
スのペインポイントを、特定の価値創出レバーと紐づける（図表1-3.2）。
各価値創出レバーに対して、改善された体験の一環としてユーザーや
顧客が使用する可能性のあるデジタルソリューション（アプリやデータア

セットなど）を特定する。例えば、支店の銀行員向けの新しい住宅ローン販売プラットフォームや、銅精錬オペレーター向けの設定値の最適化ツールなどが挙げられる。各ソリューションは、少なくとも1つの価値創出レバーに関連するものでなければならない。レバー別に整理することで、「〜から〜へ」という明確な改善仮説が立てやすくなり、測定可能な重要業績評価指標（KPI）を設定することが可能になる。DXで苦戦している企業の多くが、測定可能なKPIがビジネス価値に明確に紐づいていないソリューションを特定してしまっている。

　各ソリューションは、そのソリューションを提供するために必要なユースケースやデータアセットで構成される。例えば、住宅ローン販売プラットフォームのソリューションの場合、ユースケースとして顧客のオンボーディングや自動信用調査などが考えられる。通常、各ドメインを変革するにはいくつかのソリューションが必要であり、それぞれのソリューションにはいくつかのユースケースが含まれる。ユースケースは、デジタル化された業務フロー、分析モデル、データによって裏づけられる。

　ステップ3では、開発するソリューションのテクノロジーとデータに関連する側面をより深く掘り下げる。これらのソリューションとその基礎となるデータのためのアーキテクチャはどのようなものか、現在のテクノロジースタックでそれは実現可能か、もし実現できない場合、何を変更する必要があるのか。データについても同様である。このステップでは、ソリューションアーキテクトによる専門的なガイダンスが必要となる。

　ステップ4では、投資と期待される利益を評価する。この段階で生じる最も大きな間違いは、過度な精度での追求である。DXでは、投資に対するリターンは5倍以上を目指すべきである。したがって、投資と利益の評価が+/-30%の範囲内の精度があれば十分である。また、テクノロジーとデータアーキテクチャへの投資は、そのほとんどが他のソリューションで再利用されるため、適切に配分する必要がある。多くの企業は、共通のテクノロジーやデータ活用のための費用を、個々のソリューションとは切り分けて別個に管理している。

図表1-3.2 ● 事業ドメインから価値創出レバー、ソリューション、ユースケースへの展開

事業ドメイン	ドメイン			
価値創出レバー	レバーⅠ		レバーⅡ	レバーⅢ
ソリューション	ソリューション1	ソリューション2	ソリューション3	ソリューション4
ユースケース／モデル	ユースケース1.1	ユースケース2.1	ユースケース3.1	ユースケース4.1
	ユースケース1.2	ユースケース2.2	ユースケース3.2	ユースケース4.2
	ユースケース1.3		ユースケース3.3 ——— ユースケース3.4	ユースケース4.3

ドメイン	カスタマージャーニー、ユーザージャーニー、またはコアビジネスプロセス－変革で有意義な価値が得られるほど十分な規模のもの
価値創出レバー	新規顧客数、解約率、サービス提供コスト、NPSなど、ドメインの変革によってもたらされるコア事業での成果
ソリューション	天気予報アプリや住宅ローン販売プラットフォームなど、顧客やユーザーに価値を提供するソリューション
ユースケース	ソリューションは通常、ユースケースで構成される。天気予報アプリの場合、ユースケースは気温、湿度、風の予測となる。住宅ローン販売プラットフォームの場合、ユースケースは顧客のオンボーディング、信用調査、住宅ローン価格計算となる

　ステップ5では、必要となるリソースと時間経過に伴う利益を踏まえ、実行計画を策定する。これには、最大限の価値を創出するために必要なチェンジマネジメントの取り組みも含まれる。このステップは軽視されがちであるが、インパクトを実現するための土台となる要素である。これについてはCHAPTER 6で詳しく説明する。

CASE EXAMPLE　｜　事例

消費財メーカーがパーソナライゼーションケイパビリティを改善

　ある消費財メーカーは、顧客とより密接な関係を築き、広告支出のリターンを向上させるため、パーソナライズドマーケティング能力の向上を目指していた。同社は、その価値を創出するため、詳細な顧客インサイトや分析により、個々の顧客に特化したマーケティングを促進するためのソリューションを開発した。

　次に同社は、それらのソリューションを提供するために必要なユースケース、データ、テクノロジーを特定した。例えば、eメール、自動ディスプレイ広告、小売メディア、有料ソーシャル広告など複数のチャネルを通じてメッセージングを最適化・管理するためのマーケティングテクノロジーインフラを構築した。このドメイン変革のアーキテクチャを図表1-3.3に示す。この一連の取り組みの結果、メッセージングにより、対象とした顧客グループ全体のエンゲージメントが大幅に改善され、エンゲージメントレベルはこれまでの数倍にまで向上した。

図表1-3.3 ● 消費財メーカーにおける個々の顧客への対応能力の改善
──ケーススタディ：消費財メーカーにおけるパーソナライズドマーケティング

事業ドメイン	パーソナライズドマーケティング		
価値創出レバー	レバーⅠ		レバーⅡ
ソリューション	コンシューマー360	アジャイルパーソナライズドマーケティング	代理店・コンテンツエコシステム
ユースケース／モデル	統合された「コンシューマー360」属性情報	見込み客の獲得期待値測定	コンテンツグリッドモデル
	見込み客数、マネーマップ	キャンペーン効果	パフォーマンスツール（例：チャネルをまたがるコンテンツやメディアの費用対効果）
	成長予測分析	メディアチャネル別支出分析	
		特定の見込み客に対する傾向モデル	フルファネル最適化モデル

データ（非網羅的）

 販売時点情報
 自社メディアプラットフォーム
 ブランドサイト

EC データ
官能検査データ
 SNS上のくちコミデータ

 アドテクノロジーのデータフィード
 マーケティングROI
 顧客カードのデータ

 株式・持分データ

テクノロジー（非網羅的）

デジタルアセット管理	ウェブアプリ	試行キャンペーン
データ管理プラットフォーム	レシピ	Eコマース
プロダクトデータマネジメント	メール	消費者ケア

◉ 生成AIなどの最新テクノロジーを
どのように捉えるか

　テクノロジーの急速な進化により、DXにおいて次のような独特の
課題が生じている——「テクノロジーそのものが急速に変化する中で、
テクノロジーを核とした組織をどのように構築すべきか」。大きな価
値を生み出すテクノロジーを取り入れることと、有望なテクノロジー
が出現するたびにそれを追いかけてリソースや労力を費やすことの間
には、絶妙なバランスが存在する。

　マッキンゼーは、イノベーションの進展速度と実用化までの想定期
間を基に、重要な最新テクノロジーのトレンドを毎年発表している。
本書執筆時点での調査では、ビジネスにおけるオペレーションと価値
創出方法に革新をもたらし得る14のテクノロジートレンドを特定し
ている[1]。テクノロジートレンドがどのように推移するかを予測する
ことは依然難しいが、その進展状況とビジネスへの影響については体
系的に注視していく必要がある。

　本書では、これらのトレンドについて深くは立ち入らないが（詳細は
マッキンゼーが毎年発表しているテクノロジートレンドのレビューをご覧いただきたい）、
クラウドや携帯端末と同レベルの大きな破壊力を持つであろう生成
AIについては触れておきたい。生成AIは、音声、コード、画像、テ
キスト、シミュレーション、動画など、新しいコンテンツの作成に使
用できるアルゴリズム（GPT-4など）を設計・開発する。このテクノロ
ジーは、取り込んだデータと使用実績（生成AIはユーザーからの入力情報から
新しい情報や情報の正誤を学習する）を使用して、全く新しいコンテンツを生
成する。

　生成AIの分野はまだ初期段階にあり、今後数カ月から数年にわた
り急速に変化することが予想される。生成AIモデルには主に3つの優
れた活用方法がある。

❶コンテンツ生成
　広範に機能するモデルは、既存の知的労働の自動化、高速化、改善
に適している（GPT-4、GoogleのChinchilla、MetaのOPTなど）。例えば、マーケ
ティング担当者は、生成AIモデルを活用してコンテンツを生成し、

ターゲットを絞ったデジタルマーケティングを大規模に展開することができる。カスタマーサービスでは、生成AIが「有能な助手」として会話を監視し、サービス担当者に適切な指示を与えることができるため、サービスを完全に自動化または最適化することが可能になる。また、生成AIは、製品のプロトタイプや施工図を迅速に開発・改良することもできる。

❷新たな発見

　既存業務の効率化にとどまらず、新たな製品やサービス、イノベーションを開発することができる業界固有のモデル。例えば、製薬業界では、一般的な手法を組み入れたアプリケーションモデル（OpenBioML、Bio GPTなど）を使用することで、新薬開発や患者診断のスピードと効率を向上させることができる。ほかにも、生成AIモデルを大量の製薬分子データベースに適用することで、癌の治療法を特定することも可能になる。生成AIの潜在的影響力と適用スピードは、業界やビジネスケースによって大きく異なる。

❸コーディング（Copilot、AlphaCode、Pitchforkなど）

　これらのモデルは、コーディングを自動化し、高速化し、技術的な敷居を下げる。既存のモデルにおいても、注意深く検証する必要があるものの、既に適切なコーディング、仕様の文書化、データテーブルの自動生成、サイバーセキュリティにおける侵入テストを行うことが可能である。マッキンゼーの最近の調査によれば、Copilotを使用した場合、ソフトウェア開発者の生産性は25%以上向上している。

　DXの文脈で生成AIを扱う際には、いくつかのことを考慮することが重要になる。第一に、生成AIモデルの価値を、自社のビジネス上の目標に基づき正確に捉える必要がある。これは当然のことだと思われるかもしれないが、生成AIに対する関心が急速に高まっている現在、ビジネスにあまり価値をもたらさない、あるいはDXの取り組みから脇道に逸れてしまうようなユースケースを開発したくなる誘惑は大きい。

　第二に、どのテクノロジーでも同じであるが、生成AIで大きな価値を生み出すためには、本書で取り上げるすべての組織能力を整備す

る必要がある。つまり、クラウド、データエンジニアリング、MLOpsにおける様々な能力とスキルを構築し、生成AIのエキスパートを見つけ、この新たな能力を活用できる人材を教育していく必要がある。

　生成AIのインパクトを考えると、DXロードマップを再検討し、優先度の高いデジタルソリューションについて、どのような生成AIモデルの活用が可能か（例えば、コンテンツの個々人への最適化、ウェブサイトのコンバージョンを向上させるチャットボットなど）という観点から見直すことが重要になる。また、パイロットをむやみやたらに展開しないことも重要である。実験はもちろん許容すべきであるが、リソースはビジネス上の価値を実際に生むドメインにのみ投下すべきである。DXの一環として構築している能力について、生成AIの必要性と意味合いを、以下の要素を考慮に入れて時間をかけて理解する必要がある。

●オペレーティングモデル

　生成AIによるソリューションの開発・使用を適切に行うためには、生成AIに特化したアジャイルな「ポッド（特定のミッションを達成するために必要な機能をすべて備えた少人数の部門横断チーム）」を編成する必要がある。ポッドは、法務、個人情報保護、ガバナンスの専門家とのより密接な協力や、MLOpsやソフトウェアテストのエキスパートと共同でのモデルの訓練・監視などの責務を負う。

●テクノロジーアーキテクチャとデリバリー

　業務フロー全体にマルチモーダル（テキストや画像、動画など複数の種類のデータを一度に処理できる技術）な生成AI能力を組み込むためには、システムアーキテクチャを適応させる必要がある。デジタルソリューションに生成AIを適切に統合し、素早い応答を実現するために、テクノロジースタック（データレイヤー、モデルレイヤー、UXインターフェース）の複数のレベルでの進化も求められる。

●データアーキテクチャ

　生成AIモデルを既存のデータに適用するためには、データ量だけでなく、生成AIが学習し進化することで予想される大規模なデータ更新頻度を加味して、システムのネットワークとデータパイプラインの管理を見直す必要がある。

● 導入とビジネスモデルの変更

　ほぼすべての予測シナリオにおいて、生成AIは部分的に業務を補完するが、完全な代替手段とはなり得ない。そのため、開発者は依然として必要である。同様に、コールセンターの従業員も引き続き必要になるであろう。一方、彼らの働き方は大きく変わることになるが、これはテクノロジー自体よりも遥かに大きな課題になり得る。特に生成AIモデルは出力結果の根拠が不明瞭であるため、ユーザーがモデルを信頼せず、うまく（または全く）使えない懸念がある。期待される生産性向上を実現するためには、生成AIモデルをどう使いこなして業務を進めればよいかを従業員に理解させる大規模なトレーニングが必要となるであろう。

● デジタルの信頼性

　生成AIは、企業の信頼性に対し大きな懸念をもたらす。各国のデータにおけるプライバシー規制は法整備の成熟度や許容度によって異なるため、サードパーティのサービスにおける自社の専有情報や機密情報の使用に関するポリシーや、データ漏洩が生じた場合の責任範囲を明確にする必要がある。同様に、知的財産権の動向（特にIP侵害に関して）だけでなく、発展途上の生成AIモデルから発現する可能性のあるバイアスについても考慮し、注視し続ける必要がある。

　また、誰もが「インテリジェント」なコンテンツにアクセスできるようになる世界では、競争上の差別化を図るための能力は、独自のデータと実行能力にますます依存するようになることも明らかになりつつある。

参考

1.　Michael Chui, Roger Roberts, and Lareina Yee, "McKinsey technology trends Outlook 2022," McKinsey.com（2022年4月24日）
https://www.mckinsey.com/capabilities/mckinsey-digital/our-insights/the-top-trends-in-tech.

SECTION
1-4

目標達成に必要な
リソースを特定する

「全員がゴールキーパーだったらサッカーチームは
　どうなるだろうか？　全員がフレンチホルン奏者
　だったらオーケストラはどうなるだろうか？」
────デズモンド・ツツ
（南アフリカの元大主教、反アパルトヘイト・人権活動家）

　DXの組織単位は、アジャイルポッド（スクラム、アジャイルチーム、クロス
ファンクショナルチームとも呼ばれる）である。ポッドとは、特定のデジタル
プロダクトやサービスのデザイン、開発、製作を長期にわたり担当す
る、5～10人程度の部門横断チームである。DXロードマップの実行
は、基本的に、計画を遂行するために必要なアジャイルポッドの数と
種類を見極める作業である。

　これらのアジャイルポッドがどのように機能するかについては、こ
こでは詳しくは触れないが（詳細については「SECTION 3-1」参照）、必要なリ
ソースを特定しなければDXロードマップを完成させることはできな
いため、役割に焦点を当ててアジャイルポッドの基本的な構成を見て
いこう。

● アジャイルポッドの構成

　アジャイルポッドは、プロダクトオーナー（プロダクトマネージャーやポ
ッドオーナーとも呼ばれる）、スクラムマスター[1]、関連するデジタル技術者
たち、特定のビジネス分野のエキスパートから構成される（図表1-4.1参
照）。ポッドメンバーのほとんどはポッドの100%専任になる。これは、
開発ベロシティ（速度）を高く保つうえで最も効果的なアプローチであ

図表1-4.1 ◎アジャイルポッドの構成と典型的な役割
―― 非網羅的

ビジネス

事業および間接部門に関する専門知識の提供

プロダクトオーナー
プロダクトロードマップと
バックログを策定し、優
先順位づけを実施

特定領域のエキスパート
事業、間接部門、業務、法務、
リスク、コンプライアンス
に関する専門的知識と経験
を提供

**ビジネス・業務プロセス
アナリスト**
業務プロセスの隅々まで
を理解し、ビジネスケー
スの作成、OKR（目標と主
な成果）のトラッキング、
チェンジマネジメントの
取り組みを支援

デザイン

ソリューションの顧客体験創造

デザインリード
顧客中心のデザインを主導、顧
客エンゲージメント計画を策定し、
ユーザーテストを実施

UI/UXデザイナー
ビジネス価値を獲得し、顧客
ニーズを満たす体験を創造

エンジニアリング

技術アーキテクチャの構想、コードの開発、ソリューションの本番稼働

ソフトウェアエンジニア[1]
コードの開発、単体テストの
作成、統合の推進を担う

データエンジニア
データパイプラインを構築し、
様々なデータ元からの分析ソ
リューションを主導

データサイエンス・AI

データ分析、ソリューションに関する重要な洞察の特定

データサイエンティスト
ビジネスデータを分析・マイ
ニングしてパターンを特定し、
予測モデルを構築する

機械学習エンジニア
機械学習モデルのパフォーマン
スと安定性を確保しながら、
モデルを本番環境に導入

サポート[2]

各チームのスクラムマスターへの指導

スクラムマスター
スクラムプロセスを監督し、
チームが自律的に目標を達
成できるよう支援

アジャイルコーチ
アジャイル開発の実践につい
て、スクラムチームを支援・
指導

1. ソフトウェアエンジニアには、フルスタックエンジニア、ソリューションアーキテクト、クラウドエンジニア、DevOpsエンジニア
が含まれる
2. ポッドの成熟度が高くなるにつれ縮小

図表1-4.2 ●ソリューションの種類とプロジェクトの段階に応じた アジャイルポッドの構成

——例示（業種や企業により異なる）

デジタル特化型ソリューション

ソリューション開発プロジェクトの段階

構想策定	概念実証・MVP
プロダクトオーナー1名	プロダクトオーナー1名
デザインリード1名	スクラムマスター1名
ソフトウェアエンジニア[1,2]0.5名	デザインリード1名
ビジネス・業務プロセスアナリスト1名	UI/UXデザイナー1名
特定領域のエキスパート1名	ソフトウェアエンジニア[1,2]2〜3名
	特定領域のエキスパート1〜2名

分析特化型ソリューション

構想策定	概念実証・MVP
プロダクトオーナー1名	プロダクトオーナー1名
データサイエンティスト0.5名	スクラムマスター[1]1名
データエンジニア0.5名	データサイエンティスト2名
ビジネス・業務プロセスアナリスト1名	データエンジニア2名
特定領域のエキスパート1名	ビジネス・業務プロセスアナリスト1名
	特定領域のエキスパート1名

データ特化型ソリューション

構想策定	概念実証・MVP
データプロダクトオーナー1名	データプロダクトオーナー1名
データアーキテクト1名	スクラムマスター1名
データエンジニア1名	データアーキテクト1名
データ特定領域のエキスパート1名	データエンジニア2〜3名
ビジネス・業務プロセスアナリスト1名	ソフトウェアエンジニア[2]1〜2名

1. 必要に応じて配置
2. ソフトウェアエンジニアには、フルスタックエンジニア、ソリューションアーキテクト、クラウドエンジニア、DevOpsエンジニアが含まれる
3. ポッドのメンバーは変革を推進し、積極的に新規のソリューションを組み込み、新しいプロセスや内容に疑問・懸念があった場合は必要な対応を行う

開発

プロダクトオーナー 1名

スクラムマスター 1名

デザインリード[1]1名

UI/UXデザイナー 1名

ソフトウェアエンジニア[2]2 〜 3名

特定領域のエキスパート1 〜 2名

チェンジマネジメント

プロダクトオーナー 1名

チェンジエージェント[3]1 〜 2名

ビジネス・業務プロセスアナリスト[1]1名

開発

プロダクトオーナー 1名

スクラムマスター[1]1名

チェンジエージェント1名

UI/UXデザイナー[1]1名

データエンジニア1名

機械学習エンジニア2名

ビジネス・業務プロセスアナリスト1名

チェンジマネジメント

プロダクトオーナー 1名

チェンジエージェント[3]1 〜 2名

ビジネス・業務プロセスアナリスト[1]1名

開発

データプロダクトオーナー 1名

スクラムマスター 1名

データアーキテクト1名

データエンジニア2 〜 3名

ソフトウェアエンジニア[2]1 〜 2名

チェンジマネジメント

プロダクトオーナー 1名

チェンジエージェント[3]1 〜 2名

ビジネス・業務プロセスアナリスト[1]1名

図表1-4.3 ● 変革全体で必要となる人材の見積もり
──四半期ごとのユースケース別アジャイル組織体制

ドメイン	ソリューション	ユースケース
パーソナライズド マーケティング	コンシューマー 360のデータ 資産構築	内部データの取り込み
		外部データの取り込み
		APIとインターフェースの構築
	デジタル マーケティング キャンペーンの活性化	個々に最適化されたオファリングの開発
		検索広告の立ち上げ
		自社eコマースサイトの立ち上げ
サプライチェーン	サプライチェーン のデジタル ツイン構築	素材サプライチェーンのデータツイン構築
		オペレーション変革のデータツイン構築
		販売サプライチェーンのデータツイン構築
	デジタルコントロール タワーの設置	納期順守の指標策定
		サプライチェーンツインに基づく予測構築
調達	支出の透明性 向上	支出データの統合
		製品仕様データの作成
		支出分析ツールへのアップロード
		あるべき分析モデルの開発
	必要な役職の 特定	プロダクトオーナー
		データアーキテクト&データエンジニア
		デザインリード&UI/UXデザイナー
		ソフトウェアエンジニア
		テックリード
		データサイエンティスト&機械学習エンジニア
		スクラムマスター&アジャイルコーチ
		特定領域のエキスパート
		その他
	合計	

第1四半期	第2四半期	第3四半期	第4四半期	第1四半期	第2四半期
データ構想策定	データ構想策定	データPoC	データPoC	データ開発	データ開発
データ構想策定	データ構想策定	データPoC	データPoC	データ開発	データ開発
データ構想策定	–	デジタルPoC	デジタルPoC	デジタル開発	デジタル開発
アナリティクス構想策定	アナリティクスPoC	アナリティクス開発	アナリティクス開発	アナリティクス開発	アナリティクス開発
–	デジタル構想策定	デジタルPoC	デジタルPoC	デジタル開発	デジタル開発
–	–	デジタル構想策定	デジタルPoC	デジタルPoC	デジタル開発
データ構想策定	データ構想策定	データPoC	データPoC	データ開発	データ開発
データ構想策定	データ構想策定	データPoC	データPoC	データ開発	データ開発
データ構想策定	データ構想策定	データPoC	データPoC	データ開発	データ開発
デジタル構想策定	デジタルPoC	デジタルPoC	デジタル開発	デジタル開発	デジタルチェンジマネジメント
–	–	アナリティクス構想策定	アナリティクスPoC	アナリティクス開発	アナリティクス開発
データ構想策定	データ構想策定	データPoC	データPoC	データ開発	データ開発
–	データ構想策定	デジタルPoC	デジタルPoC	デジタル開発	デジタル開発
–	–	デジタル構想策定	デジタルPoC	デジタルPoC	デジタル開発
–	–	アナリティクス構想策定	アナリティクスPoC	アナリティクス開発	アナリティクス開発
3	6	14	20	16	16
23	22	37	20	38	38
2	6	18	20	26	24
1	4	26	43	30	29
11	10	10	8	10	10
1	3	5	9	10	10
11	13	32	15	24	24
3	7	16	27	16	14
14	14	10	20	11	14
69人	85人	168人	182人	181人	179人

るためである（ただし、ソリューションアーキテクトやアジャイルコーチなど、特定の共有リソースについては例外もある）。

　直近の調査では、チームは物理的に同じ場所で作業することが望ましいものの、時差が大きすぎない範囲内であれば、必ずしもアジャイルポッドのパフォーマンスを大きく左右するものではないことが確認されている。

⦿ アジャイルポッドの型

　ポッドのメンバー構成を決定する際に考慮すべき2つの重要事項がある。1つ目は、どのようなソリューションを開発したいかである。例えば、分析に重点を置いたソリューションでは、データエンジニアリングとデータサイエンスの高度な専門知識が必要になる。一方、顧客向けのソリューションでは、顧客体験設計（UXD）やソフトウェア開発のスキルがより必要になる。一般的に、ほとんどの企業は3〜6種類のポッドの型を定めている（図表1-4.2参照）。この図では3つの典型的なポッドの型を紹介しているが、デジタルマーケティングポッド、コネクテッド（IoT）ポッド、基幹システム統合ポッドなど、ポッドの型は他にもある。

　2つ目として、ソリューション開発プロジェクトの各段階に応じた構成となるよう考慮すべきである。初期の構想策定段階では、作業の対象範囲を定め、ソリューションをデザインし、ユースケースに優先順位をつけ、ビジネスケースを構築するための専門知識が必要である。概念実証（PoC：プルーフ・オブ・コンセプト）・MVP段階では、必要最小限の機能を持つプロダクト（MVP）を迅速に開発、テスト、継続的に改良できる「ビルダー（デザイナーやソフトウェアエンジニアなど）」がより必要になる。開発段階では、ソリューションを安定的かつ効果的に動作させ、拡大展開できるようにするためのエンジニアリング能力が必要となる。

　ポッドのメンバー構成はソリューション開発の各段階を通じて変化していくが、あるポッドから別のポッドへの移籍は行わない。特に、プロダクトオーナーのような主要メンバーを固定することは、一貫した開発を着実に行ううえで非常に重要である。

　これらの型が定まれば、DXに必要なリソースを見積もることが容易になる。DXロードマップ上のソリューションごとに、最低でも一

つのポッドを構築する必要がある。ソリューションが複雑な場合には、それぞれ異なるユースケースに注力する複数のポッドが必要になるかもしれない。ソリューションへのポッドの型の割り当てには経験と実践を要するが、すぐに自然にできるようになるであろう。

◦ 変革全体で必要となる人材の見積もり

デジタルソリューションにそれぞれポッドの型を割り当てると、変革全体で必要な人材、少なくとも最初の約18カ月間に必要な人材を即座に把握できるようになる（図表1-4.3の必要人材の例を参照）。基本的に、このような見積もりがタレント・ウィン・ルーム（TWR）管理チームの活動目標となる（「SECTION 2-2」を参照）。これらの人材ニーズは、ソリューションが成熟し、新たなものが追加されるにつれて変化していくため、このプロセスを四半期ごとに見直すべきである。

参考
1.　成熟したアジャイル組織では、スクラムマスターの役割をプロダクトオーナーが担うことが多い

SECTION
1-5

現在および次の10年に向けたケイパビリティを構築する

「今日の責任から逃れることができたとしても、明日の責任から逃れることはできない」

——エイブラハム・リンカーン（元アメリカ合衆国大統領）

　DXロードマップでは、必然的に向こう2〜3年間に焦点が当てられるが、次の10年以上にわたりデジタルにおいてイノベーションを引き起こすために必要な企業のケイパビリティも同時に構築することになる。

　このような長期的な視点でのケイパビリティ構築こそが、DXリーダー企業と、ユースケースを散発的に試して短期的な解決策を探し回る企業との差を決定づける要素なのである。必要となる組織能力を構築するには、優先ドメインの当面のニーズに応えるだけでなく、より多くのデジタルおよびAIのイノベーションを追求するための中長期的なニーズも満たすような投資と計画が必要になる。

　これは、現時点で何ができるのか、長期的なビジョンを実現するうえで何が欠けているかを把握するために、現状のデジタルケイパビリティに対し共通認識を持つことから始まる。ソフトウェア開発のスキルは十分か、オペレーティングモデルは何百ものポッドに拡大展開できるか、重要なデータは利用しやすい状態になっているか、などがポイントとなる。

　自社のデジタルケイパビリティがどの程度であるかという観点において共通認識を持つことができれば、何がどの程度の時間軸で実現可能かという視点から、より現実的な計画を立てることができるようになる。

○基本的なデジタルケイパビリティの評価

　デジタルソリューションを提供するためには、中核となる4つのケイパビリティ、すなわち人材（タレント）、オペレーティングモデル、テクノロジー、データが必要である。これらの各項目については本書のCHAPTER 2からCHAPTER 5で詳述するが、あらかじめ優良事例と比べて自社がどのような立ち位置にあるのかを理解することは、これらのケイパビリティを向上させるために何をすべきかを考える際の前提条件となる。これは、DXを一足先に実行している他社と自社を比較してベンチマーキングすることで実現できる。可能であれば、同じ業界内に限らず、DXにおいて先を行く他業界の企業とも比較することが望ましい。

　銀行のデジタルケイパビリティが資源関連企業にとって優れたベンチマークになることに違和感を覚えるかもしれないが、中核となる大部分のデジタルケイパビリティは業界を問わない。デジタル人材も大部分は同じであり、アジャイルの実務慣行も同様である。参考となる

図表1-5.1 ○デジタルケイパビリティの評価
──カテゴリー別ケイパビリティランキング調査結果（5段階評価[1]）

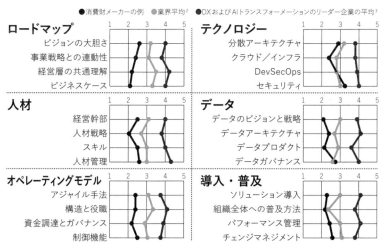

●消費財メーカーの例　●業界平均[2]　●DXおよびAIトランスフォーメーションのリーダー企業の平均[3]

ロードマップ
- ビジョンの大胆さ
- 事業戦略との連動性
- 経営層の共通理解
- ビジネスケース

テクノロジー
- 分散アーキテクチャ
- クラウド／インフラ
- DevSecOps
- セキュリティ

人材
- 経営幹部
- 人材戦略
- スキル
- 人材管理

データ
- データのビジョンと戦略
- データアーキテクチャ
- データプロダクト
- データガバナンス

オペレーティングモデル
- アジャイル手法
- 構造と役職
- 資金調達とガバナンス
- 制御機能

導入・普及
- ソリューション導入
- 組織全体への普及方法
- パフォーマンス管理
- チェンジマネジメント

1. 1＝遅れている、5＝最も優れている
2. マッキンゼーのデジタルクオチエント（DQ）データベースにおける上位5分の1の企業（CPG業界）の平均値（地域別）
3. DQデータベースの上位5分の1の企業の業種・地域別平均値

アーキテクチャは業界によって異なるかもしれないが、最新のテクノロジーアーキテクチャとソフトウェアエンジニアリングの実務慣行も同じである。言い換えれば、ドメインやその再構築の仕方は業界固有のものであるが、中核となるケイパビリティはすべての業界に共通するものである。

このベンチマーキングでは、従業員を対象に、標準化された調査票を用いてアンケート調査を実施する。図表1-5.1は、ある消費財メーカーにおける優れたベンチマーク事例を示している。

アンケートだけでは限界があるため、外部のエキスパートに、異なる事業部門やビジネス機能の幹部やマネージャーへのインタビューを依頼することも良いアイデアである。そうすることで、アンケート結果の解釈にさらなる視点や深みをもたらすことができる。最後に、経営陣は、模範となる先進的な企業を訪問し、彼らのデジタルジャーニーとデジタルケイパビリティの構築方法を学ぶべきである。これにより、必要な投資や取り組みについて、より適切な判断を下すことが可能となる。

もう一つの有用な評価手法は、「振り返り」である。これは、自社のデジタルソリューションの開発と提供における進捗や障害を検証することを意味する。この手法は、変革ジャーニーの道半ばで行き詰まりを感じている企業に特に有効である。「振り返り」は、調査するソリューションのポートフォリオを特定することから始めるべきである。次に、関係者へのインタビューを通じて、それぞれのソリューションを、成熟度ファネルに沿ってどの段階まで進んでいるかによって分類・類型化する（図表1-5.2）。

この評価手法は、DXが行き詰った場合に根本原因を特定するのに特に役立つ。図表1-5.2は、ある世界的大手食品メーカーの例である。同社は、400のデジタルソリューションに1億3,000万ドルを投じた同社のデジタル関連支出を分析した結果、いくつかの重要な発見を得た。1つ目は、10億ドルの全IT支出に対してデジタルへの支出が1億3,000万ドルであることは、少な目ではあるが適切な範囲内であるということである。我々の経験則では、DXへの支出はIT支出の約20%以上であるべきであるが、これについては状況によって大きく左右される。

2つ目は、変革プロジェクトの規模が小さかったということである。

図表1-5.2 ● デジタル投資の振り返り
——世界的大手食品メーカーの例

ソリューション開発プロジェクトの進捗段階		ソリューション数	ソリューションによる現段階での効果予測(全社EBITDAに占める割合)
構想策定	ビジネス上の課題解決に有効なアイデアを検証	160	<1%
パイロット・実証実験	概念実証を実施し、ビジネスケースへの適用を準備	35	<1%
提案	ビジネスケースを承認し、ソリューションの開発を開始	30	<1%
導入	部分的に展開開始	35	<1%
本番導入・拡大	本番環境への導入後、組織全体へ展開	20	<1%
中止	活動を停止	120	<1%

1プロジェクト当たりの平均支出額は32万5,000ドルに過ぎず、このプロジェクトのポートフォリオはパイロットと実証実験に大きく偏っていた。

3つ目は、このポートフォリオ全体の潜在的インパクトがごく僅かであったことである。仮にプロジェクトが100%成功したとしても、全体のEBITDAの想定改善幅は1%未満に過ぎなかった（先に述べたように、我々の経験則では、堅牢なDXロードマップはEBITDAを20%以上改善させる）。

最後に、あまりにも多くのプロジェクトが中止となり、対して本格的な展開まで至ったプロジェクトはごくわずかであった。これも、ボトムアップのパイロットを過度に行っていたことの表れである。

まとめると、上級幹部が、どうすればデジタルやAIを活用した自社ソリューションから競争優位性を得られるかについて、十分な時間を費やして検討していなかったことがこれらの症状となって表れたのである。

これらの発見は経営陣にとって衝撃的であり、賢明に支出を管理するためには、よりトップダウンのアプローチが必要であると彼らは直

図表1-5.3 ● ケイパビリティ構築計画に必要となる主要要素
—— 開始18 〜 24カ月に必要とされる一般的な要素

四半期ごとに必要なリソースと投資

人材	必要人材： 最低でも1年目に 必要な技術者の タイプと人数 (SECTION 1-4)	人材確保： タレント・ ウィンルームの 設置 (SECTION 2-2) とソーシング計画 (SECTION 2-3)	経営層、 ドメインリーダー、 アジャイルポッド メンバー向けの トレーニング プログラム (SECTION 2-5)
オペレーティング モデル	アジャイル手法に 関するチームへの トレーニングの アプローチ (SECTION 3-1)	あるべき オペレーティング モデルと移行計画 (SECTION 3-2)	
テクノロジー	重点ドメインを サポートする、 あるべき システム構成 アーキテクチャ (SECTION 4-1)	重点ドメインに おけるクラウド 移行ニーズへの アプローチ (SECTION 4-2)	DevSecOpsの 導入と開発者支援 アプローチ (SECTION 4-2)
データ	重点ドメインの 主要データへの アクセスとデータ 整備計画 (SECTION 5-1)	重要な データプロダクト の構築 (SECTION 5-2)	あるべきデータ アーキテクチャ (SECTION 5-3)
チェンジ マネジメント	トランス フォーメーション オフィスの設置 (SECTION 6-3)	デジタル ソリューション により創出される 価値の管理・追跡 システム (SECTION 6-3)	組織全体へ向けた デジタルに関する トレーニング (SECTION 6-5)

注：（　）内の数字は、CHAPTER - SECTION番号を示す

ちに認識した。最初のステップとして、進行中のほとんどのプロジェクトを中止し、販促とオペレーションのドメインに支出を集中投下した。次に、両ドメインの上級幹部は、真に変革をもたらすDXロードマップを策定したうえで、インパクトをもたらすソリューションに数を絞って開発し、それらを改良していくための人材とテクノロジーのケイパビリティ開発に投資を集中させるよう指示を出した。また、業務プロセスの変更やユーザーの教育を行うために十分な投資も行った。その結果、18カ月で年間1億5,000万ドル以上の利益増を達成した。

デジタルケイパビリティ構築のニーズを把握する

基準となるケイパビリティの評価とドメインの再構築計画が整っていれば、比較的簡単にケイパビリティ構築計画とそれに付随する投資計画を策定することができる。本来、この評価は、行うべき開発と必須となるケイパビリティを構築するために必要となるリソースを概算する作業であり、その結果を包括的なDXロードマップにも反映させることができる（DXロードマップの詳細についてはSECTION 1-6を参照）。

図表1-5.3は、ある消費財メーカーの変革の初期18～24カ月間でのケイパビリティ構築計画における具体的な主要要素を示している。

ケイパビリティ構築を加速させるための
パートナーシップ

ケイパビリティを構築する過程では、現在のケイパビリティを補うために、外部リソースに頼る必要も出てくるであろう。その際、競争優位を築くうえで中核となるデジタルケイパビリティをアウトソースしないように注意すべきである。初期においては、短期的にケイパビリティを確保するためのパートナーが必要かもしれないが、中長期的な視点では、価値創造の土台となるケイパビリティを社内に保持することが極めて重要である。

パートナーシップには、その対象範囲と仕組みを適切に設定することで有効に機能する4つのタイプがある。

❶アンブレラ型

このパートナーは、家を建てるときに建築業者を雇うのと同じように、変革の計画・実行を支援し、状況に応じて人材を供給し、テクノロジーやデータ、マンパワーの供給元となる他サプライヤーを審査し手配するなどの支援を提供してくれる。ただし、利用する際には、情報の行き違いや煩雑な調整を避けるため、パートナーとなる企業を1社に絞ることが最善である。

❷人材

このパートナーを利用して人材を確保することで、スピードと柔軟性を大幅に向上させることができる。優れたパートナーであれば、数日のうちに当該ビジネスのスキルを備えたエキスパートチームを立ち上げ、必要がなくなれば直ちに解散させることも可能である。また、スキルアップトレーニングなども提供してくれる。このようなパートナーシップは当初は必要かもしれないが、自社のケイパビリティが増強されるにつれ、時間の経過と共に縮小していくよう設計する必要がある。

❸テクノロジー

このパートナーは、アプリケーションやデータの保存、処理、保護に役立つ。クラウド・サービス・プロバイダー (CSP) は、特にデータと分析関連で、より多様なサービスやケイパビリティを提供している (詳しくは「SECTION 4-2」を参照)。また、構築するソリューションによっては、他のソフトウェアプロバイダーを利用する必要があるかもしれない (例えばデジタルマーケティングのためのマーケティング業務基盤の提供企業など)。また、地理的位置情報の技術や侵入テストのような特化したケイパビリティについては、個別の技術パートナーシップが必要になる場合もある。

❹データ

サードパーティから重要な補足データを取得することができる。公共のデータソース、データブローカー、データマーケットプレイスはいずれも、様々なデータやデータ関連サービスを提供してくれる。ただし、このようなパートナーを利用する際は、データアクセスプロト

コル、知的財産、サイバーセキュリティリスクについて慎重に検討する必要がある。

　このようなパートナーシップを効果的に活用するためには、自社に不足しているケイパビリティを正しく把握し、短期的にはギャップを埋めつつ、長期的にはそのギャップを解消できるよう、パートナーシップを適切に構築することが非常に重要である。

SECTION 1-6 | DXロードマップは経営陣にとっての契約書である

「計画のない目標は、ただの願望に過ぎない」

——アントワーヌ・ド・サン゠テグジュペリ（フランスの飛行家、作家）

　ビジネス主導型のロードマップ作成プロセスの最終的な成果物は、デジタルおよびAIトランスフォーメーション (DX) のロードマップ (以下、DXロードマップ) とそれに付随する財務計画である。

　図表1-6.1は、ある消費財メーカーのDXロードマップの実例である。特定のドメイン (パーソナライズドマーケティング、サプライチェーン、調達) での取り組みと、ケイパビリティ構築の取り組みがどのように並行して行われているかに注目してほしい。このロードマップは、当初は3つのドメイン (パーソナライズドマーケティング、サプライチェーン、調達) に注力しており、変革の2〜3年目には、変革を継続するため当該ドメインに新たなソリューションを追加し、さらに新たなドメインを立ち上げる計画になっている。状況は常に変化し、最初の1年で多くの学びを得ることになるため、2〜3年以上先の計画を立てるのはあまり有用ではない。目指すべき目標を明確にし、その目標に到達するための道筋を柔軟に計画することが重要である。

　優れたDXロードマップには5つの特徴がある。

1. ドメインとその基盤となるデジタルソリューションが、短期・中期的に相応の価値を創出するよう計画されている
2. ドメインの変革がオペレーションのKPIの改善および価値創造に明確に紐づけられている。経営陣がドメイン別のロードマップにコミットしており、変革により期待される効果が企業のビジネス上の目標とインセンティブに組み込まれている

図表1-6.1 ● 変革全体のロードマップ
―― 消費財メーカーの例

■ 構想策定　■ 概念実証・MVP　■ ソリューション開発　■ 変革継続

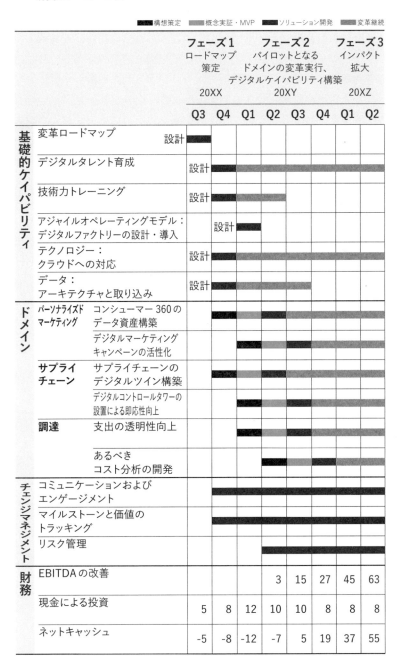

			フェーズ1 ロードマップ策定 20XX		フェーズ2 パイロットとなるドメインの変革実行、 デジタルケイパビリティ構築 20XY				フェーズ3 インパクト拡大 20XZ	
			Q3	Q4	Q1	Q2	Q3	Q4	Q1	Q2
基礎的ケイパビリティ		変革ロードマップ	設計							
		デジタルタレント育成	設計							
		技術力トレーニング	設計							
		アジャイルオペレーティングモデル：デジタルファクトリーの設計・導入		設計						
		テクノロジー：クラウドへの対応	設計							
		データ：アーキテクチャと取り込み	設計							
ドメイン	パーソナライズドマーケティング	コンシューマー360のデータ資産構築								
		デジタルマーケティングキャンペーンの活性化								
	サプライチェーン	サプライチェーンのデジタルツイン構築								
		デジタルコントロールタワーの設置による即応性向上								
	調達	支出の透明性向上								
		あるべきコスト分析の開発								
チェンジマネジメント		コミュニケーションおよびエンゲージメント								
		マイルストーンと価値のトラッキング								
		リスク管理								
財務		EBITDAの改善				3	15	27	45	63
		現金による投資	5	8	12	10	10	8	8	8
		ネットキャッシュ	-5	-8	-12	-7	5	19	37	55

3. 人材、オペレーティングモデル、テクノロジーとデータといった
   ケイパビリティの構築について明確に説明されており、そのため
   に必要となる投資額や時間が全体の計画に盛り込まれている

4. 全体の財務計画が明確で、現実的ながらも積極的な時間軸および
   投資の見通しを反映している。財務指標は通常のコストや収益に
   おける変革のように厳格にモニタリングされ、進捗を年単位では
   なく月単位で測定できるようになっている

5. 変革全体および個々のソリューションのためのチェンジマネジメ
   ントが組み込まれている。トランスフォーメーションオフィス
   (TO) がチェンジマネジメントプログラムと明瞭なガバナンスの仕
   組みを構築し、測定可能かつ明確な四半期ごとのマイルストーン
   を設定している（詳細については「SECTION 6-3」を参照）

　DXロードマップは、経営陣が合意を表明し「契約を交わす」ため
のものである。実際に、ロードマップは、経営陣が変革の遂行に向け
責任を持って取り組むことを約束し署名する契約書なのである。

SECTION
1-7

DXは究極の企業内
チームスポーツである

「口笛だけで交響曲を演奏できる人はいない。
　演奏するにはオーケストラが必要なのだ」

――ハルフォード・ルコック（アメリカ合衆国のメソジストの牧師）

　どのような変革においてもリーダーシップは極めて重要であるが、
DXは非常に複雑で、部門横断的に行う必要があるため、経営陣のよ
り高いレベルでの協働が必要となる。誰もが重要な役割を担っており、
円滑な協働なくして変革を成功させることはできない。

● 最高経営責任者（CEO）

　DXには、緊密で部門横断的な協働と全社的な組織能力の構築が不
可欠であるため、CEO（コングロマリットの場合は事業本部長）が重要な役割を
果たす。彼らには、組織内で誤解が生じないよう組織全体で意思統一
を図り、一体感を醸成し、新たな組織能力を構築する責任がある。

　CEOは、変革の必要性を説き、ビジョン、合意形成、コミットメ
ントを頻繁に伝えて経営層を結集させるうえで特に重要な役割を果た
す。また、DXは、エンド・ツー・エンドのプロセスに大きな影響を
及ぼす。例えば、銀行では、利用者の多くがバンキングアプリを使用
して特定の手続きを行うようになった場合、支店のサービス提供キャ
パシティを削減する必要性が生じる。こうした影響は組織の様々な部
分に波及する可能性があるため、CEOには、常に組織のビジネスシ
ステム全体にわたって継続的に再調整を行い、利益を最大限に獲得で
きるようにする責務がある。

　CEOはまた、主要な進捗指標に常に注意を払い、経営陣のインセ

ンティブを綿密に調整することで、変革の成果に対する責任を従業員一人ひとりに負わせるという重要な役割も担っている。我々の経験則として、CEOは、変革の成功を確実にするために月に2〜4日、初期にはそれ以上の時間を投資することが望ましい。

● チーフ・トランスフォーメーション・オフィサー (CTO)

CEOがデジタル変革に関与し責任を負う一方で、専任のリーダーであるCTOが日々の活動や変革の推進に責任を負う。このトランスフォーメーション・オフィサーは、通常、経営陣の直属となり、たとえ一時的な役割であったとしても、組織におけるデジタルの顔となる。この役職の任期は通常2〜3年である（場合によっては、チーフ・デジタル・オフィサー (CDO) がこの役割を担う、もしくは共同リーダーを務めることもある）。その頃には、変革は特別な取り組みという位置づけから脱し、日常的なマネジメントのルーチンに組み込まれているはずである。

CTOは、説得力のある魅力的なビジョンを創出し推進する能力を有し、組織がどのように機能しているかを隅々まで理解し、デジタルとAIによりどのような変革が起こり得るかについて鋭い直感を備えた人物でなければならない。彼らには、経営陣に影響を及ぼし、強い規律を持ってプログラムを管理する能力を持つ、尊敬される幹部であることが求められる。このような理由から、変革のリーダーは一般的に社内の人材を採用する場合がほとんどである。

変革開始時のチーフ・トランスフォーメーション・オフィサー (CTO) の主な役割は以下の通りである。

1. 経営幹部向けのデジタルリーダーシップ研修を設計し、主導する
2. 経営陣と協力してDXロードマップを策定する
3. 人事部やIT部門と協力し、優先ドメインに関し、適切な人材、テクノロジー、データを特定する
4. ビジネス部門、財務部門、IT部門、人事部と協力して、必要な投資とリソース、期待される効果についての見通しを立てる
5. 経営委員会およびその1〜2つ下の階層で、DXに関して強力なエンゲージメントを醸成し、時間をかけて組織全体に浸透させる

実行段階では、変革リーダーの責任は、変革の進捗管理、研修やチェンジマネジメントプログラムの統括、具体的な問題が発生した場合の対処などへと変化していく（詳細については「SECTION 6-3」を参照）。

CIO、CTO、CDO

これら3つのテクノロジー関連の役職が組織に存在しているか否かは企業によって異なる。すべてを有している企業もあれば、2つもしくはすべてを1つの役職に統合している企業もある。多様なケースが存在し、経営陣の個々のスキルによっても左右される。

● CIO（最高情報責任者）

通常、企業内部の業務をテクノロジーで改善することに注力する。彼らは、企業の基幹システムや技術インフラを統括し、重要なアーキテクチャにおける指針を示し、あるべきクラウドアーキテクチャを定義・進化させるリーダーの役割を果たす。

● CTO（最高技術責任者）

通常、顧客サービスをテクノロジーで改善することに取り組み、銀行のATMや車載システムのように、顧客に直接触れるアプリケーションを統括する。変革におけるCTOの役割は、自社のCTOの職責に応じて様々な形を取ることができる。もしその役割がプロダクトに重きを置くものであれば、CTOは当然、プロダクトのDXロードマップの策定や更新に注力することになる。

● CDO（最高デジタル責任者）

場合によっては変革の共同リーダーとして行動し、通常、顧客や社内ユーザーに向けた新たなデジタル体験を創出する。CDOは、想定されるデジタルソリューションのアーキテクチャの定義、実現に必要なリソースの特定、デジタルソリューション提供の統括において、各優先ドメインを支援する中心的な役割を果たす。実行段階では、これらのソリューションの展開を統括し、関連するケイパビリティを構築する。

CDOの役割はCIOやCTOの役割と一部重複しているが、大きな違いは、CDOは、CIOやCTOにはない新たなスキルを備えていることである。CDOは、最新のソフトウェア開発、先進的なAIやデータ分析手法に精通している。彼らはアジャイルを体得しており、優れたアジャイル手法を熟知している。また、複雑なデジタルソリューションの対象領域を定め、必要なポッドの数、必要なメンバー構成、開発期間、適切なOKR（目標および成果指標）を設定することができる。さらに、最新のテクノロジースタックがどのように構築されるかについても理解している。

実際のところ、CIOとCTOが最新のデジタルテクノロジーと働き方に精通するにつれ、これら3つの役割はますます融合しつつある。DXを推進するうえでは、これら3つの役職者すべてが関与する必要がある。本書のCHAPTER 4では、CIO/CTO/CDOが統括する必要のある、様々なテクノロジー関連の側面について説明する。

● 最高データ責任者（CDO）

もし自社にCDOが存在している場合には、彼らがデータアーキテクチャの開発やデータプロダクトの特定、効果的なデータガバナンスの実装を主導する（CHAPTER 5で詳述）。

● 最高人事責任者（CHRO）

最高人事責任者（CHRO）は、必要なデジタル人材の確保と、デジタル人材の育成・維持を後押しするタレントマネジメントを導入するうえで、変革の初期段階で重要な役割を果たす（CHAPTER 2で詳述）。

● 最高財務責任者（CFO）

CFOは、変革のビジネスケースの策定と価値創出状況のトラッキング（追跡）を統括する（CHAPTER 6で詳述）。さらに、全社の計画策定や資金調達をよりアジャイルなものにするためのアプローチを検討する際にも中心的な役割を果たす（CHAPTER 3で詳述）。

◉最高リスク責任者 (CRO)

CROは、複数のアジャイル開発チームを抱える中で、第一防衛ライン (アジャイル開発チームなど直接リスクを取り扱う業務部門やプロセス) と第二防衛ライン (リスク管理を監視し、戦略的なアドバイスやガイダンスを提供する部門やプロセス) がどのような役割を果たすかを設計する責任を担う。また、DXによって生じる可能性のある新たなリスク、例えばデータプライバシーやサイバーセキュリティへの対処方法を把握することも求められる (それぞれCHAPTER 3とCHAPTER 6で詳述)。

◉事業部および間接部門のリーダー

事業部および間接部門 (オペレーション、マーケティング、営業、調達、サプライチェーン、研究開発など) のリーダーを務める経営陣は、DXロードマップ上で重要ドメインとなる可能性が高い事業ドメインを統括する。例えば、最高マーケティング責任者 (CMO) は、製品やサービスの潜在的な顧客を惹きつけ、提供サービスを個々に最適化し、オンライン体験における各段階での顧客満足度をほぼリアルタイムで測定する手法を構築するうえで重要な役割を果たす。事業部および間接部門のリーダーは、自らのドメインの再構築を積極的に後押しし、好奇心を持って最大限の可能性を探求する必要がある。彼らは、変革のビジョンを形作るために大胆である必要があり、また、新しい働き方を受け入れるためにアジャイルである必要がある。

GETTING READY

さあ、はじめよう！
CHAPTER 1の振り返りと実行準備

　以下の問いを手掛かりに検討することで、自社にとって最適な取り組みが明らかになってくる。

・事業ビジョンについて、またテクノロジーをどのように用いてこの事業ビジョンを実現するかについて明確に説明できるか？

・注力する事業ドメインは事業価値を高めるうえで最良の選択肢か、本当に実現できるか？

・事業ドメインの変革に必要な投資と期待される利益について明確に説明できるか、持続可能な競争優位性をどのように生み出すかについて明確になっているか？

・真の利益を生み出すことができる、明確に定義された事業ドメインに対して、リソースを配分しているか？

・必要となる新たなデジタルケイパビリティ、およびその構築に必要な投資額は明らかになっているか？

・DX ロードマップを進めていく中で、自身の果たすべき役割と責任について明確に理解しているか？

● 日本語版補記

企業価値向上のために、
今、日本の経営者がすべきこと

黒川通彦 （マッキンゼー・デジタル）

CHAPTER 1は、デジタルおよびAIトランスフォーメーション（DX）の1丁目1番地、「DXロードマップ」の構築について解説している。これは、本書の中で、最も経営陣が果たす役割が大きなパートである。ビジョン・戦略の立案、事業ドメイン毎のビジネス変革目標の設定、人・モノ・金などのリソースの重点配分、変革ストーリーへの落とし込みと社内の変革機運醸成まで、経営陣の一致団結なしには成し遂げることができない。そこで、日本特有の課題にも触れつつ、どのように解決していくのが良いか考察してみよう。

● 企業価値を上げられない日本企業

過去30年間の世界と日本の主要指標を比較した統計を、皆様もよく目にすると思う。GDP、株価、従業員の給与、物価、金利等、先進国の中でこれだけ、大きな変化がない国は珍しい。悲観的にとらえた場合、これらは、設備投資をしてこなかった国、大胆なリソース配分の意思決定ができなかった国、終身雇用の制約に苦しんでいる国、イノベーションを起こせなかった国と見ることもできる。一方で、楽観的にとらえれば、正しく投資すればまだまだ利益を伸ばせる成長余地が大きな国、従業員に投資しリスキリングすれば新たなイノベーションを生むことができる国、しかもレジリエンスが高く、外的要因に対しても右往左往しない国、であるとも、言えるのではないか。

私は、個人的にはこの楽観論を信じたいのであるが、一つだけ大きな問題を見過ごすわけにはいかない。それは、この30年間で、日本企業の企業価値が相対的に大きく下がってしまっていることだ。約30年前の1989年、世界の時価総額ランキングTop10に7社も名を連ねた日本。2023年では、1社も入らないばかりか、最高順位がトヨタの39位なのである。さらに、上場企業全体で

見た場合にも、2023年4月に東証が警鐘を鳴らした通り、東証株価指数 (TOPIX) 採用企業のうち51.1%がPBR1倍割れ、つまり資本コスト割れにある危機的状況だ。一方、米国 (S&P500) でのPBR1倍割れ比率は5%、欧州 (STOXX600) では24%だったそうだ。明らかに日本企業の企業価値が世界に比べて低い。一体なぜ、こんなことが起こってしまったのか。

　マッキンゼーの調査によれば、リーマンショック後に、DXに投資をした企業と、しなかった企業ではTSR (株主総利回り) に3倍の差が出た。売上成長では5倍、営業利益の成長では4倍の差が出ている。ここで言うDXへの投資とは、デジタル・AIを用いた企業変革、新規人材の獲得や、人材のリスキリングへの投資、M&A等の新たな組織能力を得るための投資である。日本の世界競争力ランキングの順位をご存じだろうか。IMD (スイスに拠点を置くビジネススクール・国際経営開発研究所) の発表によると、1989年日本の国際競争力は世界1位、その後リーマンショックと共に、日本の順位はどんどん下がり、2023年の発表では日本は35位で過去最低である[1]。デジタル競争力も2022年の発表では29位で、こちらも過去最低である。異常事態と言っていいほど、日本のDXは、世界から遅れているのである。なぜ、日本のDXは遅れているのであろうか。詳細は各CHAPTERのコラムで弊社メンバーが、それぞれ解説しているので、ここでは俯瞰的にまとめてみようと思う。

●日本企業の企業文化

　日本企業は過去には大きな強みだった企業文化を、デジタル・AI時代にも変えていない。それは、ボトムアップ・根回し・合議制などである。欧米のトップダウン文化とは真逆の文化である。欧米はゴール設定を非常に高く置き、そこから逆算して何をすればいいかを考える。DXはその高い目標を達成するために必須であるという考え方だ。一方、日本は従来から現場が強く、現場が確実にできると確信できるまで、時間を使って検証を進め、それを経営陣は、追認する。作るものが決まっており、それを大量に、正確に、精度よく作るという環境下では、これはうまく機能する。一方で、日進月歩の技術革新で、中国から格段に価格の安い製品が出てきたり、突然、疫病や戦争が起こり、原材料が高騰したり手に入らなくなる、顧客の行動も突然変容するような激動する世界では、今までの企業文化は通用しないと言わざるを得ない。また、最近では業績悪化により、買収されたり、倒産するような企業も増えている。そうでなくても、もの言う株主からの圧力も強まっている。このような環境下で、これ

まで通りの「改善型」の経営をしているわけにはいかない。経営者はステークホルダーに対する責務として、大きく企業価値を上げ、自社を守らねばならないのである。

●日本企業のデジタル能力不足

　日本がDXによる成長を享受できなかったのには、もう一つ大きな理由がある。デジタル人材不足・IT丸投げ・クラウド慎重論・部門縦割りによるデータの分断・遅い意思決定など、いずれも組織能力の課題である。経営陣がデジタルの世界に疎い・理解度が低い、管理職の国際経験が少ない・デジタル能力が低いなどの課題もよく耳にするようになった。これらは、ITやデジタルを、低付加価値業務と考え、この30年間ずっとアウトソースしてしまったから起こった。企業側にIT・デジタルで高い給料をもらえる人がいない、よって人材はベンダーに流れる。

　日本のIT人材の割合を示す数値がある。ベンダーと事業会社の割合を示しているのだが、日本は3：7でベンダー側が多く[2]、欧米はその逆で事業会社に人材がいるのである。人材の流動性の差も大きい、欧米では優秀な人材が企業を渡り歩くことで、自分の給与を上げていく構図だ。当然在籍した企業でDXによる成果を出さないと、給料を上げていけないので、新しい技術を勉強して、成果につながるものであれば、どんどん試していく。経営陣についても同じことが言える。経営陣も、次々に転職して会社を渡り歩く。経営コンサルから事業会社への転職も珍しくない。海外の経営者は非常に細かい技術まで質問をし、何が価値の源泉なのかの本質を理解しようとする。マッキンゼーが22年に1,000人のCxOに対して行った調査によれば、DX成功企業では、7人以上の経営陣がデジタル・AIの技術に精通している。一方でDX失敗企業は1人か、0人であるという結果が出た。日本では経営陣がデジタルの専門家である事はまだ少なく、とにかく他社の成功事例を聞いて、それを自社に導入しようとする。IT丸投げ時代と全く変わっていない。同じものを入れたところで、差別化にはならず、企業価値を大きく上げることはないのだから。

●企業価値を上げるための日本企業の変革とは

　企業価値を上げねばならない合意が作られたら、次にやるのは、目指すべき北極星の決定である。企業価値を5倍にするには何をすべきか等、大きな目標を掲げて、今までの常識を捨て、ゼロベースで検討を行うのである。

　企業価値を上げるには、収益性と成長性を上げることである。収益性は、営業利益・キャッシュを稼ぐ力を上げること、そして、投下資本を効率よく回転させることだ。その観点で行けば、「価格を2倍にするにはどうするか？」「在庫を半分にするにはどうするか？」「営業職員を半分にするには何ができるか？」「自社工場をなくすには？」等、夢物語に聞こえるかもしれないが、俯瞰的に引いた目線で自社の事業を眺めて、一切の、先入観を取り払って考えてみることだ。案外、先入観のない若手社員から良い意見が出ることが多い。

　なぜ、ここで少し夢物語のような目標設定が必要かと言われれば、高い目標設定がない場合、DXは必要ないからである。例えば価格を2倍にしようと思ったら、それだけの対価を払える顧客を無数の顧客の中から、見つけ出さなくてはならない。どのような商品・サービスに価値を感じるかのニーズも把握しなければならないし、価格感度の分析も必要になる。競合より圧倒的に高い顧客体験も重要になる。これらは、デジタル・AIの活用なしには、一足飛びには成し遂げられないのである。

　このように、企業価値を上げていく際に忘れてはならないのは、自社の強みの見極めによる、選択と集中である。つまり自社の複数の事業ポートフォリオの中で、「競争領域」「非競争領域」を切り分けることである。これは、経営陣が意思決定をせねばならない。非競争領域については、売却するか、徹底的なコスト削減を行い、競争領域の事業にリソースを大胆に配分する。非競争領域のITは徹底的にシンプルに作り変える。例えば、ERPシステムを導入する際も、世界標準を取り入れ、徹底的にFit to standardで経営陣のリーダーシップでやりきることで、貴重なIT人材の時間と費用を、業務側の説得や根回しに当てるのではなく、競争領域のイノベーション・付加価値を生む領域に、集中させるのである。

● **最初の一歩として、経営陣は何をすべきなのか**

　まずは、日本に閉じこもらないで、世界を見るべきだと考える。なぜならば、実際に話を聞かないと分からないことが多いからだ。「どの程度までアクセルを踏むのか？」「改善レベルなのか、改革レベルなのか？」「どんな課題やリスクがあるのか？」「いったいいくら投資したらいいのか？」等、次々浮かぶ疑問を、直接聞いてみるべきである。

　この時に最も大切なのは、人づてではなく、一次情報を自分の目と耳で体感することである。マッキンゼーが定期的に開催する実際のDXリーダー企業を

訪問する「Go&See」というプログラムに参加することでも、DXを成功させた企業の経営者と直接話をする機会を得ることができる。世界規模で開催されるDXイベントに参加すれば、企業同士で意見交換を行うラウンドテーブル等に参加することもできる。実際にDXをやり遂げた企業の経営者の話を聞くと、驚きが多い。数カ月ではなく数週間という圧倒的なスピードでの実行、PoCでは数百個の失敗アイデアが没になったなど、いかに苦労して、自社にとって本当に意味のあるものにたどり着いたかが分かる。また、各部門で噴出した課題や、経営幹部社員が辞めたなど、起こりうる課題や、それらへの対処ノウハウ等も聞くことで、心の準備ができる。それなくして、絵にかいた餅の高い目標だけ描いて、いくら社員に頑張れと言っても、社員の心に灯はともらない。

　さらに、経営陣の責務として、高い目標を達成するための投資を怠ってはいけない。IT人材の経営陣への招聘、個々の社員のDXスキル育成等、人的資本への投資、俊敏な意思決定プロセスの導入、データ分析を活用した意思決定プロセス導入など組織資本への投資、デジタル企業・ソフトウェア企業とのアライアンスや買収等への外部資本への投資等、様々な大胆な投資の意思決定を行うことで、DXによる企業価値向上を達成することができるのである。それらを、まとめたものが、このCHAPTER 1で解説した、DXロードマップ（＝経営陣にとっての契約書）に、他ならないのである。ぜひ、CHAPTER 1を参考にしながら、自社なりのロードマップを作り上げていただきたい。

参考
1. World Competitiveness Ranking 2023 Results
   https://www.imd.org/centers/wcc/world-competitiveness-center/rankings/world-competitiveness-ranking/2023/
2. 『IT人材白書2017』情報処理推進機構
   https://www.meti.go.jp/shingikai/mono_info_service/digital_jinzai/pdf/001_s01_00.pdf.

デジタル人材チームの構築

デジタル人材を惹きつけ、活躍できる環境を整備する

のような企業も、アウトソーシングではデジタルエクセレンスを実現することはできない。企業のデジタル化とは、プロダクトオーナー、エクスペリエンスデザイナー、データエンジニア、データサイエンティスト、ソフトウェア開発者など、デジタルの専門知識を持つ優秀な人材を自社で抱え、彼らがビジネス部門の同僚たちと肩を並べて協働することを意味する[1]。

そのため、DXは、何よりもまず人材の変革であるべきである[2]。しかし、DXロードマップを実現するためにはデジタル人材を動員する必要があるため、すぐにこれに着手することはできない。適切なデジタル人材の確保には、他のどの優先事項よりも長いリードタイムを要するため、できるだけ早く取りかかる必要がある。

伝統的企業の経営者は、優秀なデジタル人材はシリコンバレー企業に引き渡すべきだ、などとは考えてはならない。これまで多くの伝統的企業が、刺激的なアジェンダを掲げ、人材に真摯に取り組むことで、デジタル人材集団を作り出すことに成功している。

最良のデジタル人材プログラムでは、採用だけにとどまらず、従業員への魅力的なバリュープロポジション（価値提案）の立案と実現、よりアジャイルでデジタルな人事プロセスの開発、そして優秀な人材がさらに活躍できる環境づくりまで徹底して取り組む。CHAPTER 2ではその手法について解説する。

SECTION 2-1 コア・非コアケイパビリティ──戦略的タレントプランニング

現在自社に保有している人材を可視化し、必要となる人材、およびそのギャップを埋めるための計画を特定する。一見簡単なことのように思えるかもしれないが、実際は非常に難しい

SECTION 2-2 デジタルチーム構築のためのタレントマネジメントチーム

デジタル人材の発見、採用、維持の手法を一気通貫に理解するチームを構築する

SECTION 2-3 面接でデジタル人材を採用するコツ

テクノロジー企業でなくても、優秀なデジタル人材を獲得することはできる。求職者や従業員の要望に基づき、魅力的なバリュープロポ

ジションと採用・オンボーディングプロセスを設計する

SECTION 2-4 優れた技術者を見極める

　これはまさに「言うは易く行うは難し」である。数多くの人材の中から優れたスキルを持つ人材を見極める能力を身に付け、かつ、既存のタレントマネジメントの仕組みを完全に変更することなく、デジタル人材のための特別なキャリアパスを設計する必要がある

SECTION 2-5 卓越した技術者を育成する

　テクノロジーは急速に進化しているため、デジタル人材の育成はOJT形式の学習と能力開発を重視すべきである。

参考
1.　Sven Blumberg, Ranja Reda Kouba, Suman Thareja, and Anna Wiesinger, 'Tech talent techtonics: Ten new realities for finding, keeping, and developing talent', McKinsey.com (2022年4月14日)
　　https://www.mckinsey.com/capabilities/mckinsey-digital/our-insights/tech-talent-tectonics-ten-new-realities-for-finding-keeping-and-developing-talent.
2.　"In disruptive times the power comes from people: An interview with Eric Schmidt," *McKinsey Quarterly* (2020年3月5日)
　　https://www.mckinsey.com/capabilities/mckinsey-digital/our-insights/in-disruptive-times-the-power-comes-from-people-an-interview-with-eric-schmidt.

コア・非コアケイパビリティ ——戦略的タレント プランニング

「過去の自分に制限されることなく、自分たちの能力を十分に発揮できるよう努力することが大切である」

——ヴィヴェク・ポール（戦略コンサルタント、テックスタートアップ創設者）

DXロードマップと同じ粒度でタレント（人材）ロードマップを策定しているか。この質問は多くの経営者たちを驚かせるであろう。もし答えが「はい」でないなら、綿密で現実的な計画を立てることが重要である[1]。

ワークフォースプランニングとは、DXロードマップとビジョン（優先ソリューションと、それを実現するためのチーム、すなわちポッドについての計画）を実際の人材要件に落とし込むプロセスである。このプロセスには、現在保有している人材がどのような人材であるかを調査し、DXロードマップを達成するために必要となる人材と照らし合わせることが含まれる（「1-6」で解説）。この分析に従って、人材のギャップを埋めるための計画を立てることができる。一見簡単なことのように思えるかもしれないが、実際は非常に難しい。

○ 社内で必要な人材とは

どの企業も、DXに際して、「この人材を自社で保有する必要があるのか」という疑問に直面するものである。テクノロジーは本業ではなく貸付金の提供が本業だと主張する経営者もいるであろう。また、過去に大規模にIT人材をアウトソースしてきたのだから、DXでの人材獲得も同様の手法で良いではないか、なぜ内製化する必要があるのか、と主張する経営者もいるかもしれない。

しかし、現実的には、企業がデジタルソリューションを通じて競争優位性を確保したいのであれば、その優位性を実現するための人材を社内に保有する必要がある。我々が実施したDXリーダー企業の分析から、テクノロジー業界であろうと、より伝統的な業界であろうと、DXリーダー企業はコアプールとなるデジタル人材を常に保有していることが明らかになった。アウトソーシングによってデジタルエクセレンスを達成した企業はいまだ現れていない。

自社にデジタル人材を保有することが重要な理由は、それにより、技術者がビジネスやオペレーションの担当者と緊密に連携・協働してデジタルソリューションを開発し、継続的に改善することが可能になるためである。この緊密な連携が、迅速な開発サイクルを可能にする。さらに、自社の技術者であれば、企業の背景や文脈について理解を深めることも可能である。例えば、データサイエンティストは、消費者の価格動向、ブランドのポジショニングマップや企業のデータ環境を理解していれば、消費財メーカーの収益管理ソリューションを開発する生産性を何倍にも引き上げることができる。優れたデジタルソリューションを開発することにおいては、企業の背景・文脈を理解することが重要となる。

とはいえ、すべてのデジタルが競争優位性につながるというわけではない。クラウドプロバイダーが提供するサービスや、アプリケーションのサイバーセキュリティを担保するためのペネトレーションテスト、ユーザーを追跡するためのジオロケーションサービスなど、高度に専門化されたスキルは、すべてデジタルソリューションにとって重要かもしれないが、ビジネス上の競争優位性を獲得するための差別化要因にはならないかもしれない。その場合には、このようなスキルを外部調達すべきである。

また、ビジネス環境の変化に対応していくために、時間の経過と共にデジタルチームを増減させる必要があるかもしれない。そのような場合、外部人材（人材派遣、業務委託など）を活用することも考えられる。外部人材の活用によりキャパシティに柔軟に対応することが可能となる一方で、彼らは社内の人材に比べて企業の背景や文脈に対する理解が不十分で、投下される時間や資金もそれほど多くないため、社内の人材と同程度の生産性は期待できない。一般的な目安として、デジタル人材の70〜80%を社内に保有しつつ、残りは外部サポートを活用

すべきである。

　質の高いデジタル人材チームを構築するには時間がかかる。そのため、DXを開始したばかりの企業は、多くの場合、外部委託先に大きく依存しつつ、デジタル人材の獲得と従業員のスキルアップを開始している。そして、時間の経過と共に、外部委託していた人材を自社の人材に置き換えていくのである。どれだけ大胆な野心を持っているかにもよるが、多くの場合、1〜2年後には、社内のデジタル人材を70〜80%に到達させるという目標を達成することができる。

　例えば、ある消費財メーカーは、社内にデジタル人材を保有していなかったため、コンサルティングパートナーから多くの人材を調達して5つのポッドを組成し、DXを開始した。同時に、トップクラスのテック人材（技術者）を毎月10〜15人のペースで採用した。その結果、わずか1年足らずで、コンサルティングパートナーのメンバーをほぼ自社の人材で置き換えることができた。

● 既に保有しているデジタル人材について理解する

　現在自社がどのようなデジタル人材を保有しているかを把握することは、思ったよりも難しい。というのも、既存人材のスキルや熟練度を特定する必要があるからである。単に職種を列挙するだけでは、すべてを把握することはできない（図表2-1.1参照）。

　このレベルの正確さを持つスキルマッピングを持つ組織はほとんどない。しかし、例えばある人物が「Java Web開発者」であることを知ることは、その人が単に開発者であることを知るよりもはるかに有益である。同様に、クラウドエンジニアとデータエンジニアは全く異なる職種であるため、それぞれのスキルを最大限に活用できるよう、彼らの仕事を明確に理解する必要がある。同時に、機械学習エンジニアや生成AIエンジニアの需要増加が示すように、必要となる技術スキルのトレンドは急速に変化するため、その変化を常に把握することも必要不可欠である。

　ほとんどの組織は、人材を人事データに基づいてシンプルに分類しており、職能別の人員数をごく簡単に把握することができる。しかし、肝心なのは、それぞれの人材のスキルと熟練度を把握することであり、これにより、誰にどの仕事をしてもらえるかを判断することができる。

図表2-1.1 ●デジタル人材のスキル分類

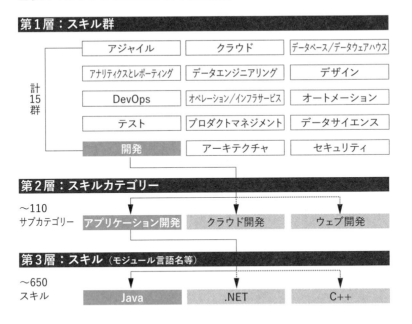

第1層：スキル群

アジャイル	クラウド	データベース/データウェアハウス
アナリティクスとレポーティング	データエンジニアリング	デザイン
DevOps	オペレーション/インフラサービス	オートメーション
テスト	プロダクトマネジメント	データサイエンス
開発	アーキテクチャ	セキュリティ

計15群

第2層：スキルカテゴリー

〜110サブカテゴリー

アプリケーション開発　クラウド開発　ウェブ開発

第3層：スキル（モジュール言語名等）

〜650スキル

Java　.NET　C++

　一般的に、組織には、従業員（特に技術者）間のスキル習熟度の差を明確に特定する方法がない。人事システムでアンケート調査を実施することは、スキルを特定するための出発点に過ぎない。既存のデジタル人材のスキルを特定するには、以下の4つのアプローチが有効である。

❶マネージャー評価

　数百人のプールの中から例えば30〜50人を選ぶ場合は、マネージャーによるトップダウンの評価から始めるとよい。これにより、既存の人材をスキル別に分類し、彼らが持っている専門知識のレベルを把握することもできる。例えば、簡単な仕事を任され、常に監視が必要なエンジニアを初心者レベルに分類し、特定分野でのリーダーと見なされるエンジニアを専門家レベルに分類する。ただし、このようなスキル分類は各マネージャー自身のスキルに基づいて行っているため、判断を標準化する必要がある。

❷自己評価

　IT・デジタル部門全体の従業員に対し、より深いレベルでのスキル評価を実施するにあたっては、スキル調査（スキルサーベイ）が有効である。このアプローチは、特に数百人、数千人を対象にしている場合に必要となる。この調査では、従業員は、記載された詳細なスキル分類に照らして、自身が持つスキルの成熟度を自己評価することができる。この調査の実施には第三者開発のツールを使用することが可能であり、比較的容易に大規模な従業員の母集団に展開することができる。ただし、この手法には、自己評価という手法固有の欠点がある。例えば、女性は男性よりも自分自身のスキルを低く評価する傾向にあるため、必要に応じて評価を調整する必要がある。

❸オンラインテスト

　HackerRank、Codility、CodeSignal、TestGorillaなど、第三者が提供するオンラインコーディングテストは、高度なスキルを持つ技術者の具体的なスキルレベルの評価に役立つ。これらのテストは、技術的なコーディングスキルを評価するには最も正確なテストであるが、組織内に不安や対立を生む可能性があるため、テストのプロセスを慎重に管理することが重要である。

❹技術面接

　正式な技術テストと個人面接を組み合わせてスキルを評価する。この種の評価手法はかなりの労力を要するものであり、通常は重要な役職のみを対象に実施される。面接を効果的に行うには、特定の分野において熟練した上級技術者が実施する必要がある。企業は、IT部門の上級幹部を、技術に精通した上級技術者と混同しがちであるが、そうでないことが多い。

CASE EXAMPLE ｜ 事例

自社が保有する人材をいかに可視化したか

　ある金融サービス専門会社は、大規模な外回り営業組織向けに新たなデジタルセールスサポートツールを設計した。同

社のデジタル部門は、新しいデジタル体験の開発を担当し、最初のパイロットテストは成功したものの、データ重複とレイテンシー（遅延）の問題に悩まされアプリケーションの拡大に失敗した。その根本的な原因は、デジタル部門のメンバーのスキル不足にあった。

　HackerRankを利用して100人のデジタル部門メンバーにテストを実施したところ、合格点である50%のスコアを突破した技術者はわずか20%しかいなかった（図表2-1.2参照）。同社のアプリケーションがアーキテクチャやエンジニアリング面で問題だらけであったのも無理はない。興味深いことに、デジタル人材の3分の1が外部の契約社員であり、彼らのうち社内人材以上のパフォーマンスを示した者はいなかった。こうした事例は多くの企業で見られる。

図表2-1.2 ● 100人規模のデジタルチームにおけるコーディング能力テストの結果
——コーディング能力：0%＝低、100%＝高

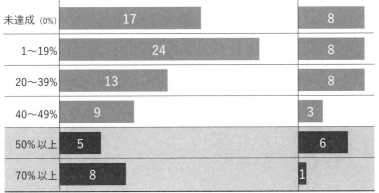

テストスコア	社内リソース合計：76名	外部リソース合計：34名
未達成（0%）	17	8
1〜19%	24	8
20〜39%	13	8
40〜49%	9	3
50%以上	5	6
70%以上	8	1

注：各従業員は、Python、Java、Android Kotlinなど、本人が希望するコーディング能力テストを受講

人材ギャップを特定する

スキル評価により現状を把握した後、その結果をDXロードマップで特定された将来の人材ニーズと照らし合わせる。人材ギャップを特定するにあたっては、企業が見落としがちな以下の2つの要素を考慮することが重要である。

1つ目は、実際のスキルではなく「職務記述書（ジョブディスクリプション）」に従って採用活動を行うことは大きなリスクを伴うということである。一般的に、優秀な開発者の価値は、平均水準の開発者の価値の5〜10倍にもなるといわれている。

そして2つ目は、柔軟性やコミュニケーション能力、協調性、そして最も重要な学習意欲など、デジタル時代において重要な内在的特性を見極めることも忘れてはならないということである。

CASE EXAMPLE ｜ 事例

グローバル保険会社が人材ギャップを解消する

あるグローバル保険会社の人材ギャップ分析を見てみよう（図表2-1.3参照）。この分析は、内部の技術者全員を対象としている。従業員は、DXロードマップで特定された主要役割に従い、自身のスキルを1（初心者レベル）から5（エキスパートレベル）の範囲で評価した。そして同社は、現状と将来のニーズと照らし合わせてスキルのギャップを特定した。その結果、必要となる人材の優先順位が明確になった（実際の分析表では、1~2点は「初心者」レベルに、3~5点は「熟練者」レベルに分類）。

人材ギャップを埋めるための同社のアプローチから、DXを推進する多くの企業に共通する重要な知見が導き出された。

❶社内人材を増やし、外部人材の利用を減らす

この企業は、技術者を積極的に社内に取り込もうとしており、技術者の構成比率を、社内39%：社外61%から、社内

70%：社外30%に変更しようとしている。これは非常に大がかりな取り組みである。そしてこれは、賢明な戦略的決定であるだけでなく、コスト削減にもつながる（拠点数を統廃合しない場合のシミュレーション）。

❷実務者を増やし、確認役・監視役を減らす

　この企業は、インテグレーションエンジニア（フルスタックエンジニアとも呼ばれる）やデータサイエンティストを大量採用している一方で、プロジェクト管理職のような、これまでウォーターフォール型開発と関連づけられていたカテゴリーの人員を削減している。要するに、コードを書く人材を増やし、管理・監督を行う要員を削減することで、人員数を15%削減しながら開発能力の実効性を15%引き上げることを目指しているのである。ただし、このアプローチは、アジャイル開発の手法を活用した、フラットな組織でしか実現できない。

❸有能な実務者を増やし、初心者を減らす

　既存の従業員のスキルは、必要となるレベルをはるかに下回っている。デジタル時代における「人材ピラミッド」は、ひし形に近い形になることが望ましい。つまり、中央部の有能な実務者の数を増やし、下部の初心者レベルの人数をより少なくすべきである。たとえ人材コストが高くつくとしても、有能な実務者と初心者との生産性の差は給与の差を大幅に上回るため、結局は生産性向上につながる[2]。

　これで、DXロードマップを採用計画に落とし込むのに必要な情報がすべて揃った（図表2-1.4参照）。これは、デジタルチームの構築を担当するタレントチーム（次SECTIONで詳説）の計画書となる。計画の実行方法、人材ギャップの埋め方を決定する際には、採用、外部委託、既存社員のリスキリングなど、適切なバランスで人材を調達する必要がある（「SECTION 2-3、2-4」で詳説）。また、デジタルソリューション構築のタイミング、コア人材と非コア人材のビジネスにおける重要度、コストも考慮する必要がある。ただし、DXが進行するにつれて必要人材の

図表2-1.3 ● デジタルおよびテクノロジー人材のギャップ分析例

カテゴリー	役割のカテゴリー
ソフトウェア	フロントエンドエンジニアリング
	インテグレーションエンジニアリング
	フルスタックエンジニアリング
	QAエンジニアリング
アーキテクチャ	アーキテクチャ
インフラ	SRE
	DevOps
	クラウドエンジニアリング
	インフラエンジニア
データとアナリティクス	データとアナリティクス
セキュリティ	セキュリティ
デザイン	エクスペリエンスデザイン
プロダクトマネジメント	プロダクトオーナー
アジャイル	アジャイルエキスパート
その他	プログラムマネージャー
	リーダーシップ（VP+など）
	アジャイル組織以外の役割（管理者など）
社内FTE	
内部合計	
外部合計	
内部・外部比率	

注：1（非熟練者）から5（エキスパート）のスケールで評価を実施したテックタレントスキル調査に基づく。非熟練者は1〜2の評価、
　　熟練者は3〜5の評価を受けた参加者を指す

グローバル保険会社　Ⓝ非熟練者　Ⓒ熟練者　■不要なリソース　■追加すべきリソース

現状		今後のニーズ		差分	
Ⓝ	Ⓒ	Ⓝ	Ⓒ	Ⓝ	Ⓒ
502	410	514	2,056	-12	-1,646
44	36	27	108	+17	-72
33	80	26	103	+7	-23
47	78	27	108	+20	-30
12	19	27	108	-15	-89
6	10	11	43	-5	-33
113	184	66	263	+47	-79
74	91	54	216	+20	-125
84	102	34	136	+50	-34
4	7	9	34	-5	-27
96	179	69	275	+27	-96
15	55	11	44	+4	+11
58	217	3	14	+55	+203
0	198	0	64	0	+134
0	362	0	274	0	+88
1,088	2,028	878	3,846	+210	-1,818
3,116		4,724		-1,608	
4,826		2,024		+2,802	
39%：61%		70%：30%			

図表 2-1.4 ● 全体的な人材ニーズの見積もりと採用計画の策定
——グローバル農業企業の例

| | 人材ニーズ | | | 採用計画（累積） | | | | | |
| | | | | Q1 | | | Q2 | | |
役割	需要	供給	差異	採用	外部委託	リスキリング	採用	外部委託	リスキリング
プロダクトオーナー	20	2	18	5	5	0	8	0	10
スクラムマスター	10	3	7	5	2	0	7	0	0
チェンジエージェント	5	多数	–	0	0	0	0	0	0
デザインリード	3	0	3	1	0	0	2	0	0
UI/UXデザイナー	17	0	17	3	7	0	6	7	0
データサイエンティスト	6	1	5	2	0	0	3	0	2
データエンジニア	18	5	13	5	7	0	10	3	0
ソフトウェアエンジニア	43	12	31	8	13	0	12	15	2
機械学習エンジニア	3	0	3	0	0	0	1	0	0
テックリード	8	2	6	2	2	0	5	1	0
データアーキテクト	2	0	2	0	1	0	1	0	0
アジャイルコーチ	5	0	5	2	2	0	4	1	0
ビジネスアナリスト	15	多数	–	0	0	0	0	0	0
SME	27	多数	–	0	0	0	0	0	0
合計	182	NA	110	33	39	0	59	27	14

優先順位は必然的に変化するため、採用計画を定期的にロードマップと整合させることが重要である。

参考

1. Dominic Barton, Dennis Carey, and Ram Charan, "An agenda for the talent-first CEO," *McKinsey Quarterly* (2018年3月6日)
   https://www.mckinsey.com/capabilities/people-and-organizational-performance/our-insights/an-agenda-for-the-talent-first-ceo.
2. Peter Jacobs, Klemens Hjartar, Eric Lamarre, and Lars Vinter, "It's time to reset the IT talent model," MIT Sloan Management Review (2020年3月5日)
   https://sloanreview.mit.edu/article/its-time-to-reset-the-it-talent-model/.

コア・非コアケイパビリティ――戦略的タレントプランニング

デジタルチーム構築の
ためのタレント
マネジメントチーム

「人を必要とする人は、世界で一番幸運な人！」

――バーブラ・ストライサンド

（アメリカ合衆国の歌手、女優、作家、映画監督）

　多くの人事部門は、デジタル人材の採用やオンボーディングに長い時間を要しており、硬直的な報酬体系や時代遅れの教育・能力開発プログラムを抱えている。しかし、デジタル人材チームを構築し、ハイパフォーマー（生産性の高い人材）を確保したい場合、このままでは実現できない。

　ただし、人事組織と人事プロセス全体をデジタル化するには、数年を要する可能性がある。そのため、デジタル人材に焦点を当てて現行の人事プロセスを調整するための特別チームを設置することが、最も現実的かつ最善の方法であると考える。このアプローチがうまく機能すれば、組織は迅速に動きながら、デジタル人材に特有の根本的な人事課題に対処することができる。我々は、この特別チームを「タレント・ウィン・ルーム（TWR）」と呼んでいる（「ルーム」は物理的なものでもバーチャルなものでも構わないが、専門チームを構築することが重要）。TWRの主な使命は、候補者（応募者）と従業員双方の体験のあらゆる側面を構築し、継続的に改善することである。

　TWRには、スポンサーとなる経営陣（通常はCHROやCDO）と、チームリーダーを務めるフルタイムのシニアHR（人事）エグゼクティブが必要になる。TWRは、アジャイルポッドの働き方と行動を反映した部門横断的なチームであり、人材計画、採用・オンボーディング、人材管理、人材開発、ダイバーシティなどの各分野の専門知識を持つ技術者採用担当者や人事エキスパートで構成される。さらに、必要に応じ

図表 2-2.1 ●タレント・ウィン・ルーム (TWR) の典型的な役割

X% 職務活動に占める割合　■デジタルタレントチーム　■上級幹部　■外部サポート (臨時)

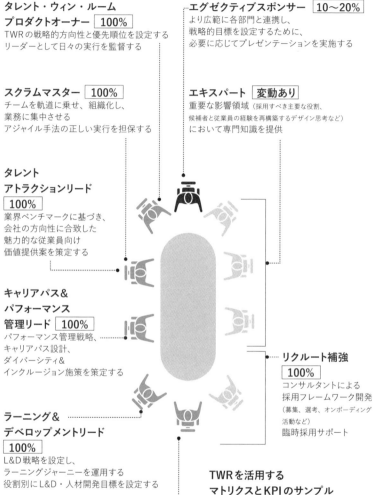

**タレント・ウィン・ルーム
プロダクトオーナー** 100%
TWRの戦略的方向性と優先順位を設定する
リーダーとして日々の実行を監督する

エグゼクティブスポンサー 10〜20%
より広範に各部門と連携し、
戦略的目標を設定するために、
必要に応じてプレゼンテーションを実施する

スクラムマスター 100%
チームを軌道に乗せ、組織化し、
業務に集中させる
アジャイル手法の正しい実行を担保する

エキスパート 変動あり
重要な影響領域 (採用すべき主要な役割、
候補者と従業員の経験を再構築するデザイン思考など)
において専門知識を提供

**タレント
アトラクションリード**
100%
業界ベンチマークに基づき、
会社の方向性に合致した
魅力的な従業員向け
価値提供案を策定する

**キャリアパス＆
パフォーマンス
管理リード** 100%
パフォーマンス管理戦略、
キャリアパス設計、
ダイバーシティ＆
インクルージョン施策を策定する

リクルート補強
100%
コンサルタントによる
採用フレームワーク開発
(募集、選考、オンボーディング
活動など)
臨時採用サポート

**ラーニング＆
デベロップメントリード**
100%
L&D戦略を設定し、
ラーニングジャーニーを運用する
役割別にL&D・人材開発目標を設定する

**TWRを活用する
マトリクスとKPIのサンプル**
採用に要した時間
採用プロセスの段階ごとのコンバージョン率
採用者数 (最終採用率)
従業員満足度
ダイバーシティ、エクイティ、インクルージョンの
指標と目標
従業員のパフォーマンス指標

デジタルリクルーター 100%
採用プロセスと関連指標の達成を推進する
候補者中心の採用活動を推進する

コンペンセーションスペシャリスト 20%
人材に対して他企業に比べ競争力のある
給与交渉を提供する

て、パートタイムの機能別エキスパート（法務、財務、コミュニケーション、マーケティングなど）が加わる。図表2-2.1は、TWRの典型的な構成と、TWRが推進する指標の例を示している。

　TWRは、アジャイル手法と同様に、「顧客」（この場合は候補者と従業員）に焦点を当て、新たな人事プロセスを迅速かつ繰り返し設計し直し、実行すべきである（「SECTION 3-1」でアジャイルな働き方について説明）。候補者の目線からすると、人事部門がアジャイルであることは、企業が迅速性や機動性を持つ有言実行的な組織であることを示すものとなる。

CASE EXAMPLE　｜　事例

大手農業企業がTWRを立ち上げた方法

　ある大手農業企業は、主要なデジタル人材を社内に取り込むことを決定した。彼らは、TWRを立ち上げ、候補者中心の考え方を持ってアジャイルな働き方ができるようチームをトレーニングした。

　TWRは、契約社員や各種のデジタルチャネル（Topcoder、GitHub、Stack Overflowなど）を積極的に活用することでソーシング業務を進化させ、コーディング演習を含めることで面接のやり方・質を向上させ、候補者追跡システムを導入してジャーニー全体を管理した。これにより、半年以内に80人のデジタル人材チームを構築することに成功した。

　TWRは、一時的に設立して解散するような組織ではない。例えば、フォーチュン500社に掲載されている典型的な企業では、200~2,000人のデジタル技術者が必要で、その獲得には1〜3年を要する。その水準に達した後は、自然退職（通常、年間5〜10%）を補うために採用活動を継続的に行う必要がある。加えて、TWRの存在により、その他の人事活動（キャリアパスの設計、パフォーマンス管理、昇進制度、報酬戦略など）も強化される。そのためTWR機能は恒久的なものになるはずであるが、その注力ドメインは時間の経過と共に変化する。多くの場合、TWRは新たな人材（タレント）プールに対応するための部署となり、人事機

能の拡充と改善に注力している。TWRが常設化され、その役割が徐々に拡大するにつれ、組織は複数のTWRを立ち上げ、同様の手法でデジタル以外の組織人材課題に対処することも可能となる。

デジタルチーム構築のためのタレントマネジメントチーム

面接でデジタル人材を採用するコツ

> 「私はオーディションに参加して台本を読むことを嫌だと思ったことは一度もない。彼らは私が役にふさわしいかどうかを知るべきだし、私も自分がその映画に出演したいかどうかを知るべきだ」
>
> ——ジョディ・フォスター（アメリカ合衆国の女優、映画監督）

　社内外を問わず、優秀な人材を発見・確保するには、デジタル人材の考え方を理解し、彼らが何を求めているのかを知る必要がある。なぜなら、優秀な人材は、雇用主に高い要件を求め、彼らも雇用主を選んでいるからである。そのため、デジタル人材が求めている価値を提供し、彼らに焦点を当てた採用・オンボーディング体験を設計することで、採用活動で勝利を収めることができる[1]。

適切で説得力のある本物の従業員価値提案

　企業が優秀な人材を評価するのと同じように、優秀な人材も企業を評価する時代において、企業は優秀な人材のモチベーションを高め、その人材に合った説得力のある魅力的な従業員価値提案 (EVP) を策定する必要がある[2]。

技術者の地位を引き上げる

　「何を作るべきかを知っているような極めて優秀なエンジニアの数は限られている。このような人々は、自分たちを最も真剣に評価してくれる会社に入る。彼らは、経営陣が自分たちの仕事を本当に理解し、一流の技術開発文化を築く方法を知っていると思われる会社を選ぶ。また、適切な報酬が得られる一方で、自分の意見に真剣に耳を傾けてくれ、自分が尊重されるような会社に入るのである。そして、自分と同じような人々がたくさんいるような職場を求めるのだ。

　フォーチュン500に入るような大企業が抱えている問題は、20年前と同じだ。それは、多くの大企業にいる技術者たちが、会社の主要人材として認識されておらず、一流の社員として扱われていないということである。

　そこで組織図に目を向けてみよう。企業は長年にわたり、技術者をIT部門に置いてきた。IT部門が他の部門と隔離され孤立していたことは有名で、イギリスのコメディ番組『The IT Crowd』のように、会社の奥の部屋に集められたオタクたちのイメージをもとに創られたテレビ番組があるほどだ。それから約20年前、大企業は、技術者全員をIT部門に置くべきではないとの考えに至った。そこで、経営者は、デジタル部門と呼ばれる部署を作った。一般的には、デジタル部門担当の本部長がその部署を率いるように設計されている。この部署が設立されて良かった点としては、プログラマーがようやく自分自身でデジタル部門を運営し、真剣に取り合ってもらえるようになったことである。ただし、まだたった一つの部署でしかない。それこそが問題なのである。

　例を挙げると、Teslaでは自動運転車の開発に携わるエンジニアが最も重要な人材である。Elon Musk（イーロン・マスク）氏はいつも彼らについて話し、いつも彼らと話をしており、彼らこそがTeslaの主導者だと言っても過言ではない。しかし伝統的な自動車会社では、開発者はいまだ企業の中心人物ではない。あるべき

姿ではあるかもしれないが、このような取り組みはまだ見られていない。エンジニアはまだ『奥の部屋』にいて、過去40年間、ビジネスを率いてきた者たちがいまだに事業を牽引している。

　Teslaは自動運転電気自動車の機能を知り尽くし完成像を想像できた技術者によって動いている。その一方、他の大手自動車会社は、より伝統的なビジネス教育を受けた人であり、本来技術者ではない人たちによって経営されている」

――マーク・アンドリーセン

（Andreessen Horowitz共同創業者兼ゼネラルパートナー）

　デジタル人材を惹きつける最も重要な要素の一つは、彼らが有能な同僚たちと共にテクノロジースタックに取り組むことで自身のスキルを磨くことができるような、能力開発機会のある職場環境を提供することである（図表2-3.1参照）。要するに、彼らは3年後も、自分のスキルセットの価値が、現状以上ではないにせよ少なくとも現時点と同等の

図表2-3.1 ● ソフトウェアタレントにとって最も重要な就労要因
――入社（内定承諾）、勤務継続予定、退職予定、退職を決める理由となった上位3つの要因と、それを選択したソフトウェアタレントの割合

	入社（内定承諾）	勤務継続予定	退職予定	退職
キャリアの向上や昇進の可能性	43	34	33	34
給与などの金銭的要素	40	34	30	30
働きやすさ、職場の柔軟性	29	30	27	23
仕事のやりがい	28	29	22	21
福利厚生、従業員へのサポート	8	20	21	19

資料：McKinsey Software Talent Great Attrition, Great Attraction Survey（N=1,532, 2022年）

図表 2-3.2 ● 従業員価値提案 (EVP) の例──全社およびデジタル部門

	Johnson & Johnson ジョンソン・エンド・ジョンソン 米国大手製薬・医療機器企業	**Freeport-McMoRan** フリーポート・マクモラン 米国大手非鉄金属企業
全社の EVP	Johnson & Johnson で働くということは、単に仕事をこなすことではない。私たちは日々、人々の命を救うべく感染症治療の開発を行っている。そして、世界の健康の公平性を改善し、世界中の人々の生活の質を高める医療技術の革新に取り組み、医薬品や消費者向けヘルスケア製品を開発している。さらに、外科手術に変革をもたらす3Dプリントやロボット工学から、遠隔地にワクチンを届けるドローンまで、私たちは世界中の誰よりも大きな仕事を担っているのである	当社の熟練した多才なチームは、世界をつなぐ原材料を発見し、抽出し、加工し、提供している。銅、モリブデン、金。私たちが供給しているこれらの元素は、未来を動かすテクノロジーを実現するうえで重要な役割を果たしている。私たちの最大の強みは、社員だと考えている。私たちは、社員のさまざまな考え、信念、経験、才能、スキル、視点、背景、文化を尊重し、大切にしている。私たちは、誰もが帰属意識を持ち、互いに敬意を払い、意見が尊重される職場を目指し、改善し、発展させていく
デジタル部門の EVP	人類が蓄積してきた医療知識をAIに活用し、手術の安全性を高めるために自然言語処理アプリケーションを構築したり、希少疾患の診療方法を一変させるために機械学習を活用したりすることを想像してみてほしい。データサイエンスは、こうした画期的な進歩を可能にするだけでなく、私たちのインパクトを加速させる。例えば、Janssen R&Dチームは、データサイエンスを活用し臨床試験を短縮している。また、世界最大かつ最も幅広い事業を展開するヘルスケア企業として、HIVから膀胱がん、ループス腎炎、新型コロナ感染症に至るまで、現代における最大の健康課題に対処するために、広範なデータセットを活用している	当社は、データの可能性を最大限に引き出すには、データの分析から、分析結果が企業レベルに理解されるまでの、一気通貫のプロセスを実現しなければならないと考えている。そのため、採掘オペレーター、エキスパート、データサイエンティスト、ソフトウェアエンジニアが緊密に連携し、高度に自動化されたデータ製品を開発している。皆さんには、DataOps、DevOps、アジャイルの有能者として、プロジェクトをリードし、チームメンバーが潜在能力を最大限に発揮できるよう指導していただきたい

資料：Johnson & Johnson および Freeport-McMoRan のキャリアウェブサイト

図表2-3.3 ●現在のリクルーティングジャーニー
——金融サービス企業

フェーズ	人材募集・発掘(3〜4週間)	スクリーニング(1週間)…

人材募集・発掘(3〜4週間)
ステップ❶求人案件の作成
ステップ❷財務・人事による求人案件の承認
ステップ❸採用チームによるリクルーターへの求人案件割り当て
ステップ❹求人情報掲載
ステップ❺デジタルアプリ上での応募受け付け

スクリーニング(1週間)
ステップ❶書類選考
ステップ❷スクリーニング
　　　　　コールの設定
ステップ❸スクリーニング
　　　　　コールの実施

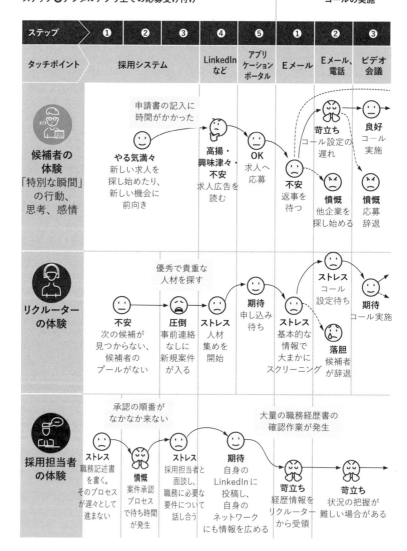

ステップ	❶	❷	❸	❹	❺	❶	❷	❸
タッチポイント	採用システム			LinkedInなど	アプリケーションポータル	Eメール	Eメール、電話	ビデオ会議

候補者の体験
「特別な瞬間」の行動、思考、感情

- やる気満々 新しい求人を探し始めたり、新しい機会に前向き
- 申請書の記入に時間がかかった
- 高揚・興味津々・不安 求人広告を読む
- OK 求人へ応募
- 不安 返事を待つ
- 苛立ち コール設定の遅れ
- 良好 コール実施
- 憤慨 他企業を探し始める
- 憤慨 応募辞退

リクルーターの体験

- 不安 次の候補が見つからない、候補者のプールがない
- 圧倒 事前連絡なしに新規案件が入る
- ストレス 人材集めを開始
- 優秀で貴重な人材を探す
- 期待 申し込み待ち
- ストレス 基本的な情報で大まかにスクリーニング
- ストレス コール設定待ち
- 落胆 候補者が辞退
- 期待 コール実施

採用担当者の体験

- ストレス 職務記述書を書く。そのプロセスが遅々として進まない
- 承認の順番がなかなか来ない
- 憤慨 案件承認プロセスで待ち時間が発生
- ストレス 採用担当者と面談し、職務に必要な要件について話し合う
- 期待 自身のLinkedInに投稿し、自身のネットワークにも情報を広める
- 大量の職務経歴書の確認作業が発生
- 苛立ち 経歴情報をリクルーターから受領
- 苛立ち 状況の把握が難しい場合がある

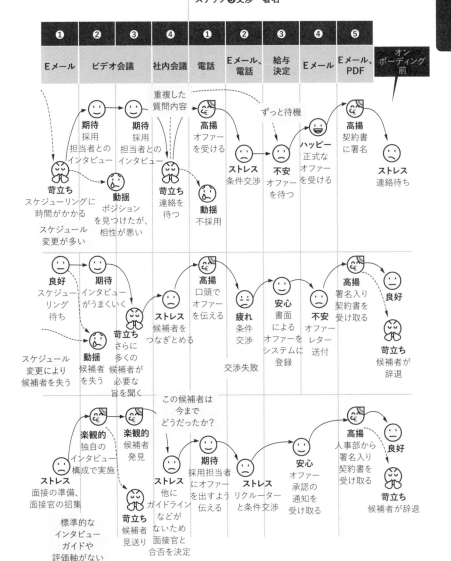

···面接（約2〜4週間） **オファー**（約1〜2週間）

ステップ❶面接の設定
ステップ❷1次面接の実施
ステップ❸2次面接の実施
ステップ❹面接を経て合否決定

ステップ❶口頭によるオファー伝達
ステップ❷口頭によるオファー交渉
ステップ❸オファーの最終承認
ステップ❹正式オファー
ステップ❺交渉・署名

❶	❷	❸	❹	❶	❷	❸	❹	❺	
Eメール	ビデオ会議	社内会議	電話	Eメール、電話	給与決定	Eメール	Eメール、PDF	オンボーディング前	

重複した質問内容

ずっと待機

期待
採用担当者とのインタビュー

期待
採用担当者とのインタビュー

高揚
オファーを受ける

高揚
契約書に署名

苛立ち
スケジューリングに時間がかかる
スケジュール変更が多い

動揺
ポジションを見つけたが、相性が悪い

苛立ち
連絡を待つ

ストレス
条件交渉

不安
オファーを待つ

ハッピー
正式なオファーを受ける

ストレス
連絡待ち

動揺
不採用

良好
スケジューリング待ち

期待
インタビューがうまくいく

高揚
口頭でオファーを伝える

高揚
署名入り契約書を受け取る

良好

スケジュール変更により候補者を失う

動揺
候補者を失う

苛立ち
さらに多くの候補者が必要な旨を聞く

ストレス
候補者をつなぎとめる

疲れ
条件交渉

交渉失敗

安心
書面によるオファーをシステムに登録

不安
オファーレター送付

苛立ち
候補者が辞退

この候補者は今までどうだったか？

楽観的
独自のインタビュー構成で実施

楽観的
候補者発見

高揚
人事部から署名入り契約書を受け取る

良好

ストレス
面接の準備、面接官の招集

標準的なインタビューガイドや評価軸がない

苛立ち
候補者見送り

他にガイドラインなどがないため面接官と合否を決定

ストレス
他にガイドラインなどがないため面接官と合否を決定

期待
採用担当者にオファーを出すよう伝える

ストレス
リクルーターと条件交渉

安心
オファー承認の通知を受け取る

苛立ち
候補者が辞退

図表2-3.4 ●これからのリクルーティングジャーニー
——金融サービス企業

フェーズ	人材募集・発掘（1～2週間）	スクリーニング（2日間）…

人材募集・発掘
- ステップ❶ブランド構築・プランニング
- ステップ❷職務記述書の作成
- ステップ❸求人掲載
- ステップ❹デジタルアプリ上での応募受け付け

スクリーニング
- ステップ❶書類選考
- ステップ❷スクリーニングコールの設定
- ステップ❸スクリーニングコールの実施

ステップ	❶	❷	❸	❹	❶	❷	❸
タッチポイント	LinkedInなど	リクルートシステム	LinkedInなど	アプリケーションポータル	採用ポータル	自動・セルフスケジューリング	ビデオ会議

候補者の体験
「特別な瞬間」の行動、思考、感情

テクノロジータレントの募集に向け、テクノロジーを用いたスクリーニングにより円滑かつ効率的にスタート

透明性の高いプロセスと簡素なスクリーニングスケジュール

候補者にとって興味を引きそうな企業を検索

- 興味あり：新規募集の企業を検索
- 熟考中：適切なポジションを検索
- 高揚：チャットボットでプレスクリーニング
- リラックス：プロセスを明確に把握
- 高揚：リクルーターと日程調整
- 丁寧な印象：スクリーニングコールを実施

リクルーターの体験

既存のウォッチリストから開始

候補者プールや自社の評判を活用し、採用担当者と緊密に連携

テクノロジーを用いたスクリーニングでプロセスを短縮

リクルーターが「テクノロジー」に精通している

- 準備完了：候補者プールにアクセス
- 自信あり：採用担当者による面接トレーニングに参加
- 自信あり：フォームを策定
- 理解済み：採用基準に基づき評価
- フォーカス：AIによるプレスクリーニング通過者に注力
- 準備完了：スクリーニングが自動的に設定される
- コネクト完了：スクリーニングコールで候補者を評価

テクノロジーを活用し候補者のプレスクリーニングを実施

採用担当者の体験

テンプレートから職務記述書を作成し、人材募集とスクリーニングのガイダンスを用いてリクルーターをサポート

共有ポータルを使用することにより情報が可視化され、採用担当者はいつでも必要な情報を入手し関与することが可能

- 準備完了：事前に計画を立て、迅速に行動
- 準備完了：自身の仕事関連ネットワークを常にアクティブに保つ
- 高揚：職務記述書テンプレートを使用し、編集を最小限に抑える
- 期待：追加のスクリーニングガイダンスを提供
- 理解済み：デジタルダッシュボードでスクリーニングの状況を可視化

案件の状況を定期的に更新

…面接（1週間）

ステップ❶面接の設定
ステップ❷1次面接の実施
ステップ❸2次面接の実施
ステップ❹面接を経て合否決定

オファー（1日）

ステップ❶口頭によるオファー伝達
ステップ❷口頭によるオファー交渉
ステップ❸オファー最終承認
ステップ❹交渉・署名

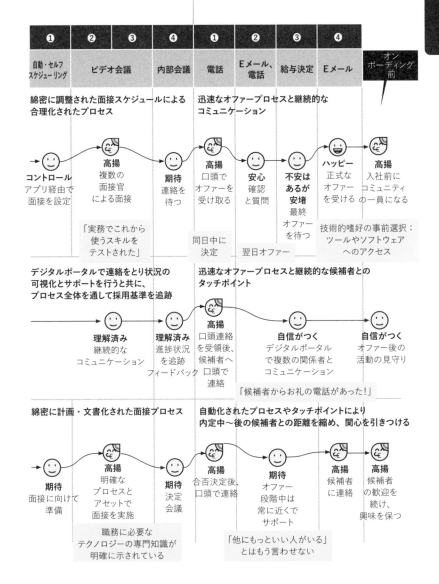

❶	❷	❸	❹	❶	❷	❸	❹	
自動・セルフスケジューリング	ビデオ会議	内部会議	電話	Eメール、電話	給与決定	Eメール	オンボーディング前	

綿密に調整された面接スケジュールによる合理化されたプロセス　**迅速なオファープロセスと継続的なコミュニケーション**

- コントロール　アプリ経由で面接を設定
- 高揚　複数の面接官による面接
- 期待　連絡を待つ
- 高揚　口頭でオファーを受け取る
- 安心　確認と質問
- 不安はあるが安堵　最終オファーを待つ
- ハッピー　正式なオファーを受ける
- 高揚　入社前にコミュニティの一員になる

「実務でこれから使うスキルをテストされた」
同日中に決定
翌日オファー
技術的嗜好の事前選択：ツールやソフトウェアへのアクセス

デジタルポータルで連絡をとり状況の可視化とサポートを行うと共に、プロセス全体を通して採用基準を追跡　**迅速なオファープロセスと継続的な候補者とのタッチポイント**

- 理解済み　継続的なコミュニケーション
- 理解済み　進捗状況を追跡　フィードバック
- 高揚　口頭連絡を受領後、候補者へ口頭で連絡
- 自信がつく　デジタルポータルで複数の関係者とコミュニケーション
- 自信がつく　オファー後の活動の見守り

「候補者からお礼の電話があった！」

綿密に計画・文書化された面接プロセス　**自動化されたプロセスやタッチポイントにより内定中〜後の候補者との距離を縮め、関心を引きつける**

- 期待　面接に向けて準備
- 高揚　明確なプロセスとアセットで面接を実施
- 期待　決定会議
- 高揚　合否決定後、口頭で連絡
- 期待　オファー段階中は常に近くでサポート
- 高揚　候補者に連絡
- 高揚　候補者の歓迎を続け、興味を保つ

職務に必要なテクノロジーの専門知識が明確に示されている

「他にもっといい人がいる」とはもう言わせない

価値があることを保証してもらいたいと考えているのである。これさえ押さえておけばデジタル人材を惹きつけられるというわけではないが、一貫して最も重要な要素であると言える。

ほとんどの組織がEVPを保有しているが、企業はそのEVPを、企業の使命やテクノロジーの重要性、ダイバーシティ＆インクルージョンのコミットメントを強調するようなナラティブ（物語）にアップデートしていく必要がある。優れたEVPとは、企業が何を目指し、何がその企業を唯一無二の存在たらしめているのかを、目に見える形でも見えない形でも示すものである（図表2-3.2参照）。

EVPには向上心を高めるような要素を含むことも可能であるが、信頼のおける確かなものでなければならない。新入社員や従業員は、掲げられているEVPと現状との間にギャップがあれば、それをすぐに察知する。もしギャップがある場合、彼らは退職し、他の人にその実態を伝えることになる。就職活動中の技術者たちの多くは、通常、第三者サイト（GlassdoorやBlindなど）から企業情報を得ており、企業に関するレビューを読んでいる。これらのサイトでは、各企業のEVPが現場でどのように実践されているかについて、少なからず一部の従業員が情報を提供している。そのため企業は、業界や金融アナリストによる評価を注視するのと同じレベルで、これらのプラットフォーム上の自社の評判に注意を払う必要がある。

● 候補者（応募者）を中心とした採用体験

組織のマインドセットを、採用プロセスを段階ごとに最適化していくことから、候補者に喜ばれる体験を創造することへとシフトした企業が、採用活動で最も成功していることが分かった。

図表2-3.3は、企業の典型的な採用プロセスと、それに関連する様々な課題を示している。例えば、このプロセスにかかる時間に注目してみよう。プレスクリーニング調査から内定までの期間が4週間を超えると、デジタル人材を獲得するのは難しくなる。あまりに時間がかかりすぎると、候補者は、動きの遅い企業と判断してしまうからである。その間に競合からのオファーが入り、あなたの企業が候補から外れてしまうことは言うまでもない。候補者の採用プロセスでの体験

が、その組織で働くことの判断基準となることを忘れてはならない。

　人材アプローチを再設計することで人材の発掘と確保に成功している企業がある。最も優れた企業は、候補者中心の体験を創造することに重点を置き、「特別な瞬間」が深く記憶に残るものになるよう工夫している（図表2-3.4参照）。特に重要なのは、候補者や業界の期待に応えられるよう、十分に考慮を重ね慎重に設計された体験を提供することである。図表2-3.4では、この場（体験）が候補者にとって価値あるものであることを候補者に伝える「特別な瞬間」に注目してほしい。

　魅力的な採用体験を提供することは素晴らしいことであるが、そもそも適切な人材を見つけられなければ意味がない。景気の変動が人材獲得に影響を与えるのは言うまでもないが、ビジネスの特定のニーズを満たす優秀な人材を発掘することは常に難しい。

　そのため、まずは、経験豊富で候補者の言葉を理解できる、技術系リクルーターが必要となる。次に、これらのリクルーターは、人材を見つけるための場所を的確に把握し、テクノロジータレントに特化したプラットフォームやサービスと密に連携する必要がある。例えば、有能なリクルーターは、求人掲示板のような従来チャネルから、エンジニアたちが自分たちの仕事について積極的に投稿するソースコードリポジトリ（オンライン上でプログラムコードやデザインデータを保存・公開できるソースコード管理サービス）に焦点を移し、GitHubやRedditのような、テクノロジータレントが仕事探し以外の理由で集まる場所をターゲットにしている。

　TopcoderやHireIQといった現在人気が集まっているデジタルプラットフォームと提携して、組織や今後候補者になり得る人材が自身の技術をアピールできるオンラインコンテストを開催している企業もある。また企業は、Good&CoやHackerRankのようなデジタル人材プラットフォームを利用することで、候補者のスキルや企業文化への適合性をより効果的に評価することができる。これらの手法を活用するには、技術者採用に精通したデジタルリクルーターが必要となる。

　面接プロセスは特に熟慮し工夫する必要がある。職務記述書（ジョブディスクリプション）の記述が曖昧で、面接があてもなく繰り返され、面接官が候補者のどの面を見るべきなのかを把握しておらず、面接プロセスに60日から90日もの長期間を要しているケースが非常に多い。特に苦心するのは、候補者のコーディングに関わる専門知識をテスト

することである。コーディングテストは採用プロセスにおける重要な一部であり、うまく実施するには綿密な計画が必要になる。同様に、面接官も、面接の準備を整え、熱意を持って面接に臨み、面接を単なる予定表上の会議ではなく、特別なものとして捉える必要がある。

　採用プロセスの一環として、特定のテクノロジー分野のアンカーハイヤー（採用の要となる、強い影響力を持つ人物）や上級幹部を優先的に採用している組織もある。これらの人材は、その人的ネットワークや業界での評判を通じて、他の優秀な人材を惹きつけることができる。ある北米の大手製造企業は、DXを開始するにあたり、技術者の間で名の知れた最高デジタル責任者（CDO）を優先的に採用した。その結果、このCDOの存在により、同種の組織から3人の優秀なプロダクトオーナーとデザイナーを獲得し、その後、大手テクノロジー企業や評判の高いデザインエージェンシーから人材を採用することができた。同社は、このアプローチにより、約半年でプロダクトデザインチームをゼロから30人にまで成長させた。

　ただし、アンカーハイヤーを発掘するには時間がかかる可能性があるため、通常の採用プロセスも並行して実施することが重要である。

◦社内で人材を見つける

　我々の経験では、多くの企業は、必要な新たな能力を得るために人材の大半を外部から調達する必要がある。しかし、人材を内部で調達することにはいくつかの利点がある。それは、多くの場合、他のどのような方法よりも簡単で、低コストで、迅速に適切な人材を見つけることができること、そして、内部人材はすでに社内にネットワークを持ち、組織に関する知識を有していることである。

　ただし、社内候補者を評価する際には2つの落とし穴に注意する必要がある。一つは、候補者の過去のパフォーマンス上の問題点を再度評価に反映させてしまうこと、もう一つは、適切なアップスキリングやリスキリングを行わずに、水準に達していない候補者を異動させてしまうことである。候補となる従業員が基準を満たしているかどうかを確認するための応募資格の基準と選考プロセスを確立すること、優秀な人材とはどのようなものなのかを理解し、適切な人材を見つけられるまで待つことも厭わない姿勢を持つことが極めて重要である。

人材の内部調達を成功させる最善の方法は、社内候補者に対して、新卒者採用と同様の方法で面接を実施することである。その際、職務における技術習熟度の基準を設けることを含め、職務内容と期待事項を明確にする必要がある。

　DXにおいて、必ずと言ってよいほど内部で補う必要がある役割の一つが、プロダクトオーナー（またはプロダクトマネージャー）である。なぜなら、彼らが有効に機能するかどうかは、ビジネスと組織をどれだけ理解しているかにかかっているからである。優れたプロダクトオーナーは、DXの成功の要であり、他のどの役割よりも重要である。そのため、彼らのプロダクトマネジメント能力と経験について評価を実施し、不足している人材には本格的なアップスキリングプログラムを計画することが特に重要である（プロダクトマネジメントについては「SECTION 3-3」を参照）。

● 新入社員のオンボーディングジャーニー

　候補者が内定承諾してから入社初日までの期間は、リクルーターから採用マネージャーへの引き継ぎが途切れがちになる。新入社員はたいてい、最初の数週間は、適切なシステムやコードリポジトリを利用できるまで、また新しいチームで仕事を割り当てられるまで待つことになる。なぜなら、新入社員のオンボーディングのプロセスには、組織の多くの部門やチームが関与するためである。

　ほとんどの企業は、新入社員に、彼らの役職・役割、責任、彼らに期待することについて概要を説明している。そして、オリエンテーションでは、明確な目標を定めたオンボーディング計画を提示したうえ、パフォーマンスマネジメントのプロセスについて説明している。さらに踏み込んだ取り組みとして、企業のデジタル化計画の概要と、新入社員にどのように貢献してほしいかについて説明することが望ましい。また、ビジネスのコンテキスト（文脈や背景）について説明することは非常に重要である。ビジネス部門の人間はテクノロジーについて学ぶ必要があるとよく言われるが、逆もまた然りである。技術者はビジネスのコンテキストを理解してこそ生産性を最も高めることができる。そのため、オンボーディング計画には必ずビジネスのコンテキストを盛り込むことを忘れてはならない。

優れた企業は、新入社員が社内で円滑にスタートを切れるように、入社時の窓口となる担当者を設けている。理想的には、最初の仕事でその新入社員と一緒に働くことになる社員がこの担当者になるのが望ましい。デジタル人材は多くがすぐにでも活躍したいと望んでいるため、1週目から実際のプロジェクトに彼らを配属できるように準備しておくべきである。

同様に、新入社員に提供されるテクノロジーツールにも注意を払う必要がある。デザイナーは、Macを使って作業し、Sketch、InVision、Balsamiqなど、最も生産性の高い特定のツールを使用することを想定しているかもしれない。多くの組織では、新入社員が採用書類に記入する際に、彼らが希望するデバイスを選択できるようにしている。そして、開発者には、すぐに仕事に取りかかれるように、コードリポジトリのアクセス権を付与する必要がある。データサイエンティストはPythonへのアクセスを期待するだろう。開発者の「ワークベンチ（デスクトップの開発環境）」は、新人開発者が入社した週の終わりまでにはコーディングの仕事にとりかかれるように、自動化・明瞭化しておく必要がある。

⊙ ダイバーシティ・エクイティ・インクルージョン

我々の調査によると、ダイバーシティ・エクイティ・インクルージョン (DEI) における先進的企業は、EBITマージンで他社を上回る可能性が36%高く、長期的な価値を創造する可能性が27%高く、平均以上の収益性を達成する可能性が25%高いことが示されている。ダイバーシティにおいては、性別、民族性、経験、ニューロダイバーシティ（「脳や神経、それに由来する個人レベルでの様々な特性の違いを多様性と捉えて相互に尊重し、それらの違いを社会の中で活かしていこう」という考え方）を含む広い視野を持つことが重要である[3]。

一流大学では、コンピューターサイエンス、データサイエンス、その他のSTEM（科学、技術、工学、数学）関連クラスの多様化を急速に進めており、企業が雇うことができる人材のパイプラインを拡大している。このような動きは、企業の人材強化に役立つだけでなく、より広範なダイバーシティ目標を達成するための道筋を雇用主に提示してくれる。これにより企業は、優秀な人材にとって、より魅力的な企業となるこ

とができる。なぜなら彼らは近年、DEIをますます重要な選考要素と見なすようになってきているためである。企業の中には、DEIをEVPの中核的な要素と位置づけていることを示すために、DEI支援メカニズムを導入していることを周知することで人材獲得に成功しているところもある。企業は、インクルーシブな職務記述書の作成、面接官の潜在的な偏見を回避するためのDEIトレーニングの実施、多様な人材による面接の実施などの施策を講じ、DEIを候補者の面接に反映させる必要がある。また、DXのダッシュボードにDEIに関する目標を追加することを検討することも重要である。さらに、DEIの要素をパフォーマンス評価プロセスや後継者育成計画に含めることも忘れてはならない。

参考
1. Sven Blumberg, Ranja Reda Kouba, Suman Thareja, and Anna Wiesinger, "Tech talent tectonics: Ten new realities for finding, keeping, and developing talent," McKinsey.com（2022年4月14日）
  https://www.mckinsey.com/capabilities/mckinsey-digital/our-insights/tech-talent-tectonics-ten-new-realities-for-finding-keeping-and-developing-talent.
2. Vincent Bérubé Cyril Dujardin, Greg Kudar, Eric Lamarre, Laop Mori, Gérard Richter, Tamim Saleh, Alex Singla, Suman Thareja, and Rodney Zemmel, "Digital transformations: The five talent factors that matter most," McKinsey.com（2023年1月5日）
  https://www.mckinsey.com/capabilities/mckinsey-digital/our-insights/digital-transformations-the-five-talent-factors-that-matter-most.
3. Kathryn Kuhn, Eric Lamarre, Chris Perkins, and Suman Thareja, "Mining for tech-talent gold: Seven ways to find and keep diverse talent," McKinsey.com（2022年9月27日）
  https://www.mckinsey.com/capabilities/mckinsey-digital/our-insights/mining-for-tech-talent-gold-seven-ways-to-find-and-keep-diverse-talent.

SECTION 2-4 優れた技術者を見極める

「専門家を雇うのが高いと感じるならば、
　素人を雇ってみると良い。
　そちらの方がいかに高くつくか分かるだろう」

　　　　──レッド・アデア（米国の油田火災消火の世界的権威）

　伝統的企業がデジタル人材に対応するために、タレントマネジメントのアプローチを全面的に変更するのは現実的ではない。実際に、大半の企業が、既存のタレントマネジメントの枠組みの中でデジタル人材特有の課題に対処できることを認識している。最も重要な2つの分野は、報酬とパフォーマンス管理である。

◦ スキルに見合った報酬を支払うよう調整する

　技術的スキルに対する報酬は、往々にして個々人の価値と大幅に乖離している。これは、伝統的企業では、報酬が技術者の実際の能力ではなく、勤続年数や管理する部下の数に連動していることが多いためである。このような報酬体系は不満を引き起こし、高いパフォーマンスを発揮している人材が退職せざるを得ない大きな理由となっている。
　近代的企業は、技術者のキャリアパスを重要視し、個々人が自身の手腕やスキルによって企業の業績に大きく貢献できるようにしている。そのため、技術者が従来の管理職への道をたどることも、エキスパートやエンジニアとして成長することもできるような「デュアルキャリアパス」が登場している（「SECTION 2-5」で詳細説明）。
　デジタル人材に対する報酬の枠組みをどのように調整するかを検討する際には、以下の点に留意する必要がある。

❶ビッグテック（超巨大IT企業）の報酬を基準にする

　ほとんどの企業は、ビッグテックが設定した報酬の水準に照らして、当該地域の市況や彼らが獲得しようとしている人材の能力に応じて自社の報酬基準を設定している。ハイブリッド／リモートワーク環境では、人々はどこでも働くことができ、いつ引き抜かれてもおかしくない状況にあり、より簡単に転職することができる。もちろんテクノロジー業界の景気の浮き沈みによって変わることもあるが、ビッグテックの報酬基準は、それでも標準的な水準であり続けるであろう。一般的に、ほとんどの企業は、市況や人材の能力にもよるが、ビッグテックと同等から30％低い報酬水準に落ち着くと思われる。通常、報酬の内訳はボーナスが大きな割合を占めているため、極めて優秀な技術者には、総報酬が割高になる仕組みとなっている。トップパフォーマーの場合、ボーナスとして基本給の100％、つまり基本給と同額が支払われることもある。

❷細かい粒度で、スキルに見合った報酬を支払う

　MLOpsエンジニアの平均年収がデータエンジニアよりも高いのは、そのスキルが希少で需要が高いからである。各スキル群の中で、資格によってレベルを細かく区分する必要がある。例えば、ビッグテックではデータエンジニアのレベルが最大10段階あり、それぞれ報酬額の幅が異なる。このようなスキルの指標（尺度）を決定するにあたっては、ベンチマークを活用することで、求めている人材の市場を把握し、必要なスキルについて競争力を確保するためのデータを得ることができる。そのうえで、求めるスキルに最適な指標を見つけ出す作業が必要になる。つまり、職種ごとに明確なテクノロジー・コンピテンシー・マーカー（TCM）とリーダーシップ・ケイパビリティ・マーカー（LCM）を設定するのである。これは、最初は容易ではなく、正しく設計するには時間がかかる。図表2-4.1は、マッキンゼーのデータサイエンティストとシニアプリンシパルデータサイエンティストのTCMを示している。

❸非金銭的な側面も重視する

　例えば役職名である。デジタル人材は、社外の同業者に認められることを望んでいる。技術界の「連鎖構造」の頂点には、企業の最も困

図表 2-4.1 ● データサイエンティスト (DS) のキャリアアップ
——プロフェッショナルサービス企業の例

ジュニアDS	DS	シニアDS	リードDS
見習い	技術指導が必要	おおむね自力で業務を遂行	技術ワークストリームを主導

データ探索

・基本的なデータ品質評価ができる
・基本的な探索的データ分析ができる

分析手法の定義

・異なる手法、言語、アセットの利点と欠点について理解を深めている

フィーチャーエンジニアリング

・データエンジニアリングの同僚と協力しながら、自分自身または他人が定義した機能を適切に構築できる
・コーディングできる

アナリティクス技術・手法の応用

・最小限のガイダンスでアナリティクス業務を遂行できる
・数多くの主要な手法について十分な知識を持ち、限られたガイダンスで適切に適用できる
・新しい手法を素早く習得し、指導を受けながら適用できる
・社内アセット (ケロドなど) に精通しつつある

アウトプットと視覚化

・アウトプットの選択・設計の指導に基づき、問題解決を導くために関連データを最適に表示するプロット/アウトプットを作成することができる

技術基準

・限られた指導の中でも、正確で優れたプロダクションコードを書くことができる
・ライブラリやアセットに精通している
・指導のもと、ソフトウェア開発とMLOpsのベストプラクティスに従うことができる

プリンシパルDS	シニアプリンシパルDS	パートナー
大規模で複雑な技術開発を主導	技術開発を統括し全社レベルで知見を提供	企業のDSのリーダー

- データ不足、データ品質、データバイアスにおける課題を特定し、解決策を策定している
- データインサイトを可視化するための新技術の開発を継続的に行っている

- DXの長期的な目標を理解し、現在の仕事が全体的なテクノロジーロードマップにどのように適合するかを理解している
- 事業ドメインのリーダーと協力して今後1〜3年の野心的なビジョンを策定し、テクノロジー思考を駆使してテクノロジーロードマップを作成している
- テクノロジースキルのギャップの特定に貢献している
- 文献の最新の研究成果を活用し、既製のDS/MLライブラリでは対応できない課題を克服している

- 予測モデル全体の事業ドメインと機能的特徴の両方を検証し、最適化の制約となり得る主要な特徴を検証している

- 新しく革新的な手法の適用機会を特定し、率先してその手法を活用している
- 手法の技術的妥当性の水準を維持し、時間やリソースのプレッシャーの下でもその水準を維持している
- トレンドと機会を見極めるため、研究開発や外部との協働に携わっている

- 複雑な技術的アウトプットを、明確で説得力のある文脈に沿ったメッセージに変換し、シニアリーダーに対するDS関連のコミュニケーションに反映させている
- 幅広い知識と戦略的思考により、シニアビジネスリーダーやテクノロジーリーダーと信頼関係を構築している

- 新しいテクノロジーアセットを開発する機会を積極的に特定し、その開発において主導的役割を果たしている
- DS/ML関連のテクノロジーやツールの最新の重要な進歩を認識し、確実に採用している
- ベストプラクティスのコーディングにおいて、複数のアジャイル組織を統括するエキスパートとしての責務を果たしている

難な技術的課題のいくつかを解決し、社内外で幅広い支持を得ている優秀なエンジニアがいる。その肩書きは重要な意味を持つ。デジタル人材に関連する他のほぼすべての肩書きについても同様で、市場での認知度が重要となる。そして、もう一つ、金銭以外の側面で重要なのは、誰が彼らの上司になるかということである。

技術者は、その人物が本当に自分のメンターとしてふさわしいかどうかを知りたがるであろう。もし社内に高い技術的能力を持つ人材がいない場合、たとえ報酬が他社に比べ高額であったとしても、人材確保は難しいかもしれない。

それ以外の魅力的な非金銭的報酬としては、特別な任務、開発環境の整備、社外での発表や特別なイベントに参加する機会、職場での高い評価、プロボノ活動に費やす時間、人間工学に基づいた在宅環境の設定、マインドフルネスツールの利用などが挙げられる。ビッグテックのような福利厚生や特権を提供することはできないかもしれないが、デジタル人材へのコミットメントを示す有意義な特典をいくつか考えておくべきである。

❹ IT部門への波及を管理する

従来のIT組織の従業員の中には、「私はデータサイエンティストだ。それなのに、なぜデジタルソリューションに携わるデータサイエンティストと同じ給料をもらえないのか」という人もいる。もちろん、同じ報酬を得るべきであるが、それは技術力とリーダーシップのケイパビリティ・マーカーを満たした場合に限られる。そのため、そのような指標を明確に示し、IT部門の中でその指標を満たす人材が重要度の高い取り組みに携われるようにすることが肝要である。これをうまく管理しなければ、報酬の比較に耐えられなくなり、離職の原因となる。

多くの伝統的企業は、デジタル人材を採用し保持するのに十分な柔軟性を備えた報酬体系を構築している。その秘訣は、明確なスキル指標、外部ベンチマーク、そして熟慮に富んだ非金銭的なインセンティブを用いることである。

パフォーマンス管理にテクノロジー・コンピテンシー・マーカー (TCM) を活用する

アジャイルでデジタル化された職場でのパフォーマンスマネジメントはダイナミックである。DXリーダー企業では、年1回の書面による評価が行われることが多いが、多くの企業ではもっと頻繁に、非公式な評価が行われている。ベストプラクティスとなるのは、上司が、従業員と頻繁に能力開発についての話し合いの場を設けることである。このアプローチでは、従業員は同僚や上司と一緒に自身の目標を設定する。プロフェッショナルとしての成長に焦点を当てた非公式のチェックイン（定期的な15〜30分程度の短時間のミーティング）を頻繁に実施し、必要に応じて軌道修正を行っている。

誰が評価を行い、どこからフィードバックを得るかが重要である。デジタル人材は、そのテクノロジーに精通した（あるいは少なくとも自分より優れた）人物に評価されることを期待している。多くの組織は、同じような役割やスキルを持つ人々をコミュニティとして緩やかに組織化した「チャプター」モデルを採用している。このようなグループのリーダーは、採用、パフォーマンスマネジメント、人材配置、スキル開発など、多くの人事的責任を担っている。

マネージャーの役割は極めて重要であるが、DXにおいては、その役割は見過ごされがちである。マネージャーは、特に目標設定の仕方や、直属の部下と1対1で次年度の目標設定について話し合いをする際の対話の仕方について、頻繁にトレーニングを受けるべきである。また、より正式な業績評価では、複数の情報源からフィードバック（「360度フィードバック」）を取り入れることを検討する必要がある。マネージャーは、従業員の同僚からフィードバックを求め、評価委員会で従業員のパフォーマンスを評価し、その結果を従業員に共有する。

優れたパフォーマンスマネジメントには、様々な職務群に求められるスキルと専門知識を含むコンピテンシーモデル（高い成果をあげる人の特徴的な行動を類型化したもの）が必要である。このベースラインは、パフォーマンスマネジメントプロセスを公正かつ透明性を保てるようにするために重要となる。技術系の人材は、例えばジュニアデータサイエンティストがシニアデータサイエンティストになるために期待されるス

キルは何かなど、各レベルで成功するための指標を知りたがっている。コンピテンシーのレベル設定は、パフォーマンス評価の実施頻度にかかわらず、パフォーマンスマネジメントプロセスの中核となるものである。

SECTION 2-5

卓越した技術者を育成する

> 「平均レベルの選手は放っておかれたがる。
> 　優秀な選手は指導を受けたがる。
> 　偉大な選手は真実を聞きたがる」
>
> ――ドック・リバース（アメリカ合衆国元NBA選手、現指導者）

　デジタル人材は、自身の価値がスキルと深く関連していることをよく理解している。そのため彼らは、自身の仕事の中でどれだけ自身のスキルを高めることができるかに特に敏感である。これはどの仕事にも共通して言えることではないか、と思うかもしれないが、テクノロジーの世界は非常に速いスピードで進化しているため、デジタル人材には特に当てはまる。そのため、こうしたスキル向上の機会を提供できない企業は、優秀な人材を長く確保することはできないであろう。人材育成において、企業がこのスキル向上を促進するには、2つの要素が必要となる。それは、優れた技術者の育成を可能にする柔軟なキャリアパスと、彼らのニーズに合わせたラーニングジャーニーである。

◉ 柔軟なキャリアパス

　デジタル部門の中には一般的な管理職への昇進を望む者もいるが、開発者の3分の2以上は管理職になることを望んでいない。これらの人々は、自分の技術にさらに磨きをかけ、これまで以上に洗練されたデジタル課題に挑戦することを望んでいる。

　そのため、デジタル組織では、管理職と技術職（専門職）の両方のキャリアパスを設けていることが多い（図表2-5.1）。デュアルキャリアパスを採用することで、一般的によく見られる昇進面におけるプレッシ

ャーも緩和される。例えば、技術職のキャリアパスは管理職のキャリアパスよりもはるかに競争性が低く、また前SECTIONで述べたように、技術職のキャリアパスの最上位者は上級管理職と同等の給与水準を得ることができるため、報酬面での課題も解決される。

デュアルキャリアパスを開発するには、データサイエンスやデータエンジニアリングなどの職群別に整理された包括的なジョブアーキテクチャ（企業内の役割を理解するための組織的な枠組み）を開発する必要がある。技術職のキャリアパスには、レベルごとに明確な昇進基準を定めた強力なコンピテンシーモデルを構築することが有効である。ジョブアーキテクチャに多くのレベルを設けると、昇進のスピードが速まるため成長の実感が得られる半面、管理が複雑になることに留意する必要がある。

● オーダーメイドのラーニング＆
能力開発 (L&D) ジャーニー

大まかに言えば、デジタル人材のためのL&D (ラーニング＆能力開発) ジ

図表2-5.1 ● デュアルキャリアパス──データサイエンティストの例

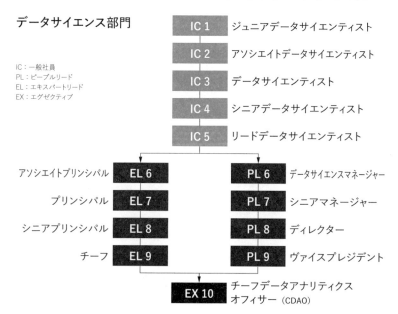

データサイエンス部門

IC：一般社員
PL：ピープルリード
EL：エキスパートリード
EX：エグゼクティブ

IC 1	ジュニアデータサイエンティスト
IC 2	アソシエイトデータサイエンティスト
IC 3	データサイエンティスト
IC 4	シニアデータサイエンティスト
IC 5	リードデータサイエンティスト

アソシエイトプリンシパル	EL 6		PL 6	データサイエンスマネージャー
プリンシパル	EL 7		PL 7	シニアマネージャー
シニアプリンシパル	EL 8		PL 8	ディレクター
チーフ	EL 9		PL 9	ヴァイスプレジデント

| EX 10 | チーフデータアナリティクスオフィサー (CDAO) |

ャーニーの構築には2つの要素がある。一つは、デジタル人材に特化したトレーニングを開発することである。もう一つは、その全社的なトレーニングをサポートするための組織力を構築することである。これについては「SECTION 6-5」で企業全体の変革を管理する一環として取り上げる。

現代的なトレーニングアプローチの核となる基本理念は、継続的であり、オーダーメイドであり、目的を絞ったものであるということである。

これは、従来の「苦行」のように感じられがちなトレーニングプログラムとは一線を画すものであり、確実にスキルを向上させる機会を提供するものである。

スキル向上のための取り組みは、とかく迷走しがちである。多くの人事部門は、高い目標を掲げて開始したものの、数カ月後には、多数のデジタル関連の役割やスキルレベルに合わせてラーニングジャーニーやトレーニングプログラムを開発するには圧倒的な労力を要することに気づく。ここでは、現実的に対応する必要がある。我々は通常、以下の3種類のL&Dプログラムの開発に集中し、それ以外は外部業者を利用するようクライアントにアドバイスしている。

● 「デジタル・オンランプ・ブートキャンプ」を 開発する

DXロードマップ上のソリューションを開発するために、何千人もの人々がアジャイルポッドに参加する。これらのポッドに参加する人々は、様々な専門分野から集まり、企業のデジタルビジョン、アジャイルな仕事の進め方、顧客体験デザインのフレームワーク、企業のテクノロジースタックなど、数え上げればきりがないが、その理解度には差がある。そのため、まずは「デジタル・オンランプ・ブートキャンプ」を開発することから始める必要がある。

このトレーニングは大幅にカスタマイズする必要があるため、社内で開発するのが最適である。多くの場合、DXオフィスがこのプログラムを組み立て、企業のL&Dチームがトレーニングの運営と管理を支援する。通常、このトレーニングは、ポッド立ち上げのキックオフとして、ブートキャンプ形式（1週間、終日集中型）で実施される（図表2-5.2

の典型的なブートキャンプのスケジュール例を参照)。

○ デジタル人材のためのラーニングジャーニーを 確立する

　デジタル人材にとってスキルは最重要課題であり、スキルを身に付けられることは彼らにとって非常に大きな動機づけとなることは言うまでもない。そのため、企業の技術者たちが自身の技術の幅を広げ、さらに理解を深め、さらには組織において最大限の価値を創出するための行動様式を身に付けられるよう支援する、長期的なラーニングジャーニーの開発に投資することが極めて重要である。

　ラーニングジャーニーを設計する際には、スキル群を区別することが重要である。テクノロジー関連の職務をすべて同一のものと見なし(「彼らは全員エンジニアである」という考え)、同じ学習メニューを提供するのは避けるべきである。フロントエンド開発者、プロダクトオーナー、顧客体験 (UX) デザイナーのラーニングジャーニーは、それぞれ全く異なるものである。当然ながら、ラーニングジャーニーの設計は最も上級の技術者にしかできない。また、ラーニングジャーニーは、スキルの習熟度別に整理し、キャリアパスや報酬と整合させる必要がある。

　図表2-5.3は、クラウドエンジニアのラーニングジャーニーを示している。このようなラーニングジャーニーは、技術を深めるために何年も要することに留意する必要がある。特に高度な技術分野では、数カ月で真の専門知識を身に付けることは期待できない。ラーニングジャーニーには、関連分野で深い専門知識を身に付けるために必要なスキルをすべて盛り込むべきである。

　このようなプログラムで習得するスキルの種類は、一般的に企業独自のものではないため、Coursera、Udacity、Cloud Academy、Udemyなど、豊富なプログラムを取り揃えている組織にトレーニングを委託するのが最善である。多くの企業は、デジタル部門の従業員に年間トレーニング費用を支給し、各自のニーズに合った最適なプログラムを自由に選択できるようにしている。

　要するに、企業は、各スキル群や習熟度レベルに期待されるスキルを定義することに注力し、従業員には、彼らにとって最適なものはどれかを判断させればよいのである。

図表2-5.2 ●アジャイルポッド立ち上げブートキャンプの例

■チームワーキングセッション　■振り返り

時刻	1日目	2日目	3日目	4日目	5日目
午前9時〜10時	**キックオフ**（経営陣による歓迎の挨拶、なぜ私たちはここにいるのか、より広範な変革ストーリーの説明）	**チームのワーキングアグリーメント・規範の定義**	**MVPの定義**（MVPの定義のすり合わせ、ストーリーマッピング、プロダクトMVPの草案作成）	**DevOpsとその使用方法の理解**（CICDパイプラインと開発者プラットフォーム）	**経営陣との成果物共有・デモ**（チームによるデモンストレーション、経営陣からのフィードバック収集）
11時〜12時	**アジャイルの概要とシミュレーション**（アジャイルの定義、マインドセットと行動、チームのためのアジャイルプラクティスについて確認）	**ステークホルダーマッピング**（ステークホルダーコミュニケーションフレームワーク、ステークホルダーマップの作成）	**バックログの作成**（バックログの定義のすり合わせ、ユーザーストーリーの書き方の練習）	**スプリントのケイデンス定義**	**ブートキャンプの振り返り**
午後1時〜3時	**ミッション／ビジョンの策定**（ミッションのすり合わせ、ビジョンステートメント作成）	**プロダクトロードマップの作成**（プロダクトロードマップの定義確認、プロダクトロードマップの草案作成）	**準備完了の定義・完了の定義**	**2〜3スプリントのユーザーストーリー検討**（ストーリーの見積もり、受け入れ基準の検討、2〜3スプリントの計画）	**スプリント1のプランニング**（スプリント1のユーザーストーリーの見直し、見積もりの修正、受け入れ基準の明確化）
3時〜5時	**OKRの調整**（OKRの定義確認、OKRの記述練習、チームOKRの草案作成）	**自社のテクノロジーとデータアーキテクチャ環境を理解する**（対象となるデジタルソリューションに関連するもの）	**見積もり**（ストーリーポイントとは何か。見積もり技法とプランニングポーカー、ユーザーストーリーの見積もり練習）	**成果物の共有、デモの準備**（その週に作成した成果物、デモの形式）	（オプション）**チームワークタイム**（チームによる成果物のレビュー継続、ステークホルダーエンゲージメントモデルの実装、スプリントイベントの計画、チームコラボレーションツールのセットアップ）
	振り返り	振り返り	振り返り	振り返り	
6時	（オプション）**チームワークタイム**（日中に作成した成果物を振り返る）	（オプション）**チームワークタイム**（日中に作成した成果物を振り返る）	（オプション）**チームワークタイム**（チームコラボレーションツールのセットアップ）	（オプション）**チームワークタイム**（デモのドライラン、デモのロジスティクスセットアップ）	

注：各チームは、チームの都合、勤務時間帯、対面／バーチャル／ハイブリッドオペレーティングモデルに応じてスケジュールを変更することが可能

図表2-5.3 ● クラウドエンジニアのラーニングジャーニーの例

凡例：■ 役職特有　■ プラットフォーム特有　■ 働き方

能力レベルの向上

非熟練者		熟練者		エキスパート

学習

非熟練者		熟練者		エキスパート
クラウドとは何か	本番環境におけるコンテナ	サーバーレスコンピューティング	クラウドリスク	効率的なクラウド開発
仮想化と実装モデル	ビジネスシナリオへのクラウドの適用	クラウドセキュリティ上級編	クラウドのコスト管理	Anthosを用いたハイブリッドクラウドの近代的アプリケーションの開発
DevOps・コンテナ入門	クラウド開発	クラウドSRE	順応性の高いCSPクラウドインフラとは	
CSPクラウドの基礎	必須CSPクラウドインフラのスケーリングと自動化	CSPクラウドにおけるログ追跡、監視、可観測性	信頼性の高いCSPクラウドインフラとは	
必須CSPインフラ基盤	Kubernetes入門	Terraform for CSP Cloud入門	ステークホルダーとのコミュニケーション	
必須CSPインフラコアサービス	部門横断チームでの働き方	スクラム入門		
問題解決手法	アジャイルの基本	MVPマインドセットとは		

実践

非熟練者		熟練者		エキスパート
クラウド導入のためのビジネス課題定義	クラウドリソースの作成と管理	CSPクラウドにおけるクラウド環境構築および設定	CSPクラウドにおけるクラウド環境の実装と管理	クラウドアーキテクチャ：設計、実装、管理
	基礎的なインフラタスクの実行	TerraformによるCSPクラウドのインフラの自動化	CSP Kubernetesのコスト最適化	

●リスキリングプログラムを実施する

　リスキリングとは、現在とは異なる職務に就くために必要となるスキルを習得することである。これは極めて重要な取り組みであり、完了するまでに6カ月から12カ月以上かかることもある（その間、従業員は日常業務を行うことはできない）。コーディングブートキャンプは、様々な職務の人材（フロントエンド開発者、バックエンド開発者など）がテクノロジースキル（JavaScript、CSS、C#、Ruby、Pythonなど）を習得するための最も効果的な方法の一つである。

　最も有効なアプローチは、Turing School、Hack Reactor、CODE、Le Wagonなど、こうしたブートキャンプを提供する専門会社と提携することである。この種のブートキャンプの受講者として最もふさわしいのは、一般的に、共感性、根気、成長に対する強い意欲、論理的な問題解決への高い適性、プログラミングへの情熱を持っている人である。マッキンゼーで最も優秀なソフトウェアエンジニアの何人かは、こうしたプログラムの受講経験者である。とはいえ、大量の人材をリスキリングするのは難しく、コストもかかる。リスキリングプログラムは、通常、企業が投資したいと考える優秀な人材に対して用いられる。このプログラムは、数多くの、あるいはエンジニアリングベースの人材を抱える企業にとって、特に効果的である。

GETTING READY

さあ、はじめよう！
CHAPTER 2の振り返りと実行準備

　以下の問いを手掛かりに検討することで、自社にとって最適な取り組みが明らかになってくる。

・DXロードマップと同様に詳細かつ包括的な人材ロードマップを作成しているか？

・競争上の差別化の核となるスキルは何か、そのような人材を発掘するにはどのような変革が必要かということが明確になっているか？

・優秀なデジタル人材を発掘し、雇用し、維持するための人事慣行を整備しているか？（4週間で内定を出すための事前審査、説得力のあるEVPなど）

・自分の会社は、優秀な人材が働きたいと思える職場として認知されているか？

・自社の優秀な人材は、この会社で成長し、有望なキャリアを築くことができると確信しているか？（自社の優秀な人材の離職率をチェックし、キーパーソン離脱のリスクを把握しているか？）

・優れたマネージャーを評価するキャリアパスと同程度の、優れたテクノロジストを評価するキャリアパスがあるか？

・技術者たちがビジネスについて学び、継続的に卓越した技術を習得できるようにするために、どのような取り組みを行っているか？

強いデジタル人材チームの構築──
日本企業に求められる人材への本気度

片山博順（マッキンゼー・デジタル）

CHAPTER 2では、デジタル人材の採用および育成に焦点を当てている。この理由は、DX（デジタルおよびAIトランスフォーメーション）の成功において、デジタル人材が欠かせない重要なテーマであるからに他ならない。マッキンゼーが近年実施した約1,250社のグローバル企業に対するDXの進捗状況に関する調査では、24%の企業が順調に前進していると答えた一方で、62%の企業は、変革が失速あるいはパイロットで停止していると答えている（14%はその他）。この失速・停止していると答えた企業にその理由を尋ねると、経営陣の理解不足・同床異夢と並んで、「デジタル人材不足・組織能力不足」が最大の理由となっている。まさに、デジタル人材チームの有無が変革の成否を分けるといえる。

● 願望だけでは解決しない根深い課題

日本企業の多くが悩まされている「デジタル人材不足・組織能力不足」とは何を指すのだろうか。我々が企業の経営陣と議論をしている中でも、デジタル人材不足が課題としてあがらないことはほとんどない。「うちには人材がいないから……」という言葉が必ずと言ってよいほど返ってくる。一方で、「どのような人材が、何人ぐらい、いつ頃必要になりそうですか」と尋ねると、明確な答えが返ってこないことも多い。これは、「デジタル人材」に期待する役割やスキルが定義できておらず、まるで魔法使いのように、いれば何とかしてくれる存在として思考が留まっている場合か、人材像はある程度の定義はできているが、変革ロードマップとの紐づけができておらず、「このようなユースケースをいつ実行するから、それから逆算して必要な人材が何名……」のように具体化できていない場合が想定される。

新聞やWebメディアで、「A社がデジタル人材を2〜3年で何千名育成」とい

った記事を目にすることもあるが、ふたをあけてみると単にオンライン型の学習コンテンツの受講者数が数千名規模、となっているだけであった、というような事象も散見される。実際に、IPA (情報処理推進機構) の『DX白書2023』の中でも、50%近くの日本企業がデジタル人材について「戦略上必要なスキルやレベルが定義できていない」と答えており、多くの日本企業が漠然とした願望を持ったまま、問題を先送りしている可能性がある。そうした企業にとって、「2-1」に示されているような必要な人材を定義するアプローチは有効であろう。まずは、ターゲットとするデジタル人材を具体化することからスタートする。

●テック人材に加えて日本企業に重要な「トランスレーター」の存在

本書では、特定の技術的専門性を持つテック人材を中心に、その獲得・育成における要諦を示しているが、テック人材と同等に日本企業に重要なのは「トランスレーター」である。マッキンゼーでは、デジタル・アナリティクスといった技術と事業ニーズとの間をつなげる存在を「トランスレーター」と定義し、データサイエンティストのような専門家とペアでデジタル施策を推進する体制を組むことを推奨している。例えば、人事、財務経理、法務、総務などの本社の間接業務において、デジタル・アナリティクスによって業務効率化によるコスト削減や新たな付加価値創出をするような様々なユースケースがあるが、テック人材だけいれば課題解決が進むわけではない。業務プロセスに精通し、デジタル・アナリティクス技術についての一定の知見を持ち、変革を推進する人材が必要になる。

歴史的な経緯もあり、システム開発の業務要件定義から外部ベンダーに頼ることの多かった多くの日本企業において、このトランスレーターの不足がデジタルトランスフォーメーションのボトルネックになっていることが散見される。トランスレーターには、業務上の課題抽出と課題解決が求められるため、自社の人材をリスキルすることが効率的なトランスレーター獲得の手段であるが、一方で従来の業務のやり方を抜本的に変えるような発想に至らない場合もある。

トランスレーター人材の重要性に気づき、本腰を入れて強化を進めている企業では、

・DXロードマップから、今後2〜3年間でデジタル施策化を注力する業務領域 (ドメイン) とおよそのユースケース規模を算定する

・想定されるユースケースの規模から逆算して、必要となるトランスレーターの人数規模を算出する
・自社の既存社員でトランスレーター候補となりうる人材をリストアップし、理想と現実のギャップを具体化する
・ギャップを埋めるために、注力する業務領域にあわせてトランスレーターの外部採用を計画化する

といった具体的な採用計画に落とし込み、自社社員と外部からの新しい人材との融合を図り、DXを進めている。

● デジタル人材の採用・育成には日本企業の本気度が問われる

　いまや優秀なデジタル人材は、テック人材でも、トランスレーターのようなビジネス側の人材でも引く手あまたであり、簡単に採用することは難しい。さらに採用すればそれで終わりではなく、活躍してもらうためには採用以降も含めた設計が必要になってくる。また、既存人材のリスキルもしかりである。前述の『DX白書2023』では、デジタル人材のリスキルに際して「実践する機会を提供できているか・できていないか」が、DXで成果を出している企業と成果が出せていない企業とを分ける要素となっている。デジタル人材の採用・育成に関しては、本気度が問われている。

　本書の中でも、優秀なデジタル人材に自社の魅力をアピールし、獲得競争に打ち勝つための準備として魅力的な従業員価値提案（EVP）の策定方法を紹介している。このEVPの定義は、より多くのステークホルダーを巻き込み、実施することをお勧めしたい。あるクライアント企業と、このようなデジタル人材獲得に向けたEVPの定義を行う際に、人事部門やデジタル部門だけでなく、経営層や他部門のキーマンも参加する形でワークショップを実施した。こうした経営層や他部門のキーマンが参加することの効果は、画期的なEVPのアイデアや人目を惹くようなキーワードが思いつくことではなく（そういったこともあるかもしれないが）、それ以上にデジタル人材を本気で獲得するために、自社がどのように魅力的になっていなければならないかについて、経営層も含めて語れるようになっていくべきといった考えが、ステークホルダー間で浸透することにある。この企業では、EVPで「事業の意思決定者と密に連携でき、スピーディに変革を実行に移せる」といった企業カルチャーを訴求しようと考えていたが、果た

してそういった価値提案ができる状態にあるか、といった議論が起きた。この EVPを体現するためには、DXにおける意思決定プロセスをより簡素にし、権限委譲しなければならない、というようなことが経営層の中でも共通認識になった。また、EVPを様々なステークホルダーと一緒に議論することで、魅力を語れるアンバサダーが自然と増えることになった。デジタル人材の採用においては、面接やフォローアップに登場する人々が首尾一貫したメッセージを送ることが重要になるため、こうした認識合わせは欠かせない。

　EVPの策定だけでなく、CHAPTER 2ではデジタル人材の獲得についての実践的なアプローチが数々紹介されている。ぜひ、強いデジタル人材チームを構築する際に、積極的に活用していただきたい。

新たなオペレーティングモデルの導入

迅速かつ柔軟な組織とガバナンスに再編成する

アジリティ（敏捷性）という概念は、様々な場面で多用され、ほとんど決まり文句のようになっているが、企業がデジタルの奔流に乗って事業を展開するために必要なことの核心であることに変わりはない[1]。デジタルとAIのソリューションの構築と拡大には、テクノロジーの開発において企業がより迅速かつ柔軟である必要があり、アジャイルなオペレーションモデルによってそれが可能となる。しかし、そのオペレーションモデルを開発することは、デジタルとAIの変革において最も複雑である。なぜなら、それは組織の核心に触れるものであり、人々がどのように連携して働くかに関わるものだからである。

　ソフトウェアベースのソリューションの開発には、アジャイルチーム（または、「アジャイルポッド」「ポッド」）単位で取り組むことが最も効果的な方法であるということは、もはや議論の余地がないであろう。しかし、少数のポッドをうまく機能させることは可能でも、それらを何百あるいは何千と立ち上げて規模を拡大するとなると、また別の話である。

　このCHAPTER 3では、効果的にポッドを機能させるために推奨する実践方法と、さらに重要なこととして、それらの大量のポッドを組織化し、管理するために必要なことを取り上げる。

SECTION 3-1 「アジャイルに取り組む」から「アジャイルであること」へ

　基本的なプロセスの変更を超えて、アジャイルポッドを最大の効果とインパクトで機能させるには何が必要であるかを理解する。

SECTION 3-2 数百のアジャイルチームをサポートするオペレーティングモデル

　少数のアジャイルポッドから、企業のあらゆるレベルにわたって数百のポッドを支援するために出現した3つの主要なオペレーションモデル（デジタルファクトリー、プロダクト＆プラットフォーム型モデル、全社的アジャイル型モデル）について解説する。

SECTION 3-3 プロダクトマネジメントの専門化

　プロダクトオーナーは、アジャイルポッドの実質的なCEOである。彼らはどのようなオペレーティングモデルであっても要であり、優先

順位づけとそれに応じた投資が必要である。

SECTION 3-4 顧客体験デザイン：成功の秘訣

　真に顧客を中心に据えている企業は、ユーザーの動機を理解し、そのニーズを満たして満足度の高い体験に昇華させるために投資をしている。

参考

1. Daniel Brosseau, Sherina Ebrahim, Christopher Handscomb, and Shail Thaker, "The journey to an agile organization," McKinsey.com (2019年5月10日) https://www.mckinsey.com/capabilities/people-and-organizational-performance/our-insights/the-journey-to-an-agile-organization.
"The drumbeat of digital : How winning teams play," McKinsey Quarterly (2019年7月21日)
https://www.mckinsey.com/capabilities/mckinsey-digital/our-insights/the-drumbeat-of-digital-how-winning-teams-play.

CHAPTER 3

新たなオペレーティングモデルの導入

「アジャイルに取り組む」から「アジャイルであること」へ

> 「優れた上司でいるということは、
> ほとんどの場合、有能な人材を雇い、
> 彼らの邪魔をしないということだ」
>
> ──ティナ・フェイ（アメリカ合衆国の女優、脚本家）

　ここでの目的は、アジャイルに関する膨大な文献を改めて紹介することではない。むしろ、アジャイルな働き方の根底にある、核となる概念を理解し、企業の成功に向けてなすべきことを明確にすることが求められる。このモデルの規模を拡大する前に（このことについては「SECTION 3-2」で取り上げる）、ポッドを効果的に機能させ、新たな働き方から価値を生み出す方法を理解することが極めて重要となる。

　多くの企業が、IT組織の内部で、あるいはIT組織を超えて、すでにアジャイルを実験的に導入している。正しく実装されていれば、少数のポッドであってもすぐに価値を高めることができる（図表3-1.1参照）。一方で、企業が問題に直面するのは、一連の「プロセス」としてのアジャイルに重点を置きすぎて、重要なことに優先順位をつけてリソースを集中させるという新たな「方法」としてのアジャイルに十分な関心が向けられていない時である。このような状況では、経営陣は儀式としてアジャイルのプロセスを実践するが、結果がついてこないと幻滅し、責任をアジャイルに責任転嫁する。目標設定やチーム構成に変更を加えたり、結果に対する責任を徹底する体制に転換したりすることなく、単にアジャイルの儀式を実施するだけでは望ましい結果にはつながらない。

　では、まずアジャイル方法論の検討から始める。スクラム（語源はラグビーのスクラム）、カンバン、SAFe（スケールド・アジャイル・フレームワーク）な

図表3-1.1 ● アジャイル開発は優位な開発手法である
──アジャイル開発チームと、非アジャイル開発チームのパフォーマンス比較

開発費用の削減

生産性の向上
開発した複雑性
の指標[1]
（FTE ／週当たり）

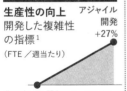

非アジャイル開発のベースライン

収集した1,000件を
超えるソフトウェア
開発のデータより検証
（技術特性、開発エンジニアの
スキル、マイルストーン、
欠陥レベルなど）

システム納期の迅速化

納期遅延回数の減少
当初の納期より遅延した
プロジェクト数

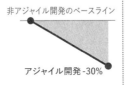

アジャイル開発 -30%

ベースラインは、過去の
プロジェクトの複雑性と
工数を基に設定

品質向上

**リリース後における
残留欠陥数の減少**
ソフトウェアのバグ数[2]

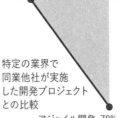

特定の業界で
同業他社が実施
した開発プロジェクト
との比較

アジャイル開発 -70%

1. 開発要件、開発言語、手法、チーム体制などの要素を加味した複合的に算出される指標
2. プログラムの停止や無効なアウトプットの出力を招く問題
資料：Numetrics (インダストリーソフトウェアデータベース)──特許取得済みの標準化アルゴリズムによる1,321プロジェクトの分析 (2021)

ど、様々な種類がある。それぞれに独自の用語、ケイデンス（リズム、サイクル）、アクティビティがあり、どれが優れているかということについて、時に激しい議論に発展することもある。

　我々は、どのような名称でも大きな違いはないと考えている。デジタルネイティブの優れた企業の中には、自分たちの仕事のやり方を「アジャイル」と呼んでいないところもある。ほとんどの組織はスクラムのフレームワークを活用することで価値を得るであろうし、我々も本書を通してそのフレームワークを使用しているが、他のアプローチでも効果的であると認識している。

　一方で、重要となるのは以下の4つの特徴を確立することであり、それがアジャイルポッドと従来型のソフトウェア開発チームとの決定的な違いとなる。

❶測定可能な成果目標を設定するミッション主導型のアプローチ

　リーダーは、各ポッドに対して包括的なDXロードマップに基づき明確なミッションを与える。各ミッションは、ポッドが妥当な時間枠

（数年ではなく、数カ月または数四半期単位）で達成できる成果（または成果指標）で、測定可能なものであるべきだ。

❷分野を横断した専任のリソースで構成

ポッドには、ビジネス、テクノロジー、機能に関する専門家が配属されており、それぞれがソリューション開発の取り組みに優れた能力やスキルを発揮する。ポッドは、可能な限りそのミッションの達成に必要なすべてのリソースを確保することが望ましく、これらのリソースは専任であるべきである。

❸インパクト捕捉に向けた自律性とオーナーシップ

このアジャイルアプローチを成功させるには、ポッドは自分たちが行う仕事に対してオーナーシップ（当事者意識）を持つ必要がある。このオーナーシップは、単にソリューションを開発することだけでなく、そのソリューションから価値を生み出すことにも及ぶ。ミッション達成に向け、ポッドにはソリューション開発を選択する権限が与えられる。事実上のポッドのリーダーであるプロダクトオーナーは、バックログで絶えず製品開発機能の優先順位を検討する。

❹迅速な行動とユーザーニーズの把握

ポッドの基本的な作業アプローチは、エンドユーザーが必要としているものを明確にした上で、ソリューションをテストし、そこから得た学びを基にして改善を繰り返すことである。ポッドは新しいものを作り出し、2週間ごとにエンドユーザーと共にテストを行い、直接フィードバックを収集し、迅速に適応する。ポッドのメンバーは即座にフィードバックを受け取り、それを実行に移す。

IN THEIR WORDS ｜ 先駆者の言葉

製品スクワッドを開放する

「重要な変化の一つは、私たちが提供しようとしている価値の性質に焦点を当てることだった。プロジェクトが予算通りに納品

されるかどうかに焦点を当てるのではなく、従業員の体験に焦点を当てるようにモデルを変更したことは根本的な変化だった。

　もう一つは、主要なオペレーティングモデルを、スクワッド（＝ポッド）を中心としたものにし、スクワッドが成功するために必要なものは何でも得られるようにしたことである。そうすることで、チームは自己管理ができるようになり、自分たちの方向性や決断を主導できるようになった。

　スクワッドを組成するときには、ビジネス側のプロダクトオーナー、テクニカル側のプロダクトオーナー、スクラムマスターが必要となる。テクノロジーの観点からすると、これが典型的なスクワッドのモデルである。しかし、業務時間の20％しか参加しない人もいるプロジェクト指向のモデルから転換することは、抜本的だが必要な転換となる。

　決して難しいことではない。それは、なすべき仕事をすべて適切なモデルで遂行し、その仕事に集中・専念し続けることである。したがって、生み出そうと努めた製品が完成して最初の納品を終えた後も存在し続ける、粘り強いチームが必要なのである。

　我々は確かにこのモデルの恩恵を受けており、『どのようにこのプロジェクトに対応すればよいか？』とか『どのように意思決定すればよいのか？』などと私に四六時中確認してくるようなメンバーはいなかった。チームには自分達の製品について自分達自身で決断を下す権限を与えていたからである。一方で、進捗状況については適切に報告を受けていた。

　『製品志向のテクノロジーに向けたこの取り組みを広める一つの方法として、例えば製品を市場に送り出した際には、そのまま放置するようなことはしないはずであると指摘することである。市場で受け入れられるために、その製品の開発に継続的に投資し、サポートしたいと思うはずである。テクノロジーでも同じことがいえるのではないであろうか？　このような例えを挙げることで、チームがその価値を理解し、改善を継続することに役立つことがあると思う』」

——トム・ウェック（ジョンソン・エンド・ジョンソンCIO）

アジャイルのパフォーマンス推進に最も重要な 3つのセレモニー

「アジャイルは自由放任型で、マネジメントの指示や監視が十分に行われていない」との誤解がある。これは、アジャイルの実践方法が不適切な場合に起こり得ることである。実際、正しく実践されていれば、アジャイルは成果に焦点を当て、進捗状況を頻繁にチェックするため、パフォーマンスを管理する効果的な手法となる。

これを実現するには、3つのセレモニー(頻度、期間、目的を定義した会議)が最も重要である(図表3-1.2を参照)。これらを正しく行うことで、アジャイルの導入を成功させることができる。

ミッションとOKRの設定

これは最も重要なセレモニーである。なぜなら、マネジメントが方向性を示し、目標を設定するのはこのときだからである(図表3-1.2の❶を参照)。ミッションとは、ポッドが1年またはそれ以上にわたって行う仕事のことである。経営陣と各ポッドのオーナーは、ミッションをOKR(目標と成果指標)に分解し、ポッドに対して四半期ごとの具体的な目標を設定する。一般に、OKRはインテル元CEOの故アンディ・グローブ氏の発案と言われているが、活動よりもインパクトにチームを集中させるのに効果的であることが証明されている。実際には、これは想像以上に難しく、アジャイル開発における主要な失敗要因になることが多い[1]。ポッドは、その目標を製品またはソリューションのロードマップに落とし込み、期待される結果をどのように生み出すかを詳細に示す。

各OKRは、チーム全員が共有するビジネス成果に結びつけられる。「目標」は大胆かつ具体的なものでなければならない。目標の数は管理できる範囲にとどめる(一般的には1〜3件)。目標の変更は、必要な場合にのみ、慎重に検討したうえで実施する。「成果指標」は攻めの姿勢であるべきで、時に達成できなくても構わない。逆に、ポッドが常にそれを達成している場合、成果指標が低く設定されている可能性がある。いずれにしても、成果指標は容易に追跡でき、測定可能で、ビ

図表3-1.2 ● アジャイルにおけるケイデンスおよびパフォーマンス管理のセレモニー

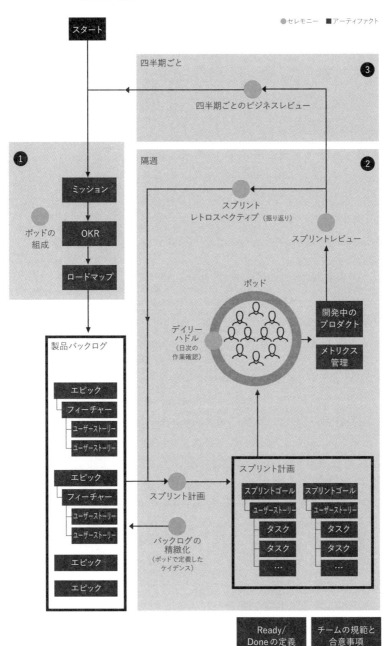

● セレモニー　■ アーティファクト

スタート

四半期ごと ③

四半期ごとのビジネスレビュー

① 隔週 ②

ミッション

ポッドの組成

OKR

ロードマップ

スプリントレトロスペクティブ（振り返り）

スプリントレビュー

ポッド

デイリーハドル（日次の作業確認）

開発中のプロダクト

メトリクス管理

製品バックログ

エピック

フィーチャー

ユーザーストーリー

ユーザーストーリー

エピック

フィーチャー

ユーザーストーリー

ユーザーストーリー

スプリント計画

バックログの精緻化（ポッドで定義したケイデンス）

スプリント計画

スプリントゴール

ユーザーストーリー

タスク

タスク

…

スプリントゴール

ユーザーストーリー

タスク

タスク

…

エピック

エピック

Ready/Doneの定義

チームの規範と合意事項

ジネス価値に結びつけられるものでなければならない（図表3-1.3）。

これがOKRを運用する秘訣であるが、我々の経験では、経営陣がこれを適切に行うには一定のトレーニングが必要となる。

IN THEIR WORDS ｜ 先駆者の言葉

OKRとは、何が重要であるかについて共通認識を持つこと

「OKRは、現在何が最も重要であるかについてすり合わせを行い、それを何度も繰り返すことである。なぜなら最も重要なことは常に変化するからである。スタートアップ企業はその成り立ちの特性上、わずかなリソースで巨大な野心を常に調整し続けなければならない。

その野心と比較して、彼らのキャパシティは大きくミスマッチしており、それがスタートアップ企業であることのエキサイティングな部分でもあり、恐ろしい部分でもある。時間、資金、リソースが無限にあるわけではない。では、最も重要なものをトレードオフしなければならないとしたら、何を残し、何を手放すであろうか？　OKRは、大企業も同様の制約という概念を持って活動するための手法であり、その制約によって選択が促進される。

OKRが強力で、先行する手法と大きく異なるもう一つの点は、手堅く予測可能な成果を求めることとは対極にある、最適な姿に焦点を合わせるということである。つまり、OKRでは『よし、今後90日間で、我々が達成し得る最良の成果は何か？』を検討するのである。

KPIをよく見せようということではない。素晴らしい成果をあげようとすることである。私は、まず野心を存分に膨らませ、そして制約のあるキャパシティを考慮したうえで、まず何をすべきか、どのような取り組みが効果的か、どの取り組みが重要か、といったことについて考えを巡らせるのが得意である」

——デイドラ・パクナド（ワークボード共同創業者兼CEO）

図表3-1.3 ● OKRの具体例
―― 企業向け人事サービスをサポートするソフトウェアソリューション

目的	成果指標	タイミング
❶顧客満足と、価値のあるポジティブな瞬間を提供し続ける	1.1 3つのペルソナすべてに一貫性のあるユーザー体験を開発し、100%のユーザージャーニーを実現	Q2
	1.2 エラーのない顧客レポートのリリース率を、約80%から95%に改善	Q1
	1.3 プロダクトVの平均NPS®[1]を〜13から〜40に向上	Q2
❷製品関連の直接費の削減	2.1 セルフサービス機能を導入・推進し、通話件数を10%削減	Q3
	2.2 四半期当たり100件以上のサービスリクエストを受けるクエリのレポートを自動化	Q3
	2.3 ホスティングコストを20%削減	Q4
❸プロダクトの安定化による顧客定着率の向上	3.1 年間を通じて、プロダクトの稼働率とSLA (99.995%) とを合致	Q4
	3.2 重大インシデントの件数を (83件から) 63件に、緊急のバグ修正の件数を50% (4件から2件) 削減	Q3
	3.3 不具合解決率の改善よりも不具合発生率の低減を実現	Q2

1. Net Promoter Score (顧客のロイヤリティー指標)

スプリントの進行とテスト

　スプリントとは、通常デジタルソリューションの一部機能の開発に向けたプロセスの一部で、一つのスプリントの期間は通常2週間である（図表3-1,2の❷を参照）。複数のスプリントで一つの開発フェーズ（通常は3カ月）を構成する。プロダクトオーナー（またはマネージャー）は、現在のスプリントと次の1～2スプリントの完了に必要なすべての成果物を整理したToDoリスト（バックログとも呼ばれる）を作成し、スプリントにおけるチームの作業の優先順位を決定する。

　ポッドが機能するには、プロダクトオーナーの様々な能力、例えば優先順位の見直し・調整、必要な際の問題のエスカレーション、スプリントの計画、そして、それらの関連性を熟慮する能力が不可欠となる。ところが、ほとんどの企業で有能なプロダクトオーナーが不足している（プロダクトマネジメントについては「SECTION 3-3」を参照）。

　2週間のスプリントは、スプリントレビューで締めくくる。ポッドにとって、このレビューは成果物の進捗を報告し、納品に向けて作業が順調に進んでいるかを確認する機会である。また、管理者（一般的にはドメインリーダー）がチームを称え、アドバイスを行う機会でもある。

　ポッドは、スプリントレビューのためにフォーマルで完成度の高いプレゼンテーションを準備するわけではない。なぜなら負担が大きすぎるからである。その代わりに、完了した作業を共有する。伝統的企業では、このような企業文化への移行には常に困難が伴う。

　スプリントの具体的なセレモニーについては、図表3-1,4で説明している。

QBRによる統制

　QBR（四半期ごとのビジネスレビュー）とは、経営陣が進捗と創出した価値を把握し、必要であればチームを方向転換させる場である。またQBRは、ポッドオーナーとドメインリーダーとの間で行われる正式なセレモニーでもある。過去3カ月の進捗を振り返り、次の3カ月のOKRを調整し、OKRがポッド間でうまく整合していることを確認する。まずドメインレベルで行い、2回目のセレモニーで、1つ上のレ

図表3-1.4 ● アジャイルセレモニー（会議）の種類
—— 「アジャイルに取り組む」から「アジャイルであること」へ

セレモニー	概要	期待される成果	頻度
バックログ精緻化	バックログのタスクに優先順位をつけ、次の1〜2回分のスプリントまでに準備が完了するよう調整	・バックログに、優先順位がつけられ、十分資料に落とし込まれ、次のスプリントのバックログを形成するために十分包括的なユーザーストーリー[1]が含まれていること	スプリントごと（2週間）
スプリント計画	スプリントバックログに含まれる複数の要素から構成される作業案について、チームの合意を確認	・優先順位づけされたエピックとユーザーストーリーがスプリントに割り当てられていること ・前提条件、リスク、相互関係が明確化されていること	スプリントごと
デイリーハドル（日次の作業確認）	スプリントの進捗状況を評価し、障壁となりうるものを特定	・すべてのメンバーに1日一つ以上のタスクが割り当てられていること ・ユーザーストーリー、タスクのステータスが更新されていること ・問題が発生している場合、その問題が報告されていること	毎日
スプリントレビュー	直近のスプリントで開発した新機能を発表	・今後、ユーザーストーリーを更新または追加するためのフィードバックが提供されていること	スプリントごと
スプリントレトロスペクティブ（振り返り）	スプリントの生産性を評価し、改善機会やチームの強みを特定	・チームの強みが明確化されていること ・チームの改善点を特定し、その解決策が提示、アサインされていること	スプリントごと
四半期ごとのビジネスレビュー	プロジェクト開始時および四半期ごとに実施し、OKRとプロダクトロードマップを整合	・優先順位付けされたエピック[2]とストーリーがスプリントに割り当てられていること ・前提条件、リスク、相互関係が明確化されていること ・来期のOKRが設定されていること	四半期ごと

1. ユーザーストーリー：エンドユーザーの視点に立って定義した機能要件
2. エピック：ユーザーストーリーのうち、まだ精緻化されておらず、設計・実装に着手できないレベルのタスクの塊（複数のユーザーストーリーを含み、複数のスプリントにまたがる）

図表3-1.5 ● QBR導入による経営会議の合理化
——米国の銀行の例

	QBR導入前		QBR導入後
変革への準備	ステークホルダーの特定	✕	
	プロジェクトの企画情報の収集（サービスカタログベース）	✕	
	プロジェクトの企画情報の収集（5回）（カスタムリクエスト）	→	
	チェンジアドバイザリーボードの設置（2回）	→	
テクノロジーと開発の準備体制	ビジネスケースのレビュー（IT側面）	✓	スケールケイデンスでのスクラム
	設計レビュー委員会の設置	→	チェンジアドバイザリーボード（1回）
	開発準備	→	設計レビュー委員会
			開発準備
オペレーションとテクノロジーのリスク	専門分野別フォーラム	✕	四半期ビジネスレビュー
	BAU検討委員会の設置	✕	「第2の防衛線」のリスク低減に向けた情報共有
	新イニシアティブ検討委員会の設置	✕	月次事業別財務評価
	テクノロジープロダクト委員会の設置（12回）	✓	事業別戦略ステアリングコミッティー
	ビジネスリスク＆コントロール会議	✓	
資金調達	テクノロジーリーダー承認会議	✕	
	ビジネス・ケース・レビュー（ITコンポーネント）	✓	
	月次投資委員会	→	
	月次事業別財務評価	✓	

✕ 廃止
✓ 継続
→ 変更

インパクトの大きさ		QBR導入前	QBR導入後	差異
	会議数	30+	8	-75%
	時間	～75,000時間	～50,000時間	-35%

ベルのドメインリーダー全員と事業部門のリーダーが一堂に会する。したがって、ドメインレベルのOKRとドメイン全体の予算を見直す機会となる。

　企業の計画サイクルに対して、具体的にどのようにQBRを組み込むかを設計するには時間がかかる。QBRをどのように中期経営計画や予算と連動させるべきか？　四半期ごとや月ごとの執行委員会会議とどのように調整すべきか？　QBRは投資委員会のレビューに取って代わるのか？

　QBRは、経営陣の会議を増やすものだと批判されることがある。しかし、QBRを適切に運用すればそのようなことは起こらない。実際、図表3-1.5に示す米国の銀行の例に見られるように、QBRは経営会議の数を75％も削減することができるのである。

参考

1. John Doerr, "Measure What Matters," Penguin Random House (2018年)
   Matt Fitzpatrick and Kurt Strovink, "How do you measure success in digital? Five metrics for CEOs", McKinsey.com (2021年1月29日)
   https://www.mckinsey.com/capabilities/mckinsey-digital/our-insights/how-do-you-measure-success-in-digital-five-metrics-for-ceos.

数百のアジャイルチームをサポートするオペレーティングモデル

> 「仕事をする人たちが原動力なのだ。私の仕事は、
> 彼らのためにスペースを作り、組織の雑音を一掃し、
> 寄せ付けないようにすることだ」
>
> ──スティーブ・ジョブズ
> （アメリカ合衆国の起業家、Apple元会長（創業者、元CEO））

　デジタルとAIの変革における最大の難関の一つは、一握りのポッドを運営する段階から、数百のポッドを運営する段階に移行することである。一握りのポッドであれば、例外的に多少の追加的な取り組みでマネジメントするのは比較的容易であるが、数百、数千のチームに拡大すると、それは持続可能ではなくなる。

　そのような数多くのポッドをサポートするには、企業はより正規化されたオペレーティングモデルを必要とする。本SECTIONでは、(1) デジタルファクトリー型モデル、(2) プロダクト＆プラットフォーム型モデル、(3) 全社的アジャイル型モデルという3つの主要モデルに焦点を当てる。この3つはすべて、各企業の状況やデジタルの成熟度によって異なるが、使用する構成要素は同じである。

◦ 組織の要素

　アジャイル・オペレーティング・モデルにおける組織の3つの構成要素について解説する（図表3-2.1）。

❶プロダクトポッド（またはエクスペリエンスポッド）
　顧客や従業員が使用する、テクノロジーを活用した製品・サービス

図表3-2.1 ●アジャイル・オペレーティング・モデルの構成要素

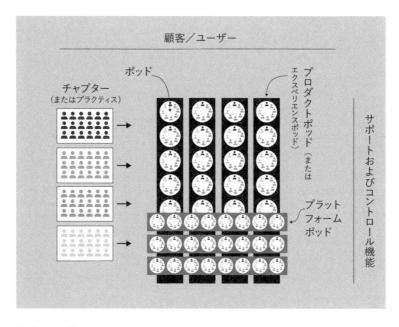

名称の定義	例
ポッド：プロダクト、エクスペリエンス、サービスを提供するために、全体的な責任を担う自立した機能横断的チーム。スクワッド、セル、アジャイルチームとも呼ばれる	（下記参照）
プロダクトポッド（**またはエクスペリエンスポッド**）：サービスやソリューションを一貫した形で顧客・ユーザーに提供 プロダクトポッドのグループは、トライブ、プロダクトグループ、ドメイン、ポートフォリオ、タウンとも呼ばれる	歩留まり最適化 価格推奨 顧客オンボーディング ウェブサイト商品検索
プラットフォームポッド：類似のテクノロジー資産、人材、資金をグループ化し、プロダクト／エクスペリエンスポッドに（再利用可能な）サービスを提供 プラットフォームポッドのグループは、トライブ、プラットフォーム、タウンとも呼ばれる	カスタマー360 データプロダクト 機械学習パッケージ コアシステム インフラ準備
チャプター（**またはプラクティス**）：従業員の専門的なスキルや能力の開発を担当する組織 （日々ポッド内で受けるコーチングとは異なるもの）。ギルド、プラクティスコミュニティとも呼ばれる	データエンジニア ソフトウェアエンジニア プロダクトオーナー／マネージャー

を開発し、提供する。その直接的かつ主要な目的は、ユーザーが付加価値を生み出す活動を行えるようにすることである。例えば、小売業者の検索エンジンは、顧客がウェブサイトやモバイルアプリで商品を簡単に検索できるようにすることで、ビジネス価値の創出に貢献している。

「プロダクト」という言葉は、ソフトウェア業界から受け継いだものである。企業によって、その企業の状況に応じた用語で使い分けられている。例えば、金融サービス企業は「顧客体験」、工業製品企業は「カスタマーソリューション」と呼ぶ。どのような用語が使用されていても、「プロダクト」はデジタルテクノロジーを通じて顧客やユーザーに直接関わるものである。

同じジャーニー（顧客のオンボーディングなど）またはプロセス（歩留まり最適化など）に取り組むプロダクトポッドまたはエクスペリエンスポッドのグループは、ドメインと呼ばれる（「SECTION 1-2」参照）。ドメインは、通常10〜20のポッドで構成され、ドメインオーナーが率いる。

❷プラットフォームポッド

バックエンドでプロダクトにテクノロジーとデータを提供するポッドである。例えば、小売業の検索エンジンでサプライヤーの情報の統合に必要となる、データベースやインターフェースを含む在庫管理プラットフォームなどである。サービスの提供に、多数のプロダクトポッドが必要としている機能をプラットフォームポッドが提供することで、より効果的に規模を拡大することができる。また、プラットフォームポッドは通常15以上のポッドで構成されており、プラットフォームマネージャーが統括する。典型的なプラットフォームとして、(a) Customer 360 （顧客関係管理プラットフォーム）などのデータプラットフォーム、(b) ERPやCRMなどのエンタープライズシステム、(c) ユーザー認証や機械学習アルゴリズムなどのPaaS（サービスとしてのプラットフォーム）アプリケーション、(d) クラウドコンピューティングやストレージなどのサービスを提供するIaaS（サービスとしてのインフラ）プラットフォームなどが挙げられる。

❸チャプター（またはプラクティス）

同じ役割を持つメンバーのグループである（例えば、プロダクトオーナー、

データサイエンティスト、データエンジニアなど）。チャプターは、専門知識を構築し、タスクに対する共通のアプローチを維持する責任を担う。チャプターリーダーは、各ポッドのニーズに応じて必要な人材を獲得・配置し、また各メンバーのキャリアパスの管理や業績評価を行う。チャプターは、ベストプラクティスの共有や各種のメソッド・基準の開発も行う。例えば、デザインチャプターは、標準的なデザイン手法を定義する。

チャプターは、ポッドが機能横断型であるがゆえの弱点をカバーするものである。ポッドは、業務に必要な専門知識をすべて集結させるには最適な形であるが、専門性を深めるという点では不利である。もし、ポッドに所属するデータエンジニアが一人の場合、そのメンバーは他の経験豊富なデータエンジニアから学ぶ機会が得られないからである。この弱点を補うのがチャプターである。

チャプターにはヘビー版とライト版の2つのバージョンがある。ヘビー版は上述の通りである。ライト版 (ギルドと呼ばれることが多い) はより非公式なネットワークで、役割はベストプラクティスの共有や、開発およびパフォーマンスの基準の提供などに限られる。人材採用、人員配置、業績評価は、ドメインやプラットフォームのリーダーが担う。ライト版とヘビー版のどちらが最適なのかは、各組織の状況に応じて検討する必要がある。

オペレーティングモデルの設計オプション

我々の経験から、アジャイル・オペレーティング・モデルを設計する方法は、主に次の3種類に分類できることを特定した。(1) デジタルファクトリー型モデル、(2) プロダクト＆プラットフォーム型モデル、(3) 全社的アジャイル型モデル (図表3-2.2)。各モデルには前述のプロダクト、プラットフォーム、チャプターの要素が組み込まれている。

この3つのモデルは、ビジネスリソースとテクノロジーリソースの統合の度合い、および組織におけるモデルの普及の度合いにおいて、大きく異なる。3つのモデルはいずれも優れたモデルである。どのモデルを選択するかは、テクノロジーを競争上の差別化要因としてどのように活用するかによって決まる。

図表3-2.2 ● オペレーティングモデルの3つの選択肢

	選択肢1 デジタル ファクトリー型 モデル	選択肢2 プロダクト＆ プラットフォーム 型モデル	選択肢3 全社的アジャイル 型モデル
概要	最新のアジャイルな働き方と機能横断型のポッドを駆使して、事業部門向けのデジタルソリューションを構築する、独立したデジタル部門を設置	顧客／ユーザーエクスペリエンスの向上を目指し、ビジネス、テクノロジー、オペレーションからメンバーを集結させたポッド（＝プロダクトポッド）と、再利用可能なサービス構築に特化したポッド（＝プラットフォームポッド）を設置	多くの主要なオペレーションや機能においてもアジャイルの利点を活用できるため、アジャイルをデジタルやテクノロジー以外の領域にも展開
代表的な構成	10〜50のポッド 組織の2%未満の規模	50〜1,000以上のポッド 組織の20〜40%の規模	1,000以上のポッド 組織の80%〜の規模
主なメリット	導入が最も容易なモデル	ビジネス、テクノロジー、オペレーションをより密に統合し、プラットフォームの進化を推進	全社的なアジャイル文化を醸成
前提条件	資金調達とオペレーティングモデルに関する事業部門との合意形成	ITモダナイゼーション（近代化）が必要（IT人材、アーキテクチャ、クラウド、DevSecOpsなど）	アジャイルへの転換に向けた全社的な準備体制

導入が容易であることから、多くの企業はデジタルファクトリー型モデルから始める。テクノロジーがコアビジネスをサポートする「戦略的支援ツール」である場合に適したモデルである。例えば、資源開発会社はこのカテゴリーに入ることが多い。

プロダクト＆プラットフォーム型モデルは、銀行業や小売業のようにテクノロジーが競争優位性の主な源泉である場合は、特に有効である。一部の大手銀行や小売企業は、デジタルファクトリー型モデルからプロダクト＆プラットフォーム型モデルへと移行した、または現在移行中である。

全社的アジャイル型モデルは、アジャイルの利点をテクノロジー集約的な分野だけでなく、ビジネス全体に拡大したいと考えている企業が選択する。これまでに、銀行、通信事業者、小売業者でこのようなモデルに転換した事例が存在する。これを実現するには、複数年にわたるCEOの真剣なコミットメントが必須となる。

これらのモデルは、それぞれ同じ要素から構成されているため、一つのモデルから別のモデルへと移行することも可能で、実際に多くの企業がそのような形をとっている。

なお、事業部門にデジタルの専門知識を構築するために、センター・オブ・エクセレンス (CoE) を立ち上げることが多かった。しかし、これまでの経験から、このモデルは領域横断的なチームをサポートせず、プラットフォームを形成できないため、開発にかける労力が重複することになり拡張性に欠ける手段であることが明らかになっている。

● デジタルファクトリー型モデル

デジタルファクトリー型モデルは自己完結型であり、比較的短期間で導入できるため（数週間で開始することも可能であるが、完全に稼働するまでには通常12〜18カ月要する）[1]、多くの場合、適切な出発点となる。大企業では、デジタルファクトリーは事業部内に組み込まれているが、中小企業では、一つのファクトリーが複数の事業部にサービスを提供している。鉱山会社のBHPと大手銀行のScotiabankは、DXを開始する際にデジタルファクトリー型モデルを導入した。それぞれ4〜5つのデジタルファクトリーが、コードの再利用と標準化を最大限に促進するよう働きかけた[2]。

　一般的に、デジタルファクトリーはメンバーが協働する物理的なスペースであり、本業とは切り離されている。同じ空間で作業することで、調整コストの削減、意思決定の迅速化、手戻りの減少など、生産性および創造性の面で様々なメリットが生まれる。リモートワークのチームも効果的に運営することができるが、その場合、より目的を持った構造的なコミュニケーションが必要となる。リモートやハイブリッドモデルを使う場合は、ポッドのメンバー間の時差を3時間以内に抑えることが望ましい。

　図表3-2.3は、ある世界的な大手ホテル運営会社が、400人以上の従業員を擁するデジタルファクトリーをいかに組織化したのかについて示している。

　デジタルファクトリーは、通常、CDO（最高デジタル責任者）直属の正式な組織である。プロダクトポッドとプラットフォームポッドで構成され、関連する各専門知識を有するメンバー（プロダクトオーナーを除く）を集結し、それぞれ人材管理・配置を担当するチャプターに編成される。

　事業部門は、プロダクトポッドが実行する業務に資金を提供し、主導することで、デジタルファクトリーにおけるスポンサーの役割を果たす。案件の優先順位を決定し、OKRを設定し、資金を提供する。さらに、プロダクトオーナーと対象業務の専門家を提供する。つまり、事業部門は自身のデジタルニーズに対してデジタルファクトリーのキャパシティを確保するのである。その見返りとして、デジタルファクトリーは各事業部門にデジタルに関する専門知識を提供し、プロダクトポッドおよびプラットフォームの関連サービス（クラウドコンピューティング・ストレージ、開発者ツール、コアシステムのインターフェース、APIなど）に必要なリソースを提供する。

　デジタルファクトリーは、プラットフォームポッドの運営について責任を担う。運営に必要な資金は本社から提供を受けたり、事業部門と費用を分担したりしている。概して、デジタルファクトリーのリソースの3分の2はプロダクトポッドに、3分の1はプラットフォームポッドに配分されることが多い。

　年間予算は、プロジェクト単位ではなくチーム単位、つまりポッドの数に基づいている。これは従来のプロジェクトベースの資金調達とは異なり、「持続的な資金調達」とも呼ばれている（図表3-2.4）。この資

図表3-2.3 ● デジタルファクトリー型モデル
──ホテル運営会社の例

XX 社内外の推定FTE (フルタイム当量)

ドメイン

	構想	ブランド	コンバート	アプリ	その他
	25〜30 ポッド	15〜20	45〜50	25〜30	—

	構想			ブランド	コンバート					アプリ		その他	
プロダクトオーナー	.comコンテンツとホームページ	.comオファー	ホテルのページ	.comと統合されたブランド / 主要ブランド	予約ポータル・料金表示	予約ファネル・検索	予約ファネル・選択	予約ファネル・チェックアウト	予約後	コンバート	滞在 / エンゲージ	その他	その他
技術リード開発者、QA													
データサイエンティスト、データエンジニア													
デザイナー													
スクラムアジャイルコーチ													
アーキテクチャ													

テクノロジーとデータプラットフォーム

	FTE			
CMS[1]とDAM[2]	15〜25	CMS		ホテルのメディアとコンテンツ
支払い	15〜20	オンライン決済		ホテル向け決済ソリューション
予約システム[4]	1〜10	データの入出力	検索、空室状況、予約	OTA[3]およびチャンネル＋D-EDGE[4]
API[5]	10〜30	API管理とポータル	ディストリビューションの使用（有効化）	クロスセル（他社サービス）
データ	15〜20	データガバナンス	データプラットフォームとCDP[6]	データプロダクト

1. CMS＝コンテンツ管理システム
2. DAM＝デジタルアセット管理
3. OTA＝オンライン旅行会社
4. ホテル予約管理と収益最大化のためのソフトウェアプラットフォーム
5. API＝アプリケーション・プログラミング・インターフェース
6. CDP＝カスタマー・データ・プラットフォーム

図表3-2.4 ● プロジェクト単位の資金調達から持続的な資金調達へ

	プロジェクト単位の 資金調達	持続的な資金調達
予算編成	年単位でプロジェクトごとに予算編成される	年間予算目標を、全社レベルおよびドメインごとに設定される (プロジェクトごとではない)
資金調達	最大50％の資金が、計画性のない、あるいは優先順位の低い仕事に吸収されている	マイルストーン到達時およびフェーズの切り替わり時に追加資金を調達する
レビュー	プロジェクトは毎年または隔年で見直され、優先順位がつけられる	四半期ごとのレビューと優先順位づけはQBR中に行われる

金調達モデルは、プロダクト＆プラットフォーム型モデル、および全社的アジャイル型モデルにも推奨される。

　我々の見解では、デジタルファクトリー型モデルは、テクノロジーは重要であるが、おそらく競争上の優位性において最も重要な原動力とはならないような企業にとって、今後も有効であるとみている。デジタルファクトリー型モデルは、事業部門が世界レベルのデジタル能力を迅速に構築することをサポートするものとなる。

● プロダクト＆プラットフォーム型モデル

　プロダクト＆プラットフォーム (P&P) 型モデルは、ほとんどのソフトウェア企業、アマゾンのような大手グローバル小売企業、JPモルガン・チェースのような大手グローバル銀行で採用されている[3]。各社がこのモデルを採用している理由は、ビジネス、オペレーション、テクノロジーをより緊密に連携させることで、顧客体験の変革を加速し、プラットフォームベースのサービスを通じてより拡張性の高いモ

デルを構築するためである。

　P&Pモデルは、デジタルファクトリーをさらに進化させたもので、その展開規模ははるかに大きい。デジタルファクトリー型モデルが10〜50のポッドを管理するのに対し、P&Pモデルは一般的に50〜1,000、大企業では1,000を超えるポッドを管理する[4]。これは、P&Pモデルがテクノロジーリソースのすべて、ビジネスリソースおよびオペレーションリソースの大部分に関与しているためである。図表3-2.5は、ある大手グローバル銀行における1,000以上のポッドで構成するP&Pモデルの配置図である。

　P&Pモデルは、以下の3つの点でデジタルファクトリー型モデルと異なる。

1. IT機能全体が再編成され、アプリケーション開発とメンテナンスの専門家はプロダクトポッドに、インフラとコアシステムの専門家はプラットフォームポッドに所属することが多い

2. デジタルを最大限に活用できるよう、大規模なITモダナイゼーション（近代化）を行う。具体的には、よりモジュール化したアーキテクチャへの移行、クラウドテクノロジーによる新機能の活用、最新のソフトウェア開発手法の導入などが挙げられる（CHAPTER 4 を参照）

3. ポッドの数が増えるにつれて、統制機能（リスク管理、サイバーセキュリティ、コンプライアンスなど）はアジャイル開発のプロセスに遅れて導入されることになり、ポッドの作業にやり直しが発生するなど、開発の遅延要因となる。さらに、ポッドがスピードを追求するあまりにこれらの統制機能を回避しようとするが、その代償として制御不能となるリスクを抱えることになる。P&Pモデルでは、統制機能を巻き込むことが不可欠であり、そうでなければ規模を拡大することは不可能となる（コラム「プロダクトポッドとプラットフォームポッドに統制機能を組み込むには」参照）

　企業がP&Pモデルに移行するには、コアビジネスにおいてテクノロジーをより効果的に活用できるよう、組織の大部分を再編成するという重大な戦略的決断を下す必要がある。新しいモデルへの移行には、企業規模にもよるが、通常1〜2年かかり、オペレーションが完全に

図表3-2.5 ●プロダクト＆プラットフォーム型モデル
——グローバル銀行の事例

プロダクト／ジャーニー		小売銀行業務（個人）	資産運用（小口顧客）
	企業戦略	企業戦略	
	事業戦略	戦略とOKR	戦略とOKR
	対象	支店	
	ジャーニー	マネーアドバイザー、モバイル営業・顧客対応	マネーアドバイザー
		デイリーバンキング／住宅ローン&HELOC¹／カード／貯蓄、投資	日々の投資／アドバイス／インスティテューショナル／小売資産
	セグメントオペレーション	セグメントオペレーション	セグメントオペレーション
	チャネルパートナー	セルフサービス	
		サポート	

プラットフォーム			
市場進出（GTM）プラットフォーム（ビジネスアラインド）	CX	カスタマーエンゲージメント
	オペレーションとリスク	サービス
		コアプロダクト
		クレジット
エンタープライズプラットフォーム	共通	DaaS（サービスとしてのデータ）
		PaaS（サービスとしての決済）
		対策（サイバーセキュリティ、AML、詐欺防止）
	法人	コーポレートサービス
		同僚の体験
イネーブルメントプラットフォーム	実行支援	プラットフォームと実践
		インフラ

1. Home equity line of credit：ホームエクイティ信用限度額

小売銀行業務 （小口法人）			法人銀行業務 （中規模）			法人銀行業務 （大企業）			資産管理			投資銀行 業務		
（全体、デジタル、テクノロジー、カスタマーエクスペリエンス、オペレーションなど）														
戦略とOKR			戦略とOKR			戦略とOKR			戦略とOKR			戦略とOKR		
支店														
リレーションシップ マネージャー			リレーションシップ マネージャー			リレーションシップ マネージャー			ホール セール			営業部		
E2Eのジャーニー1	E2Eのジャーニー2	E2Eのジャーニー3 ‥‥	E2Eのジャーニー1	E2Eのジャーニー2	E2Eのジャーニー3 ‥‥	E2Eのジャーニー1	E2Eのジャーニー2	E2Eのジャーニー3 ‥‥	E2Eのジャーニー1	E2Eのジャーニー2	E2Eのジャーニー3 ‥‥	E2Eのジャーニー1	E2Eのジャーニー2	E2Eのジャーニー3 ‥‥
セグメントオペレーション									セグメント オペレーション			セグメント オペレーション		
セグメントオペレーション														
（ATM）														
（支店、コンタクトセンター、回収、詐欺被害防止）														
												フロントオフィス		
												eトレーディング		
												デジタルクライアント		
												ライフサイクルオペレーション		
												イノベーション		
												流動性		
												データ管理		
												コンプライアンス		
												イネーブルメント		

成熟するまでにはさらに1〜2年を要する。これは、経営陣との緊密な連携のもと、CEOにしかなし得ない大きなコミットメントとなる。

P&Pモデルを導入する際の主な課題は、事業を継続しながら新しいモデルに移行することである。これを達成するには、目標とするモデルの明確な青写真を描き、適切なOKR、適材、資金、アジャイルガバナンスを備えたポッドの組成・動員に向けた手順を整備する必要がある。それは、言うなれば、飛行機を操縦しながら飛行機を製造するようなものである。

我々は、テクノロジーがパフォーマンスの主な差別化要因である業界においては、P&Pモデルが主流になると考える。

COLUMN | コラム

プロダクトポッドとプラットフォームポッドに統制機能を組み込むには

すべてのポッドに専任の制御機能のリソースが配置されていることが理想ではあるが、現実的ではない。まず取り組むべきことは、ポッドにリスクの「第1の防衛線」としての責任を負わせることである。これにより、「自分の仕事ではない」という意識から、ポッドの仕事が雑になってしまうのを防ぐことができる。

ポッドは、一貫してリスク評価プロセスを実行する。この評価はあらゆるリスク（第三者、コンプライアンス、法律、規制など）を対象とし、少なくとも最初は、適切に実施されるようにリスク管理の専門家がサポートするケースが多い（図表3-2.6）。また、リスクのレベルと種類に応じて、自動的に専門の統制機能（第2の防衛線）が関与する仕組みとなっている。

リスクに関する議論は、リスクが確実に適切なタイミングで対処できるよう、定期的なアジャイルセレモニーの一部とすべきである。これらのセレモニーでは、特定のリスクの管理に向けて、ポッド（第1の防衛線）と統制機能（第2の防衛線）の役割分担を明確にする（図表3-2.7）。

先進的な取り組みとして、リスク特定のプロセスをデジタ

図表3-2.6 ● リスク管理機能をアジャイル・オペレーティング・モデルに組み込む

──米国の銀行の事例

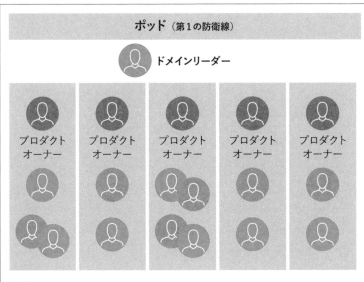

ポッド（第1の防衛線）

ドメインリーダー

プロダクト
オーナー

プロダクト
オーナー

プロダクト
オーナー

プロダクト
オーナー

プロダクト
オーナー

リスク管理の担当者
リリース計画中にリスク評価を実施し、必要に応じて
第2の防衛線のリスク管理専門家を動員する

統制機能（第2の防衛線）

▶リスク管理の専門家	リスク管理責任者
コンプライアンスリスク	最高コンプライアンス責任者（CCO）
信用リスク	最高信用責任者（CCO）
金利・流動性・価格変動リスク	市場リスク責任者
オペレーションリスク 評判リスク サイバーセキュリティ 詐欺リスク 戦略的テクノロジー	ERM（統合型リスク管理）責任者
その他	

図表3-2.7 ●リスク評価を開発プロセスに組み込む

❶リスクの特定

包括的なリスク分類に基づくリスク評価により、粒度の細かいエピックレベルでリスクを特定する

初期的評価

専門的な制御機能を含む自動トリガー

四半期ごと（必要に応じて）

❷リスク管理の専門家を配置

共にリスク軽減策の設計、アドバイスの提供などを行う

❸リスク評価の再定義

エピックについてより詳細な情報が得られた場合、リスクの特定とレーティングを更新するために再度リスク評価を実施する

ダッシュボード

ライフサイクルを通じたリスクレベルと軽減策のモニタリング

スプリント実施中

❹リスク軽減ワークフロー

リスク軽減プロセスを特定し、ポッドのバックログに自動的に生成する

❺リスク軽減策の実施

リスク軽減策の実行に向け、ポッドメンバー、ビジネスまたはリスク管理の専門家に担当業務を割り当てる

❻報告とコンプライアンス

コンプライアンス遵守の一環としてリスク軽減策について文書化し、スプリントのレトロスペクティブ（振り返り）で議論する

コンプライアンスレポート

自動生成および設定可能なレポート

スプリント完了後

ル化するだけでなく、リスク管理も自動化している企業も存在する（「Security as Code」コードとしてのセキュリティ）。開発スピードを向上させるには、重大なリスク領域に適時に対処することも重要な要素となる。このことについては「SECTION 4-6」で詳説する。

全社的アジャイル型モデル

　少数精鋭かつ多様性に富み、権限を有する顧客志向のチームは、デジタルソリューションの開発のみに利点をもたらすわけではない。ほぼすべてのビジネス機能（営業、研究開発、マーケティング、製品開発など）やサポート機能（人事、財務など）が同じ思考や働き方を採用することで、その恩恵を受け、生産性や従業員満足度を向上させることができる。

　しかし、デジタル/ITチーム以外にアジャイルを展開する場合は、特定の業務に適応できるよう、機能横断型のポッドに加えて新たなポッド構成が必要となる（図表3-2.8）。例えば、コンタクトセンターでは、顧客やコストに関する成果について一貫して責任を担い、継続的な改善を促すために、「自己管理型チーム」を採用するケースが多い。機能別専門家をプールする形の「フロー・トゥ・ワーク」は、各機能（財務、人事、法務など）が、最も緊急性の高いニーズにそのリソースを柔軟に投入したい場合に採用される（リソースが「ワーク：仕事」のある場所に「フロー：移動」することから「フロー・トゥ・ワーク」と呼ばれる）。最後の「ネットワーク型チーム」は、流通や販売・店舗ネットワークで採用されることが多く、日々の調整と連携を促進するため、階層の数を少なくしてリーダーはより現場に近いところで指揮をとる。

　完全に全社的なアジャイル型モデルに転換する企業は（例えば、オランダのING、ニュージーランドのスパーク、メキシコのウォルマートなど）、組織全体を、高いパフォーマンスを発揮するチームのネットワークとして再構築した。それぞれのチームがビジネス指向の明確な成果を追求し、その実現に必要なすべてのスキルを確保することに重点を置いている[5]。

　図表3-2.9は、ある中堅通信事業者の全社的なアジャイル型モデルの配置図である。この企業は、組織をフラット化し、迅速にベストプ

図表3-2.8 ●アジャイルユニットの4つのアーキタイプ

①機能横断型チーム
例：プロダクトチーム（ポッド）
デジタルファクトリー、プロダクト＆プラットフォーム型モデルで適用

プロダクトオーナーによる指揮

マーケティング

データサイエンス

データエンジニアリング

デザイン

| ポッド1 | ポッド2 | ポッド3 | ポッド4 | ポッド5 |

②自己管理型チーム
例：コンタクトセンター
顧客のエクスペリエンスに対して、各チーム一貫して責任を持つ

チーム1　　　　　チーム2　　　　　チーム3

**KPIベースの
運用**

③フロー・トゥ・ワーク（Flow-To-Work）
例：機能別の専門家
最も緊急性の高いニーズがあるチームに配備する

**専門家の
プール**

特別プロジェクトチーム

プロジェクトチーム1

プロジェクトチーム2

プロジェクトチーム3

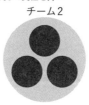
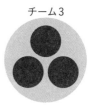

機能別の
専門家

④ネットワーク型チーム
例：小売業者
（店舗、営業チーム）

柔軟な組織体制

デイリーハドル

チーム1　←→　チーム2　←→　チーム3

図表3-2.9 ◉ 全社的アジャイル型モデル
──中堅通信事業者の事例

アジャイル組織の構成要素
■機能横断型ポッド ■自主管理型チーム ■フロー・トゥ・ワーク ■ネットワーク型チーム

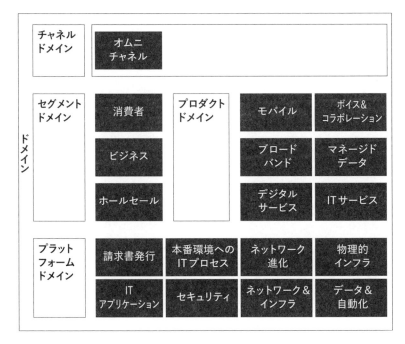

機能

バリュー マネジメント	ブランド& 広報	アジャイル	法務	規制管理	人事	財務

ラクティスを共有できるよう、チャネル販売にネットワーク型チーム
を配備した。コンタクトセンターでは、自己管理型チームを配備し、
顧客対応に対するより高い責任意識を促し、目覚ましい成果をあげた。
コーポレート機能の分野では、フロー・トゥ・ワーク・モデルを採用
することで、重要なプロジェクトへのリソースの迅速な再配置を可能
にした。コアビジネスは、P&Pモデルで説明したように、機能横断型
のスクワッド（またはポッド）で組織化した。

　全社的アジャイル型モデルを導入する際に最も難しいタスクの一つ
は、組織がどのように価値を創造しているのかということと、どの領
域で、どのようにすればアジャイルにより違いを生み出すことができ
るのかということを（例えば、機能を超えた働き方を可能にする）明確にするこ
とである。全社的アジャイル型モデルは、すべての企業に適している
わけではない。例えば、顧客中心主義、連携、リソース展開の柔軟性
が、技術集約的なアプリケーション以上にパフォーマンスの差別化要
因となっているような企業であれば、導入は成功すると考えている。

参考

1.　Somesh Khanna, Nadiya Konstantynova, Eric Lamarre, and Vik Sohoni,
　　"Welcome to the Digital Factory: The answer to how to scale your digital
　　transformation," McKinsey.com (2020年5月14日)
　　https://www.mckinsey.com/capabilities/mckinsey-digital/our-insights/
　　welcome-to-the-digital-factory-the-answer-to-how-to-scale-your-digital-
　　transformation.

2.　Rag Udd, "Pushing the velocity of value with digital factories," *BHP* (2020年5月14
　　日)
　　https://www.bhp.com/news/prospects/2020/05/pushing-the-velocity-of-value-
　　with-digital-factories.
　　Will Hernandez, "Why Scotiabank is building 'digital factories'," *American
　　Banker* (2019年10月18日)
　　https://www.americanbanker.com/news/why-scotiabank-is-building-digital-
　　factories#:~:text=We%20wanted%20to%20build%20replicable,could%20
　　make%20really%20good%20software.

3.　Tanya Chhabra, "Amazon business model | How does Amazon make money?,"
　　Feedough, (2023年2月21日)
　　https://www.feedough.com/amazon-business-model/
　　Bianca Chan and Carter Johnson, "JPMorgan is adding 25 'mini-CEOs' as part
　　of a massive plan to overhaul its 50,000-strong tech organization and pivot the

bank to operate more like a startup," *Business Insider* (2022年4月15日)

https://www.businessinsider.com/insider-jpmorgans-massive-shift-product-oriented-tech-operating-model-2022-4.

4. Oliver Bossert and Driek Desmet, "The platform play: How to operate like a tech company," McKinsey.com (2019年2月28日)

https://www.mckinsey.com/capabilities/mckinsey-digital/our-insights/the-platform-play-how-to-operate-like-a-tech-company.

5. 参照 "ING's agile transformation," *McKinsey Quarterly* (2017年1月10日)

https://www.mckinsey.com/industries/financial-services/our-insights/ings-agile-transformation.

"All in: From recover to agility at Spark New Zealand," *McKinsey Quarterly* (2019年6月11日)

https://www.mckinsey.com/industries/technology-media-and-telecommunications/our-insights/all-in-from-recovery-to-agility-at-spark-new-zealand.

"2020 Financial and ESG Report," Walmart (Mexico) (2020年12月31日)

https://informes.walmex.mx/2020/en/pdfs/2020_Financial_and_ESG_Report.pdf.

数百のアジャイルチームをサポートするオペレーティングモデル

プロダクトマネジメントの専門化

> 「いい選手を集めるのは簡単だ。彼らを一緒に
> プレーさせることが難しいのだ」
>
> ──ケイシー・ステンゲル
> （ニューヨーク・ヤンキース、ニューヨーク・メッツ元監督）

アジャイル・オペレーティング・モデルを実践するには、企業は複数の能力を開発する必要があるが（「SECTION 3-1、3-2」参照）、特に2つの重要な能力であるプロダクトマネジメントと顧客体験のデザイン（「SECTION 3-4」参照）を詳しく見ていく必要がある。多くのハイテク企業と、他のセクターの企業との決定的な違いは、ソフトウェアエンジニアリングのカルチャーやデータおよびアナリティクスの活用と共に、これらの能力を自社の業務手法に組み込んでいる程度の大きさである。

プロダクトマネジメントを深化させることは、通常、DXにおいて中核的なスキル強化目標の一つとなる。その際に鍵を握る2つの役割は、ポッドを統率するプロダクトオーナーと、ポッドのグループやドメインを統括するシニアプロダクトオーナーである。プロダクトオーナーは、ビジネスニーズの把握、顧客に関する深い理解、テクノロジーに関する確かな基礎知識など、極めて重要な業務スキルと戦略スキルを兼ね備えているため、不可欠な存在といえる（図表3-3.1）。

このプロダクトオーナーは、広範な責任および多岐にわたるスキルが求められることから、プロダクトマネージャーと共に「ミニCEO」と表現されることが多い。そのため、プロダクトマネジメントは急速に経営トップの人材登用に向けた新たな舞台となりつつあり、現職の技術系CEOの多くがここでキャリアをスタートさせている。

ところが、適切なプロダクトマネジメント能力を備えている企業は

図表3-3.1 ●優れたプロダクトオーナーに求められるスキル

カスタマー エクスペリエンス重視	顧客の意思決定ジャーニー全体を通じて、顧客中心のエクスペリエンスをデザインする能力
マーケット志向	市場動向、パートナーエコシステム、競合戦略を深く理解する能力
ビジネスセンス	事業戦略、ポートフォリオの優先順位づけ、Go to Market (市場進出戦略)、価格設定、主要業績評価指標および財務指標のトラッキング能力に精通
テクニカルスキル	技術トレンド、アーキテクチャに関する質問、スタックコントロールポイント、ロードマップ、開発ライフサイクルの管理について深く掘り下げる能力
ソフトスキル	チームを統率し、多様なグループとコミュニケーションを図り、組織全体の変革に影響を与える能力

まれである。マッキンゼーの分析では、ビジネスリーダーの約75%が「自社ではプロダクトマネジメントのベストプラクティスが実践されていない、プロダクトマネジメントは組織内の発展途上の機能である、または全く存在しない」と回答している[1]。

IN THEIR WORDS ｜ 先駆者の言葉
プロダクトマネジメントの世界への移行

「我々にとって歴史的に最大の挑戦は、金融商品の世界から商品管理の世界へ移行することだった。預金口座、クレジットカード、ローンについて何でも知っている人は、特定の商品の複雑さや要件をよく理解しているかもしれない。だからといって、アジャイルスクラムチームと連携して商品を市場に送り出したり、バックログを作成したり、優先順位を設定したりする際に、その人

が必ずしも最高のプロダクトマネージャーやプロダクトオーナー
であるとは限らない。これは進化なのだ。

　そのような中で、アジャイルを受け入れ、キャリアを大きく転
換し、素晴らしいプロダクトマネージャーになった人もいる。し
かし、どのようなことでも同じだが、このゲームの学習者でなけ
ればならないし、学ばなければならないし、学ぶことにオープン
でなければならない。その機会を受け入れた人たちは本当に成功
している。さらに、他の従業員も学べるような事例を組織に取り
入れる必要もあるため、新たな人材を採用することも求められる。
思想や文化の多様性を理解することも重要である」

——ケン・マイヤー（トゥルーイストCIO兼最高ユーザー体験責任者）

　プロダクトオーナーは、ドメインリーダーやユーザーエクスペリエ
ンス（UX）デザイナーと緊密に連携しながら、顧客インサイトの収集
からそのソリューションの開発・導入まで、商品のライフサイクル全
体に責任を持つ。プロダクトオーナーは、具体的なOKRを達成する
責任があり、またQBRの中で優先順位が変わる可能性のあるOKRの
評価と見直しを行う。さらに、技術集約的なソリューションの開発を
指揮し、ポッドが適切な顧客・ユーザーが抱える問題に取り組み、こ
れらの問題に対して革新的な解決策を創出できるようサポートする。
重要なことは、プロダクトオーナーは商品の新機能を作り出すだけで
はなく、バグ修正のような基本的なメンテナンス業務も含め、バック
ログ全体に責任を担っているということである。これにより生み出し
た商品の品質に対する説明責任を確立し、技術的負債を削減すること
にもつながる。

　プロダクトオーナーに必要な、幅広いスキルをすべて備えた人材を
見つけるのが困難な場合は、適切なサポートを提供する方法を検討す
ることが望まれる。例えば、技術的に高度なテーマをあまり得意とし
ていないプロダクトオーナーであれば、そのサポートとして経験豊富
なシニアエンジニアをポッドに配置することなどが挙げられる。

キャリアパスと専門能力開発

　プロダクトマネジメントを専門的な機能として確立するには、役割とレベル、それに対応する給与等級を設定し、認定資格を新設する必要がある。このようなキャリア成長プログラムがないと、有望なプロダクトオーナーが離職してしまう可能性がある。プロダクトオーナーのキャリアパスは、「SECTION 2-5」で説明したように、技術職に特化した「エキスパートコース」と、「管理職コース」とに分けて、それぞれ必要とされる具体的な責任と能力を明確にする必要がある (図表3-3.2)。

　キャリアパスに設定するレベルの数は、各企業のプロダクトマネジメントの成熟度と技術的プロファイルに依存するため、必然的に企業によって異なる。10段階ものレベルがある企業もある。役割の名前と責任は、特に技術部門と他の部門との間で、様々である。しかし一般的には、初級レベル (プロダクトオーナー、アソシエイトプロダクトマネージャーなど) の役割は、ビジネス目標、チームの制約条件、ステークホルダーの期待に基づいて、チームのバックログを管理し、優先順位を設定することである。また、ポッドが何に取り組むべきかを決定する際に支援を提供する。

　より高度なレベル (CPO〈最高製品責任者〉、シニアディレクター、バイスプレジデントなど) の役割は、組織で最も重要な製品または一連の製品に対して広範な責任を持つ。製品のポートフォリオ全体にわたって戦略を設定し、すべての製品のライフサイクル全体に対して総合的に説明責任を担う。これらのチームは5,000人規模になることもあり、CEO直属のチームもある。

　また、プロダクトオーナーのキャリアパスに沿った昇進についても明確に定義すべきであり、役割ごとに求められるスキルを具体的に示しておく必要がある。例として、図表3-3.3にプロダクトオーナーのビジネススキルにおける進歩の過程を示している。

　業界やビジネスそのものを理解することの重要性を考慮すると、プロダクトオーナーは社内のマーケティング、オペレーション、研究開発、IT部門から採用されることが多い。実際、ビジネスに関心のある技術者は、プロダクトマネジメントに適した候補者となる。ところ

図表3-3.2 ● プロダクトオーナーのキャリアパス：エキスパートコースと管理職コース

キャリアパス

■個人貢献者 (IC)　■ピープルマネージャー

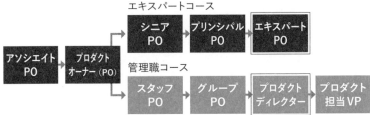

役割と責任

	エキスパートコース：エキスパートPO	管理職コース：プロダクトディレクター
責任範囲	・最先端の技術、プロダクト、カスタマーエクスペリエンスに取り組む ・厳しい競争下にある主力製品や戦略的プロダクトに取り組む ・重要カスタマー (B2B) のリーダーやアジャイル組織メンバーにとって重要な戦略的プロダクトに取り組む	・主力プロダクトまたはプロダクトグループ (またはジャーニー) の収益性管理に取り組む ・ビジョンを提供し、パフォーマンスを管理することで、複数の機能またはプロダクトの作業をリードする
組織への影響力	・新しいプロダクト体験のビジョンやアイデアについて、機能を超えたシニアリーダーからの支援を集めることができる ・機能横断型チームを構築し、統率することができる ・他のPOや同僚から指導者、教育者として求められる ・他のPOやエンジニアの採用、維持、指導を支援する	・機能横断的なシニアリーダーからの支援を集めることができる ・特定のプロジェクトやアイデアを実現するための予算管理ができる ・POのチームを構築・指導し、業績を管理できる ・ベストプラクティスについて他のPOや他のメンバーをコーチする ・POの採用、維持、指導に責任を持つ
市場への影響力	・技術的なテーマについて、オピニオンリーダーシップを発揮し、執筆活動を行う ・エコシステム (OSS開発者、パートナーなど) との強力な関係を構築する ・プロダクトのビジョンを顧客やビジネスパートナーに伝達し、「アーリーアダプター (早期購入者)」を獲得する	・プロダクト・プロダクトグループの対外的な顔としての役割を果たす ・戦略的パートナー、インフルエンサー、顧客との関係を構築する ・プロダクトのビジョンを顧客やビジネスパートナーに分かりやすく伝える ・魅力的な従業員価値を提案することで、優秀な人材を惹きつけることができる

図表3-3.3 ●プロダクトオーナー：スキルフレームワーク
―― PO の主要スキル

カスタマーエクスペリエンス	**デザイン思考**：共感的かつデザイン主導のアプローチで問題解決を図り、意思決定を行う	**カスタマー中心主義**：カスタマーのニーズやペインポイントから学び、価値を高めることに注力する
マーケット志向	**業界と競合他社の動向**：関連する市場動向やテクノロジー動向を把握し、プロダクト戦略に反映させる	**イノベーションの推進**：革新的なアイデアを推進し、事業開発に向けた情報や意見を提供する
ビジネスセンス	**プロダクトビジョンとロードマップ**：ユーザーニーズに基づいたプロダクトビジョンと反復的なロードマップを策定する **Go to Market**（市場進出戦略）：効果的なプロダクトの成長と普及に向けたGTM計画策定を支援する	**優先順位づけ**：タスクの優先順位をつけたバックログを管理し、ユーザーの価値に焦点を当てた具体的で測定可能な目標を設定する **インパクトの追跡**：プロダクト戦略とビジネス目標に沿った成果指標を設定し、追跡する
テクニカルスキル	**テクノロジー計画と実行**：MVPやリリースに向け、エキスパートと共に実現可能なソリューションを考案する **リスク管理**：リスクを管理し、他者を巻き込んで成果とビジネスニーズを一致させる	**働き方**：チームが継続的に改善できるよう、適切なトレードオフ（判断）を行う **バックログ管理**：ユーザーニーズに基づくバックログを作成し、チームと共に管理する
プロダクトリーダーシップ	**効果的な実行**：他者との連携のもと、ユーザー志向のプロダクトの成果に優先順位を設定して成果創出を推進し、責任を担う **コミュニケーション**：ステークホルダーとスポンサーのコミュニケーションを管理する **インスピレーションと影響力**：アイデアを通じてフォロワーシップを生み出すオピニオンリーダーになる	**人材開発**：情熱、信頼、協働を通じて、パフォーマンスの高いチーム文化を構築する **コラボレーション**：価値創造の推進に向け、チーム間で機能を共創し、依存関係の調整を支援する

例示：スキル向上の過程――ユーザーの参加とフィードバック
定期的にエンドユーザーを巻き込んでフィードバックを引き出し、反映する

スキル開発段階	習熟	エキスパート
計画を変更させるようなアイデアに注意を向けることなく、フィードバックを収集・検討する能力を構築	顧客やエンドユーザーとの定期的なやり取りや、データ分析の結果などバックログに反映	製品アイデアの創出から運用展開に至るまで、エンドユーザーやデザイナーと緊密かつ一貫したコラボレーションを行い、有効な顧客インサイトを確実にバックログに反映

が、プロジェクトマネージャー、またはプロダクトマネジメントの経験のない事業部門の人材を、ほとんどトレーニングやサポートを受けさせずにこの役割に抜擢する企業が多い。

優れたプロダクトオーナーを育てるのは容易ではない。時間、サポート、実践が必要で、プロダクトマネジメントは何年もかけて学ばねばならない技術である。約8週間にわたるプロダクトオーナー向けのブートキャンプでは、特定のスキル（例えば、顧客調査の設計方法、OKRの作成方法、計画中のプロダクトのための広報資料やFAQの書き方など）を身に付けるための集中的な指導を受けることができる。最良のプログラムは、座学と、実際の顧客が抱える問題を想定した没入型トレーニングを組み合わせたものである。

図表3-3.4は、ある銀行が300人のプロダクトオーナーを対象として実施した研修の概要を示している。この銀行では、3カ月を3回に分けてプログラムを実施し、各回に100人のプロダクトオーナーが参加した。プロダクトオーナーは、実務的なコーチングに支えられながら、学んだことをキャップストーンプロジェクト（ビジネスシミュレーション）の中で実践する機会を得た。このトレーニングには、4回の座学フォーラムを通じた約20時間のトレーニングと、プロダクトオーナーのコーチがサポートする20時間のキャップストーン研修が含まれる。

このようなプロダクト重視のプログラムは、スキルの基礎を身につけるのには有効であるが、それだけでは不十分である。このようなスキル開発プログラムが終了すると、元の業務環境に戻ってしまい、新たなスキルを生かせないでいる人材が多数存在する。チームがプロダクトオーナーと同様の手法（ツールやテンプレートなど）を使用し、プロダクトオーナーの責務を理解し、またQBRと同様のレビュープロセスを採用することで、プロダクトオーナーは真のプロダクトマネジメント能力を構築することができる。

プロダクトオーナーのスキルと能力を進化させる必要がある。例えば、未来のプロダクトオーナーは分析の達人になっているであろう。また迅速にクラウド上で大量のデータクラスターを起動し、洞察を導くために利用データの抽出と分析を行うことが可能であろう。さらに、プロダクトオーナーの意思決定を支援するために特別に設計された機械学習の概念やツールを効果的に適用できるようになっているであろ

図表 3-3.4 ● プロダクトマネジメントのスキルアップ研修プログラム
——米国の金融機関の事例

	座学 フォーラム1 構想フェーズ	座学 フォーラム2 実行フェーズ I	座学 フォーラム3 実行フェーズ II	座学 フォーラム4 構築 (ビルド) フェーズ
研修の 目標	集中する領域を把握し、プロダクトのビジョンを定義する	ユーザーの立場に立って"How (どのように)"を定義する (漸進的ではなく、革新的な定義)	価値を伝え、顧客やエンジニアと協力する	プロダクトのアイデアを実行に移す
座学の 内容	5時間 集中する領域と市場機会の把握 ・市場の要求に関する資料 ・競合分析 プロダクトのビジョンの定義 ・プレスリリースとよくある質問 ・ビジネスモデルキャンバス ・ロードマップ	5時間 ポートフォリオの優先順位づけ (データに基づく) ユーザーと現在満たされていない主要なニーズの理解 ・ユーザーペルソナ (調査方法を含む) ・現在のジャーニー 満たされていないニーズをどのように解決するかの明確化 ・あるべきジャーニー ・プロトタイプ	5時間 成功の定義と測定 ・プロダクトの成功指標の定義 ・目標と成果指標 顧客とのコミュニケーション ・ポジショニングに関するステートメント ・プロダクトに関する資料の作成 ・顧客への提案資料の作成 プロダクトアイデアを要件に変換する ・プロダクト要件文書	5時間 ビルドフェーズと継続的開発アプローチの概要 ミニマム・バイアブル・プロダクト (MVP) の考え方 継続的な改良と優先順位づけ ・プロダクトバックログ リーダーシップ開発 (権限を持たない影響力) デモ開催日の概要と目的
実地 トレーニング	実践プロジェクト (20時間) 100人程度のプロダクトオーナーのグループ；プログラム実施期間は3カ月間			
プロダクト オーナーの コアスキル	・マーケット志向 ・ビジネスセンス ・カスタマーエクスペリエンス設計	・ビジネスセンス ・カスタマーエクスペリエンス設計 ・テクニカルスキル	・ビジネスセンス ・カスタマーエクスペリエンス設計 ・ソフトスキル、テクニカルスキル	・ソフトスキル ・テクニカルスキル ・ビジネスセンス

プロダクトマネジメントの専門化

う。

　マッキンゼーは、最も先進的なプロダクトオーナーは、顧客やパートナーエコシステムとの連携といった対外的な活動に少なくとも30%の時間を費やすようになると予想している。このような取り組みは、消費者向け製品に限定されるものではない。ITの普及が進むにつれて、B2Bのプロダクトオーナーは何層もの販売仲介者を経てフィードバックを得るのではなく、直接エンドユーザーとつながることが可能となるであろう。

参考

1. Chandra Gnanasambandam, Martin Harrysson, Jeremy Schneider, and Rikki Singh, "What separates top product managers from the rest of the pack," McKinsey.com（2023年1月20日）
https://www.mckinsey.com/industries/technology-media-and-telecommunications/our-insights/what-separates-top-product-managers-from-the-rest-of-the-pack.

顧客体験のデザイン：成功の秘訣

「共感力と想像力を育み始めると、
　すべての世界が開けてくる」
──スーザン・サランドン（アメリカ合衆国の女優）

　たとえ計画、開発、人材採用、投資を行うことができても、自身の作成したデジタルソリューションが社内外の顧客から必要とされなければ、何の意味もない。ユーザーのニーズと、企業が提供したいもの、または構築できるものとの間にあるこの緊張関係こそが、デジタル変革やAI変革において顧客体験のデザインを不可欠な要素としており、技術革新、人材採用、価値創出を促進する力となっている[1]。

　どのような企業でも、顧客中心主義型の企業になることを目指している。顧客やユーザーから愛される製品、体験、サービスを提供したいと考えている。この点で卓越している企業は、圧倒的な価値を生み出している。我々の調査によると、デザイン主導型の企業は、そうではない同業他社よりも5年間ではるかに高い収益成長率および株主総利回り (TRS) 成長率を達成している[2]。したがって、顧客体験デザインは、デジタル戦略のレシピに加えられる魔法の材料のような役割を果たすといえる。

　その価値は、B2B企業にとっても、B2C企業にとっても同様である。重工業においても、現場のオペレーターが新たなデジタルソリューションを導入する際に、ユーザー体験 (UX：ユーザーエクスペリエンス) デザインが同様に重要であることが分かっている。デジタル変革およびAI変革に本格的に取り組む企業は、以下の4つのアプローチで、顧客体験のデザイン能力を構築することが求められる。

優秀なデザイナーを最優先で獲得する

　デザイナーの採用を先延ばしにすべきではない。一部の企業は、筋金入りのエンジニアの採用だけに予算を集中させる傾向がある。しかし、それはたいていの場合において、正しい判断とはいえない。開発に1年も費やしたにもかかわらず、使い方が不便なために、自社が開発したソリューションは顧客やユーザーから選ばれないのである。

　まず少人数（例えば5〜10人）の顧客体験デザイナーでチームを組成し、そこから規模を拡大していく。優秀な顧客体験デザイナーは、他業界やデザイン会社、または大学院などから採用できると考えられる。デザイン思考を取り入れたMBAプログラムを提供する一流校も増えてきている。

　また、自社が何を目指しているかを明確にすることが重要である。デザイナーは皆同じではない。デザインの役割は大きく4つに分類でき、それぞれに求められる能力は異なる（図表3-4.1）。人材を採用し、デザイン能力を高める前に、真に必要な能力は何かを特定しなければならない。

顧客体験のデザイン開発プロセスへの投資

　顧客体験のデザインにおけるアプローチは、「正しいものをデザインする」そして「それを正しくデザインする」という2つのプロセスから構成される。

　「正しいものをデザインする」とは、ユーザーが何を求めているかを把握することである。デザイナーはユーザーと共に時間を過ごし、定量調査やマーケティング調査では把握できないニーズを特定する。ユーザーが製品を実際に使用している場を観察することで、顧客インサイトを直接得ることができ、機能面でのニーズと感情面でのニーズの両方を明らかにすることができる。もちろんデータを活用することも重要であるが、「共感」の側面も忘れてはならない（図表3-4.2）。

　消費者調査を実施する方法論はますます多様化しているが、どのツールがどの目的に最も適しているのかを明確に見極める必要がある（図表3-4.3）。

図表3-4.1 ●デザイン領域における様々な役割・能力

	コアコンピテンシー （主な強み・能力）	コアメソッド[1]
サービス デザイン	・問題発生時、プロダクトやサービスのフロントとバックエンドの双方から、根本的な原因と二次影響を分析することに長けている ・構成要素を大きな全体の一部とみなす、体系的な考え方（システム思考）ができる ・ビジネス、テクノロジー、ユーザー間のニーズとゴールの間で調整し、満足のいくソリューションを構築する能力を持つ	・ビジネスモデルキャンバス、ブループリント、エコシステムマップ ・機能の優先順位づけマトリックス ・問題解決のフレームワーク ・デザインワークショップの指導 ・代表的なツール：Figma、Sketch、Adobe Creative Suite
デザイン リサーチ	・定性的調査の実施に精通している（例：コンテクストインタビュー、日記研究、縦断的作業調査など） ・フィールド調査とユーザビリティテストの実施能力に長けている ・正しい結果を得てインサイトから学びを得るためのベストプラクティスに精通している ・アナリティクスやその他の定量的な調査方法についての認識と知識の向上を目指す	・インタビューガイド、アンケート ・ペルソナ ・パスウェイ解析 ・ジャーニー、ワークフローマップ ・代表的なツール：Dovetail、UserTesting.com
ユーザー 体験 デザイン	・主にデジタルソリューションを対象とするが、サービスデザインも含むユーザー中心の設計スキルに強みを持つ ・ユーザーのニーズに対応し、ベストプラクティスに沿って一貫したソリューションを開発できる	・ユーザー体験のコンセプト、インタラクションモデル ・情報アーキテクチャ、ナビゲーション ・ワイヤーフレーム ・プロトタイプ ・代表的なツール：Figma、Sketch、Adobe Creative Suite
ビジュアル デザイン	・構図バランス、色彩理論、図像学などに精通している ・ブランドアーキテクチャを含む、ビジュアル・デザイン・パターンおよびシステムを習得している ・ビジュアルシステム開発および文書化のベストプラクティスに精通している	・ブランド表現と展開：ムードボード、アセットライブラリ、インタラクションデザインのフレームワーク ・オムニチャネルデザインパターン、ビジュアルデザイン ・代表的なツール：Adobe Creative Suite、Sketch、InVision

1.コアメソッドは例示のみ

図表3-4.2 ●ユーザーからフィードバックを収集する様々な調査方法

●製品を自然な形で使用
■シナリオ（通常はラボ主導）に沿って製品を使用
▲コンテクスト無／製品は不使用
◆組み合わせ／ハイブリッド

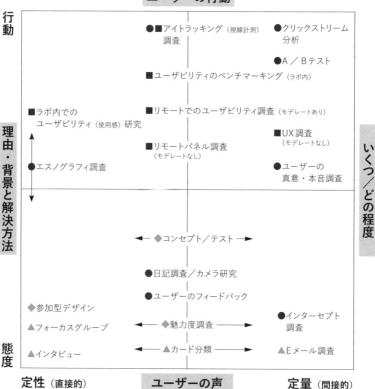

定性軸

「なぜ」に答える

ユーザーの行動と感情的ニーズを深く理解する
ユーザーも気づいていないニーズを掘り起こす
観察に基づき、ユーザーとの共創能力を伸ばす

定量軸

「いくつ／どの程度」に答える

データを定量化し、母集団サンプルから結果を一般化する
意見に基づいて、統計的に信頼できるデータを使用して仮説や解決策を検証する

デザイナーが、顧客のまだ満たされていないニーズに関する洞察を得る方法は急速に進化している。自社のデザインチームもそれらのテクニックに精通していることが求められる。

「それ（ユーザーが求めているもの）を正しくデザインする」こと、つまりプロセスの2番目の部分は、顧客のニーズと、解決すべき問題の両方を十分に理解して初めて実現できる。ここで、いたずらに先を急ごうとしてはならない。プロセスの最初の部分を理解し調整することなくプロトタイピング（試作）を行うと、結果的に後に遅延が発生することにつながる。

このプロセスの初期段階では、できるだけ早くアイデアを具体化することが重要である。そのため、我々は紙にモックアップ（模型）を描くなど、「手早く、おおまかな」ものから始めることを推奨している。その後、実際の顧客と早急にテストを行い、エンジニアが実製品として本格的に開発に取り組む前に、テストを繰り返し、ベータ版のアプリのような、より洗練されたバージョンへと進化させていく。このプロセスは時間がかかるように思えるかもしれないが、ほとんどの場合で開発スピードが上がり（チームが何を作成すべきかを正確に把握できるため）、

図表3-4.3 ● デザインから開発に至るまでのプロセスとツール

■ ツール名、下線部はチャネル

より良い結果が得られる（ユーザーが望むものが得られるため）。

　Figmaのようなツールを活用することで、コードを記述することなく、高機能な製品やサービスのテストに向けたプロトタイピングをこれまでより迅速に行うことができ、デザインがテクノロジー主導で加速していくことが示唆されている。ローコード・ノーコードや、GPT-4のような生成AIの新技術も、この開発プロセスのあり方を急速に変えていくとみられる。また、バックグラウンドでコードを自動生成するドラッグ＆ドロップ機能により、開発期間は数週間から数日、さらには数日から数時間に短縮される。これにより、顧客体験のデザインチームは、製品・サービスをテストする時間、およびそれらを改良する時間により多くの時間を費やせるようになる。

　このようなプロトタイピングの過程で、我々がよく目にするハードルの一つは、MVP（顧客に価値を提供できる最小限の製品）を開発する際に、特徴や機能を提供することに過度に集中してしまうことである。その結果、プロトタイプが期待通りに動作したとしても、ユーザーがそのプロトタイプで満足のいく体験ができない可能性がある。開発ポッドは、そうではなく、エンドユーザーが製品やサービスを使用することをどれだけ楽しめるかに焦点を当てて、「愛すべき最小限の製品」の開発に注力すべきである。例えば、サービスオペレーターがサービスの提供（ケーブルのインストールなど）に訪問する時間帯を絞るよりも、サービス担当者が近くにいる時に何らかの方法でユーザーに知らせるアプローチの方が、一部のユーザーに喜ばれる可能性がある。

　ユーザーのニーズを満たすことに重点を置くことで、価値の低い機能が大幅に削減されてアプリケーションやユーザー体験が簡素化し、開発した製品やサービスはより多くのユーザーからの支持を獲得することができ、ひいては売り上げの向上につながる。

◉ユーザー体験のデザインを　最初からチームの一部に組み込む

　顧客体験とデザインの専門家を、最初からポッドの中核に据えておく必要がある。ところが、あまりにも多くのビジネススポンサーが自分たちは顧客のニーズを把握できていると考え、開発プロセスのかなり後期までデザイナーは必要ないと思い込んでいる。これは誤った認

識である。一方で、先進的な組織は、製品・サービス開発のあらゆる面にデザインを組み込むことで、優れた顧客体験を提供している。

デザイナーは、例えば、スプリント全体を通して確実に顧客の意見を取り入れ、コンセプト作りを推進し、ペルソナやユーザージャーニー（ユーザーが目的を達成するためにたどる一連のコミュニケーション）などの中核となる顧客体験の中間成果物を作成し、チームが製品開発全体を通してそれらを使用するようにすることで、開発プロセスを導く。彼らは、前回のプロダクトから「コピー＆ペースト」した技術仕様から始めるのではなく、ペインポイントや潜在的な満足の源泉を特定することに重点を置いて、それぞれのユーザージャーニーを描く。

○ 顧客体験デザインのすべてを価値に結びつける

優れた企業は、顧客体験を価値創出に結びつけることに深く注力している。チームがジャーニーマップを作成する際、それらのジャーニーの要所を特定し、主要な業績指標やそれが生み出す価値と結びつけている。例えば、銀行の場合、カスタマージャーニーの中で顧客対応を改善することで、顧客が増え、解約率が下がる。このような分析により、デザイナーは価値の最も大きな違いがどこにあるかを突きとめることができる。

これらの指標は見せかけのものではない。収益やコストを追跡するのと同じように、デザインのパフォーマンスを厳密に評価する必要がある。企業は、製品仕様に材料のグレードや市場投入までの目標時間の要件を含めるのと同様に、デザイン指標（顧客満足度やユーザビリティ評価など）も製品仕様に組み込むべきである。

参考

1. 参照 "Driving business impact through customer centricity and digital agility," McKinsey.com（2021年7月30日）
   https://www.mckinsey.com/capabilities/mckinsey-digital/our-insights/driving-business-impact-through-customer-centricity-and-digital-agility.
2. Benedict Sheppard, Hugo Sarrazin, Garen Kouyoumjian, and Fabricio Dore, "The business value of design," *McKinsey Quarterly*（2018年10月25日）
   https://www.mckinsey.com/capabilities/mckinsey-design/our-insights/

the-business-value-of-design.

新たなオペレーティングモデルの導入

さあ、はじめよう！
CHAPTER 3の振り返りと実行準備

　以下の問いを手掛かりに検討することで、自社にとって最適な取り組みが明らかになってくる。

・何百ものポッドがデジタルイノベーションを実現するためのオペレーションモデルについて、経営陣内で合意が形成できているか？

・各ポッドのOKRは、ビジネスの優先事項と整合しているか？

・「コントロール機能」（財務、法務、規制管理など）は、ビジネスやテクノロジーと共にアジャイルプロセスの一部になっているか？

・よりアジャイルなオペレーティングモデルを実現するにあたって、財務とガバナンスのプロセスはどのような形で連携させるべきか？

・組織のスピードとアジリティの進歩をどのように測定しているか？

・自社には有能なプロダクトオーナーが率いるチームやソリューションはいくつあるか？

・顧客体験とデザインの専門家は、ポッドの一員としてプロセスの初期段階から十分に関与しているか？

日本企業におけるデザインの重要性と生成AIがもたらすオペレーションモデルへのインパクト

茶谷公之 （マッキンゼー・デジタル）

　CHAPTER 3では、企業経営・事業運営においてアジリティを担保するための仕組みとして、ポッドをベースとした組織運営、そしてそのポッドが生み出す成果をより効率的かつ柔軟な形で統合・管理する、プラットフォーム型の構造を採用するメリットを紹介し、それを実行するにあたって重要となるプロダクトオーナーに求められるスキルセットや、プロダクトマネジメント関連の人材のキャリアパス、顧客体験を高めるためのUXデザインの重要性について紹介した。本コラムでは、日本企業におけるデザインの重要性と生成AIがもたらすオペレーティングモデルやガバナンスモデルへの影響[1]について考察したい。

●優れたデザインを生み出す仕掛け

　経営におけるデザイン分野の重要性については、マッキンゼーが5年にわたって上場企業300社に関する10万件以上のデザイン関連の施策や運営などの記録と、200万件以上の財務データを収集・分析した結果、「デザインで最高の成果をあげている企業は、収益率や株主還元率も同業他社の2倍近く増大させている」という調査結果を提示している。この分析は、経営におけるデザインの価値を最大化するために経営陣がとり得る施策を分析した世界で最も広範かつ厳密な調査の一つとなっている（マッキンゼー発行のレポート「経営におけるデザインの価値」を参照）。このレポートでは、優れたデザインを生み出す様々な行動を、4つのテーマに分類している。

　まず1つ目は、「デザインは直感やセンスではない。分析的リーダーシップである」。経営陣がデザインリサーチャーと継続的に関わり、何が顧客にとっ

て最も感動を呼び起こすかを学ぶことが大事であり、経営陣が自社のロールモデルとなり、顧客から直接、何が不満を与えるのか、何が最も感動を呼び起こすかを学ぶことが重要である。

2つ目は、「デザインは単なる製品設計ではない。シームレスなユーザー体験を提供することである」。この事も忘れてはならないが、マッキンゼーが調査した企業のうち、最初のデザイン案や仕様書作成に先立ってユーザ調査を行っている企業は50％にとどまっている。

3つ目は、「デザインは部署ではない。部門横断的に協業する多様な専門分野の人材である」。これはすべての企業が理解しておくべき指針といえ、顧客体験を高めるための組織のあり方を問うものである。

4つ目は、「デザインは1回限りで終わらない。継続的な反復改善である」。ユーザーと一緒に学び、試作し、反復改善を行うことを奨励する環境こそが、デザインに最高の成果を生み出す。

このレポートの日本語版出版後、多くの日本企業から注目を集めており、デザインを経営に活かすことの重要性が日本企業においても認識されているものの、まだ十分な実装に至っていない状況が推察される。

● 生成AIがもたらすオペレーティングモデルやガバナンスモデルへの影響

デザインからデータに目を移すと、データドリブンなプロダクト・サービス企画や生成AIを活用した事業運営も本格化している流れの中で、企業の発展、事業の進化のための新しい経営モデル、オペレーションモデルの構築が模索されている。

マッキンゼーでは、「生成AIの動向に関して生成AIについてCEOが知っておくべきこと」として、生成AIが可能にする機能として、不正取引を特定するような分類作業、クライアント企業のトーンとマナーに合わせた文書調整と編集作業、数時間にわたる映像情報からハイライト動画を作成するような要約作業、製造現場の社員からのオペレーショナルな技術的質問に対してバーチャルエキスパートが答えを提供するような回答作業を可能とするとしている。次の図表は「早期インパクトを生み出す可能性のある生成AIの活用事例」である。マーケティングおよびセールス、オペレーション、IT/エンジニアリング、リスク・法務、研究開発、生産性向上の各分野について例示的ではあるが、活用例を示している。

図表● 早期インパクトを生み出す可能性のある生成AIの活用例[1] (例示的)

マーケティングおよびセールス	オペレーション	IT/エンジニアリング
テキスト、画像、動画を含むマーケティングとセールスのコンテンツ作成（例:SNSコンテンツやテクニカルセールス資料）	製品に関する質問を解決し、関連するクロスセルのリードを生成する**カスタマーサポートチャットボットの作成・改善**	開発を加速・拡張するための**コードとドキュメントの作成**を通じた、開発の加速と拡張（単純なJava Scriptのプログラムを Python に変換など）
業界固有の製品（医薬品や消費財など）に関する**ユーザーガイドの作成**	問題の理論的根拠を示すための、画像データを活用した**生産上のエラー、異常、欠陥の特定**	前後の文脈に関連する情報の提供と、**データテーブルの自動生成および自動補完**
オンライン上のテキスト・画像データから重要なテーマを抽出・要約することによる**顧客のフィードバック分析**	プロセスの自動化と、エージェントの生産性向上を通じた**カスタマーサービスの合理化**	非構造化情報の入力が限定的な機械学習モデルのトレーニング精度を向上させるための**合成データの生成**
営業力の改善（リスク予測、新製品提供等のアクションの推奨、成長やリテンションにつながる最適な顧客との交流の特定など）	文書の比較分析の活用による、違約金や支払うべき金額など**注意すべき条項の特定**	
潜在顧客の、製品の技術的な側面を含めた理解・製品選択を支援する**営業支援チャットボットの作成改善**		

1. 生成AIは成熟の初期段階にあるため、人間による適切な管理下で活用事例とその影響を慎重に検討することが望ましい

リスク・法務	研究開発	生産性向上
契約書や特許申請書などの**法的文書の起草およびレビュー**	**候補者評価のための面接時の質問作成支援**（職務内容や企業の理念、業界に合わせて作成）	**従業員コミュニケーションの最適化**（Eメール返信やテキスト翻訳の自動化、内容のトーンや文言の調整など）
規制文書の大きな**変更点の要約と強調表示**	**セルフサービスのHR機能の提供**（従業員オンボーディングの自動化、雇用条件や法律・規制に関するQ&Aや戦略的アドバイス提供の自動化など、一時対応の自動化）	入力されたテキストから自動的に生成されたビジュアルコンテンツを含む、**ビジネスプレゼンテーションの作成**
公的および民間企業の情報を含む**大量の法的文書を根拠とした質問への回答**		**要約の作成**（テキスト、スライド、オンラインビデオ会議など）
		企業の「プライベートナレッジデータ」（イントラネットや学習素材など）に基づく**検索や質問への回答の有効化**
		Eメールの自動開封や高速スキャナー、機械学習、高度な文書認識を活用した、文書情報の仕分け・抽出による**会計業務の自動化**

　ChatGPTに代表される生成AIの応用用途として、上記の各種作業およびそれらの発展形により、マーケティングおよびセールス、オペレーション、ITおよびエンジニアリング、リスク・法務、研究開発といった分野での活用が促進される。一方、生成AIが内包するシステム的な偏見（バイアス）に対処する必要性や、個々の企業の規範や価値観が反映された結果を得られない課題が存在するなど、生成AIを活用するにあたって、注意すべき点を考慮する必要がある。

　つまり、生成AIの導入において、経営リーダーは実務経験のあるデータサイエンティストや法律の専門家、ビジネスリーダーを含む組織横断的なチームを結成する必要がある。また、生成AIを適用するユースケースによって導入・活用のハードルは異なることを理解し、生成AIが自分たちの業界や事業のバリューチェーンに貢献するのか、それとも破壊するのか、という見極めと共に生成AIを応用するうえでの限界を知りつつ、自社の事業の発展を促進する形で生成AIを活用するためのビジネスエコシステムを構築することが重要である。そして、これらを実行するには、生成AI時代に即したオペレーティングモデルやガバナンスモデルに進化することが望まれる。日本企業においては、「すりあわせ」の妙によるオペレーションモデルが優位とされてきたが、この生成AIを活用するための言語化やインタフェース化への変化・進化が想定され、オペレーションモデルの再定義への要請が高まるであろう。

● 注目を集めるプロダクト主導型成長の考え方

　昨今は、Product-Led Growth、つまりプロダクト主導型成長と呼ばれる手法に注目が集まっている。プロダクト主導型成長は、企業の製品自体が企業の成長ドライバー（原動力）として注目されている。

　このプロダクト主導型成長のアプローチは、「顧客の反応をいち早く製品に取り込んで進化させる」「フリーミアムモデルなどにより顧客のバリアを大きく低減させることで顧客のプロダクト利用を大きく増大させる」「顧客が自在にプロダクトを活用できるような柔軟性を提供している」といった特徴を持っている。

　プロダクト主導型成長においては、顧客の利用状況などに代表されるデータを迅速に獲得したうえで、データドリブンでの機能改良を顧客のフィードバックを迅速に取り込み、かつ改善サイクルを迅速に回すことでプロダクトの改善を実現する。この様なプロダクト主導型成長を支えるオペレーションモデルは、旧来のウォーターフォール型からアジャイル型への進化を必須とし、オペレー

ションモデルとそれを支える組織ガバナンスの支えを必須としている。

　マッキンゼーでは、四半期ごとに開催しているプロダクトリーダーシップフォーラムにおいてもこのプロダクト主導型成長について取り上げており、今後も継続して注目していく。プロダクト主導型成長では、より迅速にカスタマーニーズを取り入れる必要があることから、プラットフォーム型基盤上にプロダクト・サービスを構築する必要があり、日本企業にとっての一つの課題であるとみている。

参考

1. 『生成AIの出現──ChatGPTのようなツールがビジネスにもたらす変化』
Mckinsey.com (2023年3月14日)
https://www.mckinsey.com/jp/~/media/mckinsey/locations/asia/japan/our%20insights/generative%20ai%20is%20here/generative-ai-is-here-how-tools-like-chatgpt-could-change-your-business-jp.pdf.

日本企業におけるデザインの重要性と生成ＡＩがもたらすオペレーションモデルへのインパクト

CHAPTER **4**

スピードと分散型イノベーションの
ためのテクノロジー

組織全体のデジタルイノベーションを支える
テクノロジー環境を構築する

テクノロジーの目的は、端的に言うと、ポッドがデジタルおよびAIイノベーションを継続的に創出し、顧客やユーザーにソリューションを提供できるようサポートすることである。これを実現するには、すべてのポッドがデータ、アプリケーション、およびソフトウェア開発ツールにアクセスできる、分散型のテクノロジー環境を構築する必要がある。これにより、迅速にイノベーションを生み出し、セキュアかつ高品質なソリューションを提供できるようになる。

　最近の成熟した技術進歩により（例えば、アプリケーションのデカップリングを目的とするAPIの活用、あらゆる開発ツールの登場、高価値労働からクラウドへの選択的移行、プロビジョニングの自動化など）、この分散型テクノロジー環境を生み出すことが可能となる。

　テクノロジー分野にそれほど精通していない読者であれば、このCHAPTER 4を読み飛ばしたくなるかもしれないが、少し待っていただきたい。デジタルの世界において優れたリーダーであるためには、テクノロジーに関する基本を習得しておく必要がある。CHAPTER 4では、急速に進化するテクノロジーに関していくつかの要素を深掘りし、優秀なデジタルリーダーが理解しておくべき最も重要な課題やテーマ[1]に焦点を当てる。

　DXを支えるテクノロジー環境を構築するには、以下7つの多様な能力が必要となる。

SECTION 4-1 開発の柔軟性とオペレーションの拡張性を実現する、アーキテクチャのデカップリング

　依存関係を最小限に抑えることによってイノベーションを可能とするデカップリングアーキテクチャを構築するための包括的なデザインの原則と選択。APIの入門

SECTION 4-2 クラウドに対する目的を明確にした価値に基づくアプローチ

　アプリケーションをクラウドに移行する際に意味のある事業ドメインへの集中。これによりクラウド投資から最大のROIを確保可能

SECTION 4-3 スピードと高品質なコードのためのエンジニアリング手法

高品質のソフトウェアを構築・リリースするうえで根本となるソフトウェア開発・展開の自動化

SECTION 4-4 開発者の生産性を高めるツール

すべてのエンジニアが生産的になり、ツールの飽和を回避するための開発者プラットフォームを構築

SECTION 4-5 本番環境用のデジタルソリューションを提供する

自動化を通じて、セキュアで制御可能かつスケーラブルな本番環境における条件を策定

SECTION 4-6 セキュリティと自動化を初期段階から組み込む

ソフトウェア開発プロセス全体を通したセキュリティチェックの自動化。開発全体を加速させ、すべてのデジタルソリューションを堅牢化

SECTION 4-7 AIをスケーリングするMLOps

AI ／ ML モデルは監視と継続的なデータの再学習を要する有機体であり、MLOps 自動化ツールが AI のスケールに必須

参考

1. Thomas Elsner, Peter Maier, Gerard Richter, and Katja Zolper, "What CIOs need from their CEOs and boards to make IT digital ready," McKinsey. com (2021年12月1日)
   https://www.mckinsey.com/capabilities/mckinsey-digital/our-insights/what-cios-need-from-their-ceos-and-boards-to-make-it-digital-ready;
   Steve Van Kuiken, "Boards and the cloud," McKinsey.com (2021年11月18日)
   https://www.mckinsey.com/capabilities/strategy-and-corporate-finance/our-insights/boards-and-the-cloud.

CHAPTER 4

スピードと分散型イノベーションのためのテクノロジー

SECTION 4-1 開発の柔軟性とオペレーションの拡張性を実現する、アーキテクチャのデカップリング

「人が建物を形作り、建物が人を形成する」

——ウィンストン・チャーチル（英国の政治家、元首相）

　プラットフォームのアーキテクチャは、フロントエンドのSoE (System of Engagement) およびバックエンドのSoR (System of Record) に加え、ソリューション開発やDXの推進に必要なデータやアナリティクスを支えている。理想的なアーキテクチャの特徴は、組織全体のポッドがDXロードマップの実現に必要なソリューションを構築できるよう、

図表4-1.1 ● デジタル化に向けてアーキテクチャをアップグレードするには、4つの要素を転換させる必要がある

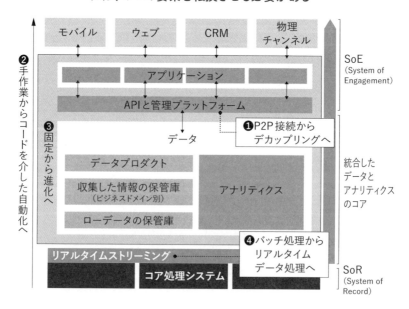

柔軟性、安定性、スピードを提供することである。ここで重要なのは、分散型かつデカップリング（2つのシステムの接続を分離すること）したアーキテクチャは、モジュール式で再利用可能なコンポーネントの組み立てには欠かせないということである（図表4-1.1）。

　アーキテクチャチームは、組織内のすべてのポッドに対して、アーキテクチャの包括的なデザイン理念と選択肢、およびポッドが遵守すべきエンジニアリングプラクティス（慣行）を決定する。

　このようなアーキテクチャを実現するには、テクノロジー基盤としてクラウドを活用し（「SECTION 4-2」で詳説）、IT運用において主に以下の4つの点で転換を図ることが求められる。

①P2P接続からデカップリングへ

　アーキテクチャの観点から見ると、デカップリングによりアプリケーションをそれぞれ独立して進化させることができることから、組織の俊敏性と拡張性が向上する。デカップリングには、以下の2つのテクノロジーが用いられている。

API基盤のインターフェースを採用しつつ、増加し過ぎないように管理する

　アプリケーション・プログラミング・インターフェース（API）により、ポッドはデータとアプリケーションの機能を、社内または社外の顧客や協力先に提供することが可能となる。基本的に、APIは大規模なモノリスプリケーションをマイクロサービスへと分解することができる。数百ものポッドが、常に他のポッドに依存することなくイノベーションを推進するには、デカップリングに移行することが鍵となる。

　アマゾンのジェフ・ベゾスは、アマゾンとソフトウェア界[1]を変革したといわれる有名なメモを残している。要約すると以下の通りである。

・「すべてのチームは、サービスインターフェース（すなわち、API）を介して自らのデータと機能を公開し、これを通じて他のチームとコミュニケーションを取るべきである」
・「他のIPC（プロセス間通信）、例えば、直接接続、他チームデータの直

接読み取り、共有メモリモデル、バックドアなどは認められない。唯一許可する接続は、ネットワーク上でのサービスインターフェースのみである」

・「テクノロジーは何を利用しても構わない。HTTP、Corba、Pub-sub、カスタムプロトコルなど、何でもよい。私は気にしない」

・「すべてのサービスインターフェースは、例外なく外部と接続できるよう設計すべきである。つまり、社外の開発者にインターフェースを公開できるよう、計画および設計する必要がある。例外は認めない」

・「これを遵守しない従業員は解雇する」

　APIは、異なるレイヤーから生じる複雑性から開発チームを解放することにより、アプリケーション間の統合を簡素化できる。これにより、TTM (Time To Market：市場投入までの時間) が短縮され、既存のアプリケーションにおいても新たな問題を引き起こす可能性を低減する。また、これらのインターフェースは、要件が変更された際においても個々のコンポーネントを容易に交換することができる。

　一方で、これらの利点を考慮しても、企業は必要以上のAPIを開発する傾向にある。APIの数が急増すると、ウェブサービスや旧型アーキテクチャのP2Pインターフェースが急増するのと同程度に不都合となる。APIの数を最小限に抑え、効率的に利用すべきである。APIはデカップリングには必要不可欠であるが、それを管理することも同様に不可欠なのである[2]。

　APIの利点を活用するには、APIの共有方法や使いやすさを確立することが非常に重要となる。APIの開発・公開、ポリシーの策定、アクセス制御、使用量やパフォーマンスの測定に向けて、管理プラットフォーム (ゲートウェイとも呼ばれる) を活用することが望ましい。これにより、アジャイルポッドは新規のAPIを構築するのではなく、既存のものを検索して再利用できるようになる。APIの一貫した開発および使用を確立するには、基準、ガイドライン、および分類ルールを設置すべきである。

　例えば、ある製薬会社は、独自のインターフェースに頼るのではなく、コアデータへのアクセスを簡略化および標準化するため、すべての従業員向けにAPI経由で社内「データマーケットプレイス」を立ち

上げた。同社は、18カ月にわたって社内の重要なデータを徐々にAPI基盤に移行し、APIをユーザーに公開するための管理プラットフォームを導入したのである。この企業データのアーキテクチャは、アナリティクスおよびAIに関するイノベーションの開発・導入を大幅に加速させた。

IN THEIR WORDS ｜ 先駆者の言葉

API変革

「はじめに、APIの優先順位づけとして、顧客や商品のような標準的なバンキングのドメインにおいて、我々のエンタープライズ・サービス・バス (ESB) で所有する既存のサービスを構造化した。また、キャンペーン、オファー、OCR機能などバンキングとは関連のないAPIを『共通』または『チャネルエンゲージメント』として優先させた。

それから次に、我々の変革とサービスの関連性、すなわち、最新化を進めるにあたりIT基盤のデカップリングが必要な時期はいつか、およびその複雑さをもとに優先度を決定した。

これらの基準を置くことで、ITアーキテクチャを"API化"する工数が全体でどれくらいになるかをよく理解することができた。次に、我々はAPIの分類ルールや基準、ガイドラインに加え、オペレーティングモデルとガバナンスを策定した。最後に、API管理プラットフォームやその他の関連コンポーネントのソリューションについて決定し、最初の概念実証 (PoC) に着手した。

我々は経営陣に対して、APIがテクノロジーとビジネスにおいて秘める重要性とポテンシャルを説明し、APIにかなりの予算をつぎ込んだ。結果、当初あった資金でテクノロジー基盤を整え、必要な基準とポリシーを定義し、レガシーとなったESBから全サービスを標準APIからアクセス可能なマイクロサービスへと移行したのだ。現在、約800のマイクロサービスが利用可能になっている。

この基盤の存在により、我々は様々なドメインでAPIを構築

することに特化した3つのアジャイルチームを設立した。我々はIT部門でAPIについてのセッションを実施することで取り組みをスタートし、従業員がこの機会をより理解できるよう同僚たちにも認知してもらった。

APIの導入を促進するためには、適切なドキュメンテーションと十分な検索機能を備えたユーザーフレンドリーな開発者ポータルを実装することが非常に重要であった。ベストプラクティスを世界中で探し、開発者が当初から開発者ポータルおよびAPIのガイドラインと基準に慣れるよう、トレーニングにも投資した。適切なタイミングで簡単にスケーリングできるように、適切な準備をしておいたのだ。

初期における社内と社外ユースケースで小さな成功を収めた後、ビジネスの需要は大幅に増加した。みなAPIの追加をすぐに求めていたため、増加した需要に対応するためにアジャイルな予算策定と優先順位づけのプロセスを作った。

我々の最大のチャレンジは、このAPIアプローチの推進にふさわしい人材の獲得であった。統合アーキテクチャを完全に設計しなおし、API管理プラットフォームと開発者ポータルを立ち上げ、当初のAPIバックログを継続的に優先することは非常に複雑な作業だ。一方では、技術に精通した経験豊富なエンジニアが必要であり、他方では、優先順位に確実にフォーカスできる経験豊富なプロダクトオーナーが必要だった。

初めは、ドバイで、前述した通りテック人材を簡単に集めることが難しく、必要な人材ポートフォリオを構築できるかについて懸念があった。しかし、外部からの採用と内部での育成をバランスよく行うことで、それを実現することができた。成功の鍵の一つとして挙げられるのは、必要なロールごとに社内外両方の学習コースや認可プログラムの活用による学習ジャーニーを確立したことだっただろう。

その後、アジャイルAPIチームの生産性を向上させるという課題に直面した。立ち上げ当初はチームが2〜3週間のスプリントで一つのAPIを提供していたが、我々のロードマップに従うためには生産性を劇的に向上させる必要があった。統合を最適化し継続的なデプロイを維持するため、DevOps自動化ツールを

スピードと分散型イノベーションのためのテクノロジー

クラウド基盤のデータプラットフォームを活用する

　データプラットフォームは、基幹システム外でトランザクションを「バッファ (データを一時的に保持)」するものである。これにより、高度なアナリティクスを行うアプリケーションがデータをプールし、非同期データが使用可能となる。バッファは、データレイクや分散型のデータメッシュを介して提供され、これらは各事業ドメインの予想データ使用量と負荷に適した最適なプラットフォームから構成されるエコシステムである (データアーキテクチャについては「SECTION 5-3」を参照)。

　一層高度なデータアーキテクチャでは、高品質データを実現し消費を簡素化するデータプロダクトを作成することでさらにバッファが行われる (データプロダクトについては「SECTION 5-2」を参照)。

　図表4-1.2は、医療機器メーカーが消費者向けアプリケーションに実装した最新のアーキテクチャの概要を示している。フロントドア、ゲートウェイは、インバウンドトラフィックを制御し、セキュリティを確保する。APIレイヤーは、どのアプリケーションサービスを呼び出すべきかを判断する。クラウドベースのデータプラットフォームは、データレイク内の大容量データストレージとして扱われ、収集した情報は、ユーザーまたはアプリケーションが消費可能なデータプロダクトとして体系化されている (顧客データ、医療機器、および地域ごとの規制遵守を担保するための位置データなど)。

　図表4-1.3は、アーキテクチャの詳細な構成図である。通常、ソリューションアーキテクトやフルスタックエンジニアが扱う構成図はこのレベルの粒度となる。このアーキテクチャは、クラス最高のツールおよびオープンソースのツールを活用し、Azureで構築したものである。図表4-1.2と図表4-1.3の間で、簡単に各項目を対比できるのではないであろうか。すべてのビジネスリーダーは、図表4-1.2のレベルで自身のソリューションアーキテクチャを理解し、アーキテクトとエ

図表4-1.2 ● 最新型アプリケーションアーキテクチャ[1]の概要
——世界的な医療機器メーカーの消費者向けアプリケーションのアーキテクチャの事例

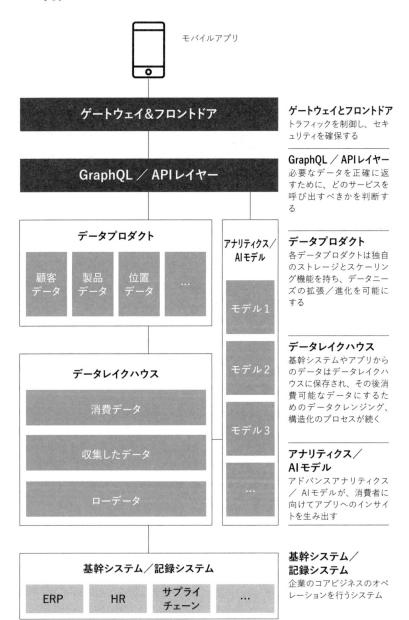

モバイルアプリ

ゲートウェイ&フロントドア

ゲートウェイとフロントドア
トラフィックを制御し、セキュリティを確保する

GraphQL ／ APIレイヤー

GraphQL ／ APIレイヤー
必要なデータを正確に返すために、どのサービスを呼び出すべきかを判断する

データプロダクト

顧客データ　製品データ　位置データ　…

アナリティクス／AIモデル

モデル1
モデル2
モデル3
…

データプロダクト
各データプロダクトは独自のストレージとスケーリング機能を持ち、データニーズの拡張／進化を可能にする

データレイクハウス

消費データ

収集したデータ

ローデータ

データレイクハウス
基幹システムやアプリからのデータはデータレイクハウスに保存され、その後消費可能なデータにするためのデータクレンジング、構造化のプロセスが続く

アナリティクス／AIモデル
アドバンスアナリティクス／ AIモデルが、消費者に向けてアプリへのインサイトを生み出す

基幹システム／記録システム

ERP　HR　サプライチェーン　…

基幹システム／記録システム
企業のコアビジネスのオペレーションを行うシステム

1. データレイクハウスのストレージとデータサイエンス機能を備えたサーバーレスのマイクロサービス

図表 4-1.3 ● 最新型アプリケーションアーキテクチャー詳細構成図

―― 世界的な医療機器メーカーの消費者向けアプリケーションのアーキテクチャの
事例

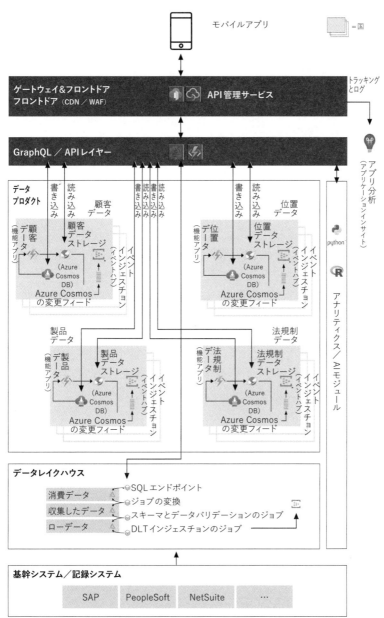

注：企業はデータの保管場所を決定する際、地域ごとの規則を念頭におく必要がある

ンジニアは図表4-1.3レベルの構成図をマスターすることが求められる。

◎②手作業からコードを介した自動化へ

インフラのプロビジョニングや、ソフトウェアの開発および実装（デプロイ）を手作業で行うコストを軽視すべきではない。このプロセスは時間がかかり、煩雑であるだけではなく、エラーの温床ともなる。先進企業はこれらの問題を解決すべく、インフラの自動化とソフトウェア開発の自動化を進めている。

●インフラプロビジョニングの自動化

インフラをコードとして使用すること（IaC）により、アジャイルポッドはクラウド環境やインフラ、ストレージなどの必要なサービスを、費用対効果が高く、かつ信頼できる方法で、繰り返しプロビジョニングを行うことができる。「信頼できる唯一の情報源」の構築に向けて、インフラのすべての要件を明確に構成ファイルにコーディングすることが望ましい。そうすることで、変更履歴がすべて記録され、必要に応じて簡単に元に戻すことができる。

コードの再利用を促進し、また重複を避けるため、インフラのスクリプトを記述する際にはコードブロックを作成することを推奨する。また、高品質なコードブロックを1カ所にカタログ化し、開発者が容易に見つけられるような方法を考案するとよい（「SECTION 4-4」を参照）。Google Cloud Platform（GCP）でのIaCコードブロックの例として、プロジェクト全体にわたるすべてのアセットを監視、分析、解析するリソースを可視化する、Cloud Asset Inventoryサービスなどが挙げられる。また別の例として、仮想プライベートクラウド内で高性能の仮想マシンを提供するサービス、Compute Engineが挙げられる。

●ソフトウェア製品化までのデリバリーを自動化

ソフトウェアの開発、テスト、検証、実装の自動化は極めて重要なトピックであるため、これについては後に1 SECTION分を割いて詳述する（「SECTION 4-3」を参照）。

◎③固定から進化へ

　建設業界とコンピューター業界には多くの類似点があるが、開発を開始する前に練り上げられた完璧なアーキテクチャが存在するという概念は、そのうち1つの業界にしか当てはまらないであろう。テクノロジーは急速に変化しており、組織を支えるテクノロジーおよびアーキテクチャは時間と共に進化するため、それに応じた柔軟性を備えることが不可欠である。すべてを変える必要はなく、新たなデータ、アナリティクス、ソフトウェア開発ツールを導入できる体制を整えることが必要なのである。

　このような変化を実現するには、他のアーキテクチャに影響を与えることなく、最先端かつ必要に応じて最新のテクノロジーに置き換え可能なオープンソースのコンポーネントを使用した、モジュール式のアーキテクチャに移行することが望ましい。このためには、同様の機能を持つツールの急増を防ぐために明確な基準を定義することと、システムへの依存に起因する可変性と複雑性を最小限に抑えられるよう、コンポーネント間に適切なインターフェースを設定することが求められる。

　企業のアーキテクチャチームは、アジャイルポッドから距離を置くのではなく、時間をかけてニーズを理解し様々な基準に対応できるよう、緊密に連携すべきである。これには、エンタープライズアーキテクトがアジャイルポッドに対して、テクノロジーに関する意思決定がビジネスに与える影響について伝える必要がある。最先端のコンポーネントやツールに精通し、さらに最新のソフトウェアを提供するには何が必要であるかを十分に理解しているエンタープライズアーキテクトを雇うことが重要である。

◎④バッチ処理からリアルタイムデータ処理へ

　リアルタイムのデータメッセージングとストリーミング機能のコストは大幅に減少し、より一般向けへの道を切り開いている。これらのテクノロジーにより、多くの新たなビジネスアプリケーションが実現可能となる。例えば、タクシー会社は、タクシーの正確な到着予測を

秒単位で顧客に通知できる。保険会社は、スマートデバイスからリアルタイム行動データを分析し、保険料を個人に合わせて変更する。製造業者は、リアルタイムのセンサーデータに基づいて、機器の問題を予測できる。リアルタイム処理の単位コストは低下し続ける一方で、大規模なデータセットの全体的な費用は相当な金額となるため、リアルタイムデータ処理を実際に必要としているデジタルソリューションをよく見極めることが重要となる。

　リアルタイムのデータ処理に取り組むとき、アプリケーション間のメッセージングの規格 (つまり、メッセージングプラットフォーム) とデータストリーミングの規格を決める必要がある。メッセージングプラットフォームは、アプリケーションがメッセージを公開する方法を提供し、そのプラットフォーム上では接続するアプリケーションがメッセージ受信をキューにアクションできる。企業レベルでのメッセージングプラットフォームの選択肢は豊富であり、例えば、Apache ActiveMQ、Apache Kafka、RabbitMQ、Amazon Simple Queue Services などが挙げられる。メッセージングプラットフォームの規格を決定することで、デジタルアプリケーションはお互いを結びつけることなく、個別のメ

図表4-1.4 ● メッセージングとストリーミングの比較

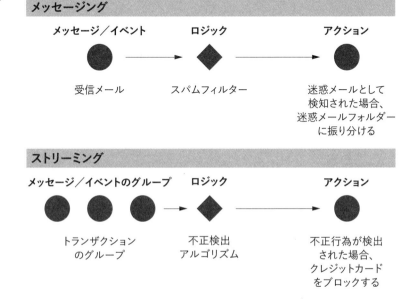

メッセージング

メッセージ／イベント	ロジック	アクション
受信メール	スパムフィルター	迷惑メールとして検知された場合、迷惑メールフォルダーに振り分ける

ストリーミング

メッセージ／イベントのグループ	ロジック	アクション
トランザクションのグループ	不正検出アルゴリズム	不正行為が検出された場合、クレジットカードをブロックする

ッセージをデカップリングした形で送受信することができる。

　通常、ストリーミングは分析やリアルタイムのデータ処理に使用される。ストリーミングにはセンサーや株式レポートなど様々な種類のものがあり、それぞれ独自の規格を持っている。例えば、不正検知の場合、ストリーミングは個別のトランザクションと一連のトランザクションとを比較することで、分析や解釈を助ける（図表4-1.4）。メッセージングプラットフォームと同様に、ストリーミングの選択肢も企業ごとに多数存在し、例えばKafka、Amazon Kinesis、Apache Spark、Apache Flinkなどである。

　エンタープライズアーキテクチャチームは、組織内でのメッセージングとストリーミングにどのような機能が必要かについて、早期にアジャイルポッドと決定すべきである。早い段階で標準化しておくことで、アジャイルポッド同士がより効果的に連携できるようになる。

参考
1. Augusto Marietti, "The API Mandate：How a mythical memo from Jeff Bezos changed software forever," Kong (2022年5月23日) https://konghq.com/blog/enterprise/api-mandate.
2. Sven Blumberg, Timo Mauerhofer, Chandrasekhar Panda, and Henning Soller, "The right APIs：Identifying antipatterns of API usage," McKinsey.com (2021年7月30日), https://www.mckinsey.com/capabilities/mckinsey-digital/our-insights/tech-forward/the-right-apis-identifying-antipatterns-of-api-usage.

開発の柔軟性とオペレーションの拡張性を実現する、アーキテクチャのデカップリング

クラウドに対する目的を明確にした価値に基づくアプローチ

「驚くべき新事実は雲の中にある」

——セルシュ・キング（シャーマン、作家）

　DXの一環として、クラウド移行にどれほどの作業を実施すべきであろうか。これは難しい問いであり、ほとんどの場合クラウドエコノミクスや効果的な移行戦略に関する理解が限定的であることが、この問いをさらに難しくしている。実際、大規模なクラウド移行から期待どおりの成果が得られないことも多く、一方で驚くほど多額の投資が必要となり、また実装までに長期間を要する[1]。

　DXにクラウドを効果的に統合するには、価値に基づくアプローチをとる必要がある[2]。言い換えると、DXロードマップにおいて優先すると決定したのはどの事業ドメインか、そしてその事業ドメインに存在する既存のアプリケーションのクラウド移行には、どのようなアプローチが適切であるかということである。クラウドに対して、目的をより明確にしたアプローチをとるほど、より迅速に価値を捕捉することができる。

◉ 事業ドメインとその基盤となるテクノロジーを同時に再構想する

　クラウドの価値の大部分は、データセンターに見られるような、従来型インフラの代替として低コストのホスティングを提供するということより、ビジネスに対して俊敏性、革新性、そしてレジリエンスの向上を実現することで生み出される。

　優先度の高い順番で、事業ドメインとそれを支えるテクノロジーと

図表4-2.1 ● デジタルソリューション構築に向けた代表的な
アーキテクチャの選択肢

	代表的な アーキテクチャの 選択肢	銀行業界の例	開発時の 検討事項
低 ↑ 複雑性 ↓ **高**	クラウドネイティブの アプリケーションを 新たに構築	最少のクリック数で モバイルクレジット カードの初期手続 きができるアプリケ ーションを構築	基幹システムからカ ード初期手続きのア プリおよび与信分析 エンジンへ流し込む データを供給するこ と
	基幹システムのアプ リケーションを現行 のまま使用(ラッパー 〔wrapper〕を含む)	コアバンキングシス テムで「KYC(本人確 認手続き)」アプリケ ーションを活用	KYCシステムアプリ ケーションにアクセ スするためにAPIを 使用すること、リア ルタイムのパフォー マンス需要を満たす こと
	クラウドネイティブの 新機能を構築し、既 存の基幹システムの アプリケーションを 部分的に置き換え	基幹システムの信 用リスク評価エンジ ンに代わる、新しい 与信判断エンジン を構築	リアルタイムで顧客 データにアクセスで きる新しい与信判断 エンジンを構築する こと
	基幹システムのアプ リケーションをクラウ ドに移行し、リファク ター／再構築するこ とでパフォーマンス 変革を強化	信用リスク評価アプ リケーション全体を クラウドに移行し、 リファクターするこ とでTTMを短縮	最適な移行の選択肢 に決定すること(クラ ウド移行の選択肢を参照)
	パフォーマンス向上・ 単位コスト低減のた めに、基幹システム 全体を変更	コアバンキングシス テム全体を変更し て単価を下げ、幅 広い新機能を実現	レガシーシステムと 新たな基幹システム を並行稼動させ、デ ータ移行戦略を策定 すること

を同時に再構想することが重要である。そうすることで、クラウドの利点を享受できないにもかかわらず多数のアプリケーションを移行してしまうという落とし穴を避けつつ、どのアプリケーションを移行することでクラウドの価値を最大化できるのかということが明らかとなる。

例えば、顧客のオンボーディングジャーニーの再設計を目指していた保険会社は、オンボーディングのプロセス全体を再考し、それを簡素化するプロジェクトチームと、クラウド上で基盤となるテクノロジーを最新化するプロジェクトチームの2つを立ち上げた。2つのチームは互いに連携することで、クラウド内のオムニチャネルプラットフォームとテクノロジーを最新化することができた。以前のプロセスは紙ベースでしかもチャネルごとに異なっていたが、それをシームレスかつデジタル化したオムニチャネル体験に変革することに成功した。

また、優先度の高い事業ドメインに関するテクノロジーロードマップを構築する際には、各デジタルソリューションのアーキテクチャの選択肢を、個別にではなく、まとめて明確化すべきである。こうすることで、それぞれの依存関係、および価値を実現するまでの最適な道のりを包括的に理解することができる。

図表4-2.1は、最も一般的なアーキテクチャの選択肢と、関連するクラウドエンジニアリングの検討事項を簡潔に示したものである。この選択肢には、アプリケーションを現行のままにしておく、クラウドに移行する、廃止するなど、様々なパターンが含まれている。

◦ クラウドの配置と移行のアプローチを決定する

特定のソリューションをクラウドに移行する場合（利用停止したり、SaaSソリューションに置き換えたりするのではなく）、次に決定する必要があるのは、アプリケーションをクラウドに「リホスト」するのか、「リファクタリング／リアーキテクト」するのか、または「リプラットフォーム」のような折衷案を選択するかである（図表4-2.2）。

● リホスト（「リフト＆シフト」）
コードやアーキテクチャの変更を一切行わない、または最小限にして、アプリケーションをクラウドに移行することを指す。これは、企

図表4-2.2 ● レガシーアプリケーションの取り扱いおよび移行に関する6つの選択肢

❶リタイア	もはや利用価値がなく、今後1〜2年以内に廃止可能なアプリケーション
❷リパーチェス	テクニカルまたはビジネスの観点から陳腐化しており、クラウドネイティブのSaaSに置き換える必要があるアプリケーション
❸リホスト （「リフト&シフト」）	アプリケーションをクラウドに移行することで大規模なレガシーマイグレーションを迅速に実施し、データセンターからの撤退を実現
❹リプラットフォーム	コアアーキテクチャを変更することなく、アプリケーションプラットフォームを変更することでメリットを享受
❺リファクタリング／ リアーキテクト	アーキテクチャを変更し、現在のアプリ環境では実現が困難な機能、規模、パフォーマンスを追加
❻リテイン	移行する準備が整っていない、または移行するメリットがないため、現状を維持

注：アプリケーションを置き換える場合、SaaS市場の成熟度およびビジネスニーズによっては、特注のアプリケーションを構築するか、SaaSアプリケーションの設定が必要なケースもある

業が迅速な進捗を目指す際に選択するオプションである。しかし、これまでの経験から、アプリケーションを単にクラウドに持ち上げて移動する（「リフト&シフト」）だけでは、大きな価値は生まれないことが分かっている。クラウドの利点を最大限享受するには、アプリケーションをリプラットフォームまたはリファクタリングする必要がある。

● リプラットフォーム

リファクタリング／リアーキテクトよりも変更は小規模で、例えば、クラウドネイティブの機能を活用してデータレイヤーのやり取りを変更するなど、短期間での価値創出が期待できる。

● リファクタリング／リアーキテクト

クラウドネイティブの利点を最大限活用できるよう、パブリッククラウドへの移行およびリアーキテクト（再構築）を行う。このアプローチはコードの変更と投資を必要とするが、新たなビジネス要件に合わせてアプリケーションを大幅に強化する必要がある場合、一般的には

これが最適な選択肢となる。

　先進的な企業・組織は、事業ドメインのアプリケーションには複数のアプローチを組み合わせて採用しているケースが多い。リホストおよびリプラットフォームは、ITモダナイゼーションに向けた第一歩としてリファクタリング／リアーキテクトよりも前の段階で行われ、短期間で価値（コスト削減と一部のクラウド機能など）の実現を目指すものとなる。ただし、事業ドメインに関連するすべてのアプリケーションを一括で評価および最新化することが肝要で、アプリケーションごとに断片的なアプローチを取った場合、コストが高くなる傾向にある。

　アプリケーションを移行するには、セキュリティやコンプライアンスの要件を修正し、クラウド内のシステムの最適化が必要な場合がある。移行後に最適化を行うことにより、多くの企業がクラウドの移行プログラムで経験してきた障壁を回避できる可能性がある。ただし、このアプローチでは、短期的に一部のアプリケーションでより多くの費用がかかり、パフォーマンスが低下するおそれがあることも考慮する必要がある。

COLUMN ｜ コラム

クラウド・サービス・プロバイダーを選択するにあたって

　個々のチームに独自のクラウド・サービス・プロバイダー（CSP）を選択させるのは避けるべきである。各アジャイルポッドにそれぞれどのサービスを使用するかの判断を任せてしまうと、結果的に組織全体でサービスが断片化および複雑化し、ポッドを横断した連携がとりづらくなる。

　たいていの場合、スキルはCSP間で移行可能ではない。同様に、エンタープライズアーキテクチャチームは、複雑性や技術的負債を回避するために、どのサービスを標準とすべきかを検討する必要がある（つまり、企業がどのデータベースサービスやメッセージングテクノロジーを標準として採用すべきか、ということ）。各CSPは、数百ものネイティブサービスと、サードパーティ

製サービスで形成するエコシステムへのアクセスを提供する
マーケットプレイスを提供している。

○ クラウド基盤を築く

　多くの企業は、堅牢なクラウド基盤の構築に必要な投資を十分に行っていないため、クラウドのスケーリングに失敗している。また、これらの基盤要素を適切に構築するためには、複数名の有能なクラウドアーキテクトも必要となる。

❶基本的なクラウドケイパビリティ

　これらのケイパビリティは、ネットワークの接続とルーティング、集中型のファイアウォールとプロキシ機能、アイデンティティの標準化、企業のログ管理・モニタリング・分析 (ELMA)、共有エンタープライズサービス、ゴールデンイメージ (またはプライマリーイメージ) のパイプライン、およびコンプライアンスとセキュリティの遵守を指す。企業はこれらの基本的なケイパビリティを一旦構築すれば、すべてのアイソレーションゾーンで再利用できる。

❷アイソレーションゾーン (または、ランディングゾーン)

　アプリケーションが存在するクラウド環境のことである。各ゾーンには、CSPサービス、アイデンティティおよびアクセス管理 (IAM)、ネットワーク分離、容量管理、各アイソレーションゾーン特有の共有サービス、および関連する一つ以上のアプリケーションが実行される変更管理が含まれる。アイソレーションゾーンは、ゾーンがクラッシュした場合を考慮して冗長性を備えている。したがって、冗長性の確保のために複数のアイソレーションゾーンを持つことが望ましいが、一方で多過ぎると複雑性が増すため、適切な数を見極める必要がある。

❸アプリケーションのパターン

　これは、類似した機能要件および非機能要件を持つアプリケーションが、セキュアでコンプライアンスを遵守し、かつ標準化された開発

および実装を自動化するコードアーティファクトである。アプリケーションのパターンにより、共有リソースの設定、デプロイメントパイプラインの標準化、および品質とセキュリティに関するコンプライアンスの遵守ができるようになる。パターンの例は、SQL DB、NoSQL DB、データマート、データウェアハウスなどのデータ処理パターンや、静的ウェブサイトもしくは三層ウェブアプリなどのウェブアプリ、API などが挙げられる。アプリケーションのインベントリを支えるのに必要なパターンの数は、ROI最大化のために、少なく抑えることが望ましい。例えば、ある大手銀行は、わずか10個のアプリケーションパターンで必要なユースケースの95%を満たすことができた。

これらの基盤要素により、クラウド移行と導入の速度が8倍加速する可能性があり、長期的には移行コストの50%削減を達成しうる[3]。

● FinOpsケイパビリティを強化する

最も効率的なクラウドエコノミクスは、使用していない容量に対してではなく、必要な容量に対してのみ、料金を支払うことである。これを実現するには、現在の業務量に最も見合ったクラウドサービスを選択することである。そうすることで、クラウド支出のうち最大20%を削減できる可能性がある。

トップ企業は、技術、財務、調達に関する専門家を集結し、このようなクラウド支出を管理するFinOpsチームを構築している。このチームは、需要予測にアドバンストアナリティクス（高度な分析）などを活用し、ビジネスシミュレーションを行ったり、ネットワークのニーズを特定したりすることにより、適切なクラウドサービスや料金プランなどを特定する責務を担っている。また、クラウドの使用状況の追跡や、支出の最適化のためにリソースを効果的に再配分できるよう、クラウドツールを用いて自動ダッシュボードを作成している。加えて、財務関連の規制を遵守するために、企業全体のクラウド支出も追跡している。

クラウドは非常に強力なツールである。DXを実現するにはクラウドケイパビリティが必要となるが、必ずしもすべての業務を移行する必要があるというわけではない。このあたりの見極めやトレードオフ

の評価を行うのが、クラウドアーキテクトとFinOpsの専門家で構成
される有能なチームである（そして、高い採算性を実現する）。

参考

1. Abhi Bhatnagar, Bailey Caldwell, Alharith Hussin, and Abdallah Saleme, "Cloud economics and the six most damaging mistakes to avoid," McKinsey.com (2022年5月3日)
   https://www.mckinsey.com/capabilities/mckinsey-digital/our-insights/cloud-economics-and-the-six-most-damaging-mistakes-to-avoid.
2. Aamer Baig and James Kaplan, "Five steps for finding value in the cloud," *CIO* (2022年2月2日)
   https://www.cio.com/article/304106/5-steps-for-finding-value-in-the-cloud.html.
   参照 "Seven lessons on how technology transformations can deliver value," McKinsey.com (2021年3月11日)
   https://www.mckinsey.com/capabilities/mckinsey-digital/our-insights/seven-lessons-on-how-technology-transformations-can-deliver-value.
3. Aaron Bawcom, Sebastian Becerra, Beau Bennett, and Bill Gregg, "Cloud foundations: Ten commandments for faster - and more profitable - cloud migrations," McKinsey.com (2022年4月21日)
   https://www.mckinsey.com/capabilities/mckinsey-digital/our-insights/cloud-foundations-ten-commandments-for-faster-and-more-profitable-cloud-migrations.

クラウドに対する目的を明確にした価値に基づくアプローチ

スピードと高品質なコード のためのエンジニアリング 手法

「エンジニアは夢を現実に変える」

――宮崎駿（アニメーション映画監督、脚本家、漫画家）

　かつては、新しいソフトウェアをリリースすることは、新車のモデルをリリースするのと同じようなことであった。何年にもわたる設計、エンジニアリング、厳格なテストを実施した後に、大々的なマーケティングイベントや発売記念パーティーが行われることも多かった。しかし、オープンソースソフトウェア (OSS) の利点が増えるなど、より

図表4-3.1 ●ソフトウェア開発ライフサイクル (SDLC)

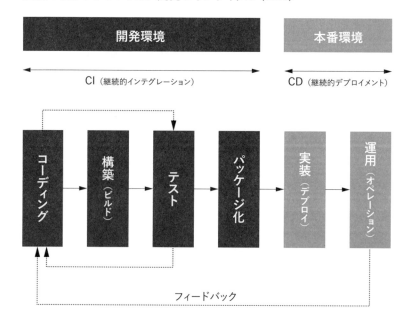

優れた手法やツールが出現してきた。これにより、開発チームはソフトウェア開発の様々な段階で進捗を早め、新たな機能を迅速に繰り返しリリースできるようになった。これは革新的な転換点となった。ある意味、今やすべての企業がソフトウェア企業の手法を習得すべきであろう[1]。この革新の中核となるのはソフトウェア開発ライフサイクル (SDLC) の自動化であり、このSECTIONはこれを主なテーマとする (図表4-3.1)。

　SDLCを自動化することで、アジャイルチームは軽微な変更を加え、即フィードバックを得られることで迅速に検証を行い、頻繁にテストを実施して継続的に試行錯誤を重ねることが可能となる。これは、チームが開発環境で大規模な変更を一括で行い、その後、本番環境にリリースするという従来のアプローチとは大きく異なる。ただし、変更の規模や件数によっては様々な問題が発生し、アジャイルポッドが反復作業を迅速に行えなくなる可能性がある。

　Netflixは、開発者がソフトウェアに1日に何百もの変更を加えられるよう、クラウド基盤のITアーキテクチャを構築した。同社のウェブサイトは、クラウドで提供する数百のマイクロサービスで構成されており、各サービスは専任チームが開発およびメンテナンスを行っている。開発者はITオペレーションチームにリソースを要求する必要はなく、代わりに実装可能なウェブイメージにコードの一部を自動的に組み込むことができる。これらのイメージが新たな機能やサービスで更新されると、インフラのクラスターが構成されるウェブベースの特注プラットフォームを使用して、イメージをNetflixの既存のインフラに統合できる。テストは、一部のユーザーを対象として本番環境で慎重に行われる。

　ウェブイメージが公開されると、ロードバランサー (負荷分散装置) が過去のバージョンから現在のイメージへトラフィックをルーティングする。自動監視機能により、新しいイメージの実装に問題が発生した場合、過去のバージョンまで変更をさかのぼり、新しいイメージが確実にロールバックされるようにする。新コードを本番環境に実装するまで他社では数カ月かかるところ、Netflixはこのレベルの自動化により数時間以内に実行できる[2]。

　大半の企業はここまでの高度化は必要ないかもしれないが、今やどのようなソフトウェア開発でも、これらのテクノロジーを活用するこ

とは不可能ではない。SDLCを通じた「小規模かつ迅速な」エンジニアリング手法を実現するには、以下の3つの要素が必要条件となる。

◉ DevOpsにおける素早いソフトウェア提供

DevOps（デブオプス：Development「開発」とOperations「運用」を組み合わせた造語）は、ソフトウェアをユーザーに提供する方法に、リーン生産方式の原則を適用しようとする取り組みである。DevOpsは、特に厳密な定義はないが、「アプリケーションを開発するすべての人と、それらのアプリケーションを運用・保守するすべての人が一体となり、チームとして連携していく」ということを端的に表している。もう少し説明を加えると、運用（オペレーション）はなくなるのではなく、開発の一部として組み込まれるのである。

多くの企業はすでにDevOpsについて聞いたことがあり、導入しようと試みている。しかし、DevOpsを大規模に展開するには依然として苦戦しており、DevOpsを単に一つのツールまたは既存のチームに追加する専門家の1人と考えられているケースが多い。DevOpsを実践するには、以下の3つの原則を取り入れ、それらに即した取り組みを行う必要がある。

❶ ワークフロー

ユーザーに迅速かつ効率的に製品・サービスを提供できるよう、開発で成果物を創出する速度を上げる。まず、SDLC全体でバリューストリーム（製品・サービスを顧客に提供するまでに必要な一連の活動）をマッピングすることから始める。具体的には、開発環境でソフトウェアをコーディング、ビルド、テスト、パッケージ化、実装するにはどのような手順が必要かなどを可視化する。最初は、手作業でのプロセスとなる。次に、各ステップ間での所要時間と、エンジニアがSDLCにおいて手作業で行うプロセスを特定する。例えば、あるアジャイルポッドのエンジニアが、他のチームに何らかの作業を依頼することなどである。最後に、その特定した手作業のステップを自動化（CI/CDについては後述）することによって、作業量を削減するか廃止する。時間が最も無駄になっているステップから優先的に取り組んでいく。

❷フィードバック

アジャイルポッドで発生した問題を分析し、素早く対処できるようSDLCのバリューストリームに複数のフィードバックループを組み込んでおく。具体的には、バリューストリームを可視化するダッシュボードを構築し、SDLCの様々なステップからリアルタイムで情報を受け取れるようにしておくことである。

❸継続的な学習

学びを継続し、学びを共有し、そして改善し続ける組織文化を醸成する。定期的にSDLC全体を見直し、改善を目指すことで、ポッドが手作業のプロセスに時間を取られることなく、ソフトウェアを効率的にユーザーに届けられるようになる。

企業は通常、この専門的な作業を行うためにDevOpsチームを組成する。このチームは、これら原則が全体的に浸透するよう、様々なポッドと連携してトレーニングを実施する。

DevOpsに堅固な基盤を持つことで、企業はそのケイパビリティをDevSecOps、MLOps、DataOpsなど他のコード開発手法に応用している（図表4-3.2）。こうしたケイパビリティの狙いは、自動化、機械学習、およびデータ管理タスクを継続的に推進することで、開発速度の向上、セキュリティの改善、コストの削減を実現することである。

● DevSecOps

DevOpsにセキュリティ（Sec）を組み込むことである。DevOpsと同様、企業はリスク管理を犠牲にすることなく、ソフトウェアのリリース頻度を四半期ごとから毎週、さらには毎日に増加することができる。企業のテクノロジーへの依存度が増していることにより、企業はサイバー攻撃に対する脆弱性が高まっており、当初からセキュリティおよびコンプライアンスを確保することが不可欠となる[3]。DevOpsをDevSecOpsに置き換えることも多く、この2つはほぼ同義語として使用される。セキュリティに関しては、「SECTION 4-6」で詳しく見ていく。

図表4-3.2 ● xOpsの種類

それぞれのプラクティスと関連するプロセスは、開発環境、
本番環境、データ管理の各段階で異なる利点をもたらす

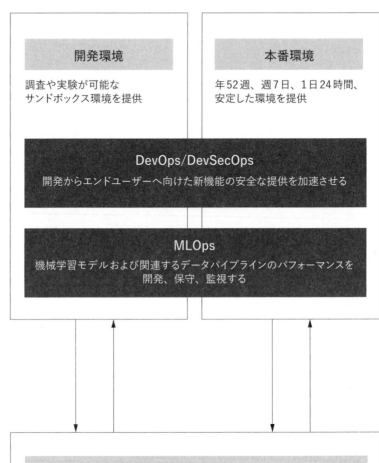

開発環境

調査や実験が可能な
サンドボックス環境を提供

本番環境

年52週、週7日、1日24時間、
安定した環境を提供

DevOps/DevSecOps

開発からエンドユーザーへ向けた新機能の安全な提供を加速させる

MLOps

機械学習モデルおよび関連するデータパイプラインのパフォーマンスを
開発、保守、監視する

データレイク

開発環境と本番環境の両プラットフォームへのデータアクセスを提供

DataOps

データの品質と信頼性を自動化することで、
新しいデータアセットの提供を加速させる

● MLOps

DevOpsを基盤に、機械学習 (ML) およびAIモデル用に構築される。何百ものML/AIモデルを開発、管理、改善しようとする企業は、予測モデルの安定性と正確性を確保すること、および日々変化していくデータ環境に対応させることがいかに困難であるかをよく理解している。MLOpsはこのようなケースで極めて有効である。MLOpsについては「SECTION 4-7」で詳しく見ていく。

● DataOps

比較的新しく、急速に成長している分野である。これは基本的に、データ品質を向上させながらも、新しいデータアセットの提供を促進し、既存データアセットをアップデートするケイパビリティである。DataOpsについては「SECTION 5-4」で詳しく見ていく。

コーディングルールとコードの保守性を通じて品質を向上させる

アジャイルポッドの数が増えることによりコードも増加し（ちなみに、一般的なスマホアプリには50,000行のコードが含まれている）、組織にとってコーディングルールは必要不可欠となった。ある電気自動車メーカーのCEOは、自身の経営ダッシュボードにコード品質の項目を含めている。

コーディングルールが整備されていない場合、コードがより複雑になることでコード変更にかかる時間が増加し、エンジニアにストレスを与え、さらには技術的負債が増加していく。

COLUMN | コラム

技術的負債とその測定方法

DXを支えるデジタルソリューションおよびチームは、技術的負債を生み出すリスクが高い。技術的負債とは、技術的な問題を是正するため、修正に対して企業が支払う「税金」のようなものである。それは、不適切なコーディングの慣行が積み重なることで発生する。例えば、一部の工程を省く、

正しく書けていないコードを提出する、一時的な修正を行う（そしてそのまま放置される）、1回限りのソリューションを実装することなどである。アーキテクチャに隠された技術的負債により、思いがけずプロジェクトの予算が超過したり、遅延が発生したりする可能性がある。技術的負債が多すぎると、IT人材の業務時間の多くが複雑な問題の解決のために費やされ、将来に向けたイノベーションについて考える時間が失われる。

我々が調査した組織の大多数で、技術的負債は増加し続けている。さらに、ITモダナイゼーションの取り組みを終えた企業のうち、約半数が技術的負債を削減することに失敗している。この課題を明らかにするには、テックリーダーがこの問題を費用対効果の観点で定量化する必要がある。基本的には、開発者が技術的負債から生じる問題に対処するために失われる時間のコスト（＝利息）と、技術的負債自体のコスト（＝元金）とを比較して理解する必要がある。

費用対効果分析を行うのは容易ではない。まず、その詳細を把握する唯一の方法は、アプリケーションのレベルで行うことである。次に、どのような種類の技術的負債に対処しているのかを理解する必要がある（我々は、11種類の技術的負債を特定した）⁴。これらは技術的負債の要因であるため、それぞれの修正方法を把握するには、まず自組織の技術的負債がどの種類に該当するのかを特定することが必須となる。例えば、データの技術的負債は、インフラから生じる技術的負債とは異なる。この手法を使って費用対効果分析を行い、どのアプリケーションが技術的負債に対処する上で最も大きな利益をもたらすかを明らかにする。

技術的負債を低く抑えているという観点で、上位20%に位置する企業は、下位20%に位置する企業よりも、収益成長率が20%高いことが分かっている。

高品質なコードは、テスト容易性、信頼性、再利用性、可搬性、保守性など、様々な面で優れた特徴を有する。コードの品質を確保するには、以下の取り組みを行うことが求められる。

● **バージョン管理システムを選択し、すべてのコードで使用する**

　パフォーマンスが高い開発ポッドに共通していることは、徹底してバージョン管理を実践していることである。組織はバージョン管理を使用して、IaC（コードとしてのインフラ）のスクリプトやアプリケーションのソースコード、設定、テスト、実装のスクリプトを保存する。これにより、再現性とトレーサビリティを実現でき、特に手作業の多い組織が苦心しているこの2つの重要な要件を満たすことができる。

　バージョン管理システムには、Git、CVS、SVNなどが挙げられ、他にも多数存在する。これらのシステムには、コードレビューなどの重要な機能も搭載されていることから、アジャイルポッドはシステムに脆弱性が発生した過程を詳細に調査し、必要な修復を施すことができる。

● **使用するソフトウェアフレームワークを決定する**

　ソフトウェアフレームワークは、特定の目的に向けたコードの記述に関する指針となる。例えば、目的がウェブアプリケーションの作成で、言語がJavaScriptの場合、ReactやAngularなどのフレームワークが効果的である。一方で、目的が軽量でエラーの報告に優れているマイクロサービスを作成することであった場合は、PythonやTypeScriptが賢明な選択肢となる。同様に、データパイプラインや機械学習モデルを記述するには、Kedroなどのソフトウェアフレームワークも存在する。

　ソフトウェアフレームワークはコードの体系化を強化し、コード機能を再利用しやすくするため、迅速な開発が可能となる。

● **コードの書き方の一貫性を担保する**

　コードリンターは、プログラムのエラーやバグ、形式のエラー、疑わしい構造を検出する静的コード解析ツールである。コード言語はそれぞれ独自のツールを持っていることが多い（GitHubのSuper-Linterは複数の言語をサポートしている）。例えば、PythonにはPylint、JavaScriptにはJSLintのようなツールがある。アジャイルポッドは、これらのツールを活用して、自身が生成したコードが品質基準にかなっているかを検証する。

スピードと高品質なコードのためのエンジニアリング手法

●コードのレビューに使用するテストフレームワークを決定する

　アジャイルポッドは、テストフレームワークを使用して、記述中の
コードに対するユニットテストを作成している。Pythonにはpytest
やunittest、JavaScriptにはJestなど、プログラミング言語ごとに独自
のテストフレームワークが存在する。テストフレームワークの種類は
多いが、どれを選択したとしても、重要なことはフレームワークを標
準化し、すべてのポッドが確実にそのフレームワークを使用すること
である。

　アジャイルポッドのエンジニアたちが作成するテストには様々な種
類がある（図表4-3.3）。

　信頼性とパフォーマンスが特に重要なソリューション（ECサイト、コ
ンプライアンス・規制関連など）については、パフォーマンスと信頼性のス
クリプトの記述に関して、それぞれ個別のサイト信頼性エンジニア
（SRE）の活用を検討することが望ましい。DevOpsのエンジニアは開発
パイプラインの問題を解決するのに対して、サイト信頼性エンジニア
は、オペレーション上の信頼性に関わる大規模な問題を解決する。
SREは高度なスキルを備えたエンジニアであり、特定の期間に問題を
解決することに集中し、その後別のソリューションに移動する。

●コードの複雑さを最小限に抑える

　コードの複雑さを最小限に抑えることは極めて重要である。コード
メトリクスフレームワークは、様々な数学的手法を用いてコードを分
析し、その複雑性を測定する。SonarQubeなど、様々なサードパー
ティ製品はバージョン管理システムに格納されたコードの複雑性を測定
し、その健全性について報告する。このようなツールは（オープンソース
のものもあれば有償のものもある）コードの脆弱性、またはコードの依存関係
に含まれる脆弱性を検知する。

●コンプライアンスのための文書を自動生成する

　一部の業界では、本番環境に実装する前にコードやAPIを文書化す
ることが必須となっている。多くのプログラミング言語は、コード自
体に文書をコメントとして埋め込む機能を備えている。ツールがその
コードをスキャンし、人間が読める形式で文書を自動生成することが
できる。この文書は、コードと共にソースコントロール内に格納され、

図表4-3.3 ●テスト戦略の定義

高 ↑ テストにかかる費用と時間 ↓ 低	侵入テスト	サイバー攻撃に対するアプリケーションの堅牢性を検証
	回帰テスト	新たな機能が追加された時に、既存のソフトウェアアプリケーションに悪影響が及ばないかを確認
	パフォーマンス負荷テスト	複数のユーザーがアプリケーションにアクセスするシミュレーションを同時に行い、様々な条件下でアプリケーションの動作状態を確認
	受入テスト	ユーザーの視点からアプリケーションが正しく動作するかを検証
	エンドツーエンド (システム) テスト	アプリケーション全体が期待通りに動作することを確認
	結合テスト	インターフェースの欠陥を検出するために、コンポーネント間の通信経路と相互作用を検証
	ユニットテスト	個々のユニット (モジュール、関数、クラス) をアプリケーションから離し、単独でテスト

その時点でコードのレビューに使用できる。

コードから文書を作成する方が、開発者が手作業で作成するよりも効率的かつ正確であるために望ましい (とはいえ、開発者は文書が100%正確であることを確認する必要がある)。一部の業界では、この文書はコンプライアンスや規制当局が本番環境にリリースするものを「承認」する際にも利用できる。

● 継続的インテグレーション (CI) と継続的デプロイメント (CD) によりプロセス全体を自動化する

ソフトウェアが複雑化するにつれ、一見単純な変更が予期せぬ悪影響を及ぼす可能性がある。複数のチームにまたがる複数名の開発者が同じソフトウェアに携わると、この複雑性が増すと考えられる。継続的インテグレーション・継続的デプロイメント (CI/CD) は、この問題に対処するアプローチである。以下に、CI/CDプロセスの概要を示す (例として、図表4-3.4を参照)。

● CI

継続的インテグレーション (CI) は、開発中に生じるソフトウェアの変更に対して、品質を担保しつつ自動的に統合・検証するプロセスである。CIを実現するツールは複数存在する。

ここでは、あるグローバル製薬会社において、新たなAPI機能を開発するアジャイルポッドがCIツールとしてCircleCIを選択した事例を紹介する。コードのライフサイクルは以下の通りである。

1. アジャイルポッドのエンジニアがコードを変更。そのコード変更は GitHub (バージョン管理) に格納される。
2. CircleCI がバージョン管理で生じたコードの変更を検出する。

   2-1. CircleCI が Pylint (リンティングツール) を実行して、コードがルールに準拠しているかを検証する。

   2-2. CircleCI が Pytest を使用してコードに関連するテストを実行し、コードの動作が正しいかを検証する。

   2-3. CircleCI が SonarQube を使用してコードメトリクスを実行し、コードが品質基準に準拠しているかどうかを検証する。

   2-4. Sphinx (コードからコメントを抽出して、ウェブ用に人間が読み取れる文書を生成する、オープンソースツール) を用いて、コードの文書を自動生成する。

   2-5. CircleCI がモジュール式の要素に移行したコードをパッケージ化し、パッケージリポジトリに格納する。この場合、パッケージはコンテナ (Docker) に保存し、Amazon ECR (Amazon が管理する Docker イメージのストレージ) に格納する。コンテナにより、アプリケーションはどのような環境でも動作できるようになるが、慎重に使用する必要がある。

   2-6. CircleCI が統合テストを実行し、モジュールの新たな構成要素が、他のすべてのソフトウェアおよび他のチームメンバーが行ったすべての変更と統合した場合に正しく動作するかを検証する。この事例では、Selenium (テストを自動で作成し、ウェブブラウザの操作を自動化するオープンソースのツール) を使用している。

このプロセスは、全体が自動化されており、頻繁に (コードが変更され

図表 4-3.4 ● 事例：Python コードパイプライン−継続的 インテグレーション・継続的デプロイメント (CI/CD)

コード

👥 **Python** .... エンジニアがコードを変更

↕

① GitHub .... バージョン管理／コード格納

↕

継続的インテグレーション（CI）

② CircleCI　　　　　　コード変更を検出

- 2-1 **Pylint** .... コードがルールに準拠している かを検証

- 2-2 **Pytest** .... テストを実行してコードの動作 を検証

- 2-3 **SonarQube** .... コード品質を検証

- 2-4 **Sphinx** .... ドキュメントを自動生成

- 2-5 **Docker Amazon ECR** ...... コードをパッケージ化し、 リポジトリに格納保存

- 2-6 **Selenium** .... 統合テストを実行

継続的デプロイメント（CD）

③ Argo　　　　　　コード変更を検出

- 3-1 **Checkmarx** .... 脆弱性を検証

- 3-2 **Argo** .... Dockerイメージを本番環境の Kubernetes プラットフォームにコピー

- 3-3 **Kubernetes** .... コードの動作をテストするために APIとして公開

- 3-4 **Selenium** .... API が正常に動作しているかを検証

- 3-5 **Kubernetes** .... ユーザーに向けてAPIを有効化・公開

るたびに）実行されるため、開発者はコードの品質に関して迅速にフィードバックを得ることができ、高品質のソフトウェアがリリースされているかを確認できる。

● CD

継続的デプロイメント（CD）は、CI後の次の段階で、CIの全ステップを通過したソフトウェアを本番環境に実装する。手作業は完全に排除しているため、ソフトウェアは自動的にエンドユーザーに提供される。

前述の製薬会社は、本番環境（Kubernetesプラットフォーム）での実装にArgo CDツールを使用していた。プロセスは以下の通りである（図表4-3.4を参照。ただし、図表は分かりやすさを重視しているため、以下の内容とは異なる）。

3. Argo CD が、GitHub（バージョン管理）に継続的インテグレーションが行った変更を検出する（何らかの新しいものが実装されることが示されている）。

    3-1.　パッケージまたはコード内でのセキュリティ攻撃ベクトルを検出するために、Argo CD が Checkmarx を用いてパッケージの脆弱性を検証する。これは、本番環境に実装するものが安全に実行できることを確認する追加のステップとなる。

    3-2.　Argo CD が、Docker イメージを Amazon ECR から本番環境である Kubernetes プラットフォームにコピーする。Kubernetes プラットフォームでは、コンテナの管理が簡素化され、アプリケーションを移動しやすくなる。

    3-3.　Argo CD が、この新規コンテナにプライベート API（パッケージが正しく動作しているかを検証する際に使用する）が存在することを確認する。

    3-4.　Argo CD が、Selenium（テストツール）に対して API が正しく動作しているかを検証するよう要求する。

    3-5.　ここまでですべてが正常であれば、当該の API を使用しているユーザーに影響を与えないよう、Argo CD が API をエンドユーザーに公開する。

事例で扱っている製薬会社は、このようにCI/CDパイプラインを適用することで、実装の所要時間を数時間からわずか10分に短縮し、さらに技術的負債およびセキュリティリスクを大幅に削減することに成功した。

　規律あるCI/CDアプローチこそが、数カ月または四半期ごとではなく、数日（さらには数時間）で、信頼性の高い、高品質のソフトウェアを一貫してリリースすることを可能にする。CI/CDは、ソフトウェアの新機能が初期のコーディングから本番環境へのリリースに至るまで、様々なステップを進んでいく際のパイプラインなのである。

参考

1. Chandra Gnanasambandam, Janaki Palaniappan, and Jeremy Schneider, "Every company is a software company: Six 'must dos' to succeed," McKinsey.com（2022年12月13日）
   https://www.mckinsey.com/capabilities/mckinsey-digital/our-insights/every-company-is-a-software-company-six-must-dos-to-succeed.
2. Oliver Bossert, Chris Ip, and Irina Starikova, "Beyond agile: Reorganizing IT for faster software delivery," McKinsey.com（2015年9月1日）
   https://www.mckinsey.com/capabilities/mckinsey-digital/our-insights/beyond-agile-reorganizing-it-for-faster-software-delivery.
3. Santiago Comella-Dorda, James Kaplan, Ling Lau, and Nick McNamara, "Agile, reliable, secure, compliant IT: Fulfilling the promise of DevSecOps," McKinsey.com（2020年5月21日）
   https://www.mckinsey.com/capabilities/mckinsey-digital/our-insights/agile-reliable-secure-compliant-it-fulfilling-the-promise-of-devsecops.
4. Vishal Dalal, Krish Krishnakanthan, Björn Münstermann, and Rob Patenge, "Tech debt: Reclaiming tech equity," McKinsey.com（2020年10月8日）
   https://www.mckinsey.com/capabilities/mckinsey-digital/our-insights/tech-debt-reclaiming-tech-equity.

スピードと高品質なコードのためのエンジニアリング手法

開発者の生産性を高めるツール

「チームにツールを提供し、彼らが生まれながらの
能力と好奇心を駆使すれば、期待をはるかに超える
ようなものを創造し得る」

——ビル・ゲイツ（アメリカ合衆国の起業家、マイクロソフト創業者、慈善家）

GitHubは、長年にわたって自社のエンジニアリングチームに、ローカルのラップトップ環境 (macOS上) を使用することを奨励していたことで知られている。ところが、ローカルの開発環境は脆弱であることが判明した。軽微な変更でもローカル環境が使用不可能となったり、その回復に貴重な時間が奪われてしまったりすることがあった。また、ローカル環境の構成が不整合であったために、障害が頻繁に発生していた。したがって、これらの課題を解決するため、GitHubは標準化されていた仮想環境に移行した。この環境ではツールが事前にインストールされており、必要なすべてのデータにアクセスできるようになった。

アジャイルポッドの数が5つから20、100、さらには1,000以上の開発ポッドに拡大すると、組織はセルフサービス (サンドボックス) 環境に移行するべきである。このセルフサービス環境は自己拡張式であり、アジャイルポッドがソリューション開発に必要な、最新型で標準化されたツールが備えられている。これにより、チームは本番環境で動作するコードを開発することができるようになり、IT側もインフラやツールのプロビジョニングを求めるリクエストを受けることもなくなる。

特別なエンジニアリングチーム (開発者プラットフォームチームと呼ばれることもある) は、アーキテクチャチームが定めた規準を実施するツールと

テクノロジーを実装する。このチームは、アジャイルポッドの効率化に向け、ユーザー体験を重視したツールも提供する。そして、アジャイルポッドがインフラやツールをどのように管理・保守するのかに時間を費やすのではなく、素早く価値を提供することに集中できるよう支援する。

クラウドでサービスの作り方を刷新する

「クラウド上でサービスを管理・提供する全く新しいアプローチを取る必要があると気づいた。我々は、今後以下3つの原則を遵守していくものとして策定した。

・開発チームに提供するサービスは完全に標準化かつ自動化されていなければならない。したがって、特別なリクエストは受け付けない。

・クラウドで提供するいかなるサービスも、初日からセキュリティ、プライバシー、規制の観点において準拠していなければならない。したがって、1度限りの例外やマニュアルの回避策は受け付けない。それだけでなく、これらのサービスの上に構築されたアプリケーションも初日から準拠していなければならない。

・最後に、開発チームにこれらのサービスを使用してアプリケーションを構築する方法を教えるためのクリエイティブな方法を思いつく必要がある。あまりにも長い間、開発チームはインフラチームにカスタム要求をすることに慣れてきているからである。

これが、いわゆる今日のAtlasプラットフォームの始まりであった。最も求められているクラウドサービスに焦点を当て、ほとんどのサービスをテンプレート化した製品を作り出す計画を策定し、それらのサービスがぴったりはまるように構築することを担保した。また、それらサービスが一緒になっており、我々のすべてのバックエンドセキュリティログシステムに接続していること

も確認した。

　それを実現するために、我々はクラウドインフラストラクチャチームの活動を完全に一時停止し、我々のクラウドの見方を完全に変えるためにパートナーシップを組むプロダクトオーナーを迎え入れた。それから我々は、ただ単にインフラを構築するのではなく、アプリケーション開発がセルフサービスの方法で情報を収集し、消費することができる製品を構築するという概念を中心にスタッフを再トレーニングした。最終製品であるAtlasにより、アプリ開発チームはコードをその継続的なインテグレーションおよび継続的なデプロイ (CI/CD) パイプラインにプルすることから始められるようになる。自らをプロヴィジョンしているのだ」

——マーティン・クリストファー

(CUNA Mutual Group元シニアバイスプレジデント兼CIO)

効率的な開発環境を構築する要素として、以下の2点が挙げられる。

柔軟性および拡張性のある開発サンドボックス

　以前は、チームがリクエストしてから、開発環境を構築し、アクセスできるようになるまでに数週間、時には数カ月を要することもあった。しかし、今ではこれほど待つ必要はない。開発環境、すなわち「サンドボックス」は、IaCの自動化を介して数分または長くても数時間で構築することができる。これにより、アジャイルポッドは「独自の」サンドボックスを素早くプロビジョニングできる (図表4-4.1)。各チームは、広範なクラウド環境内で独自のサンドボックスを与えられ、データ (自動でコピーされるテストデータや、本番データのサブセットなど) へのアクセスだけでなく、標準化されたツール、専用メモリ、計算機能なども活用できる。

　数秒や数分でこれらの環境を構築できるIaCスクリプトを実行することは、一部のエンジニアにとってはやや困難かもしれない。もしこのスクリプト内にメモリや計算機能、あるいは事前ローディングするアプリケーションなどのチームが個別に設定できるようにしたい場合

図表4-4.1 ● 開発プラットフォームの例

アジャイル組織

開発者向けポータル

開発環境の セットアップ	サンドボックスの ダッシュボードにアクセス

(100%自動化)
1a：サンドボックスの立ち上げ
1b：構築済みのパターンの展開
1c：ソース管理の設定
1d：CIの設定
1e：コラボレーションツールの設定
1f：セキュリティスキャンの自動化

2a：データの特定／アクセス
2b：コードを書くツールの準備
2c：既存のコードの検索
2d：実験のトラッキング
2e：コードの構築
2f：コードの本番環境へのリリース
2g：ソリューションの健全性の監視
2h：…

アクセス
一つのワークベンチからすべてのツールにアクセス可能
アーキテクチャアプリケーションの簡素化
ワークベンチからの一般的な操作を容易化 (ツールのエキスパートである必要はない)
拡張性
時が経つにつれて新しいツール／機能を追加

はどうであろうか。様々なニーズに対応できる効果的なセルフサービスのサンドボックス機能を開発することで、内部開発者プラットフォーム (IDP) の登場につながった。これは、インフラのプロビジョニング、セキュリティ、ツールのすべての複雑さを抽象化するだけでなく、これらの環境を設定するユーザー体験 (UX) を一元化し、軽量なユーザーインターフェース (UI) 層である。

CASE EXAMPLE ｜ 事例

開発者の生産性向上に向けた
Spotifyの取り組み

Spotify は、アジャイルポッドの数が増加し、使用するテクノロジーがより複雑になるにつれ、多様なツール (例えば、インフラにはTerraform、様々なクラウドプロバイダーにはGCP/AWS/Azure CLI、バージョン管理にはGitLab CI、モニタリングにはPrometheus、コンテナ

にはKubernetesとDockerなど）の活用方法を、社内のすべてのエンジニアが熟知しているわけではないことを認識した。バックエンドのAPIや、フロントエンドのモバイルアプリケーションなどの開発に取り組むアジャイルポッドは、それぞれ多様なツールを必要としていたため、より複雑性が増していた。

　この課題を解決するために、SpotifyはBackstageというUXツールを構築した（以降、これはオープンソースとして公開されている）。Backstageにより、エンジニアが数多くのテクノロジーやツールを学ぶ必要がなくなったのである。代わりに、エンジニアはシンプルなウェブポータルのボタンをクリックするだけで、取り組み中の機器により多くの演算を追加したり、デバッグログにアクセスしたりできるようになった。その後、同社はアジャイルチームが他のアジャイルポッドが開発したライブラリやアプリケーション、サービスをすべてワンストップのポータルから発見できるような機能を付け加えた（ポッドがより効率的に活動できるようになった）。結果として、開発者体験を簡素化し、改善させることにつながった。

　マッキンゼーでは、プラットフォームエンジニアリングチームがPlatform McKinsey（高速、独自仕様、セルフサービスの開発者向けウェブポータル）を構築し、数百あるマッキンゼーのアジャイルチームが、基盤インフラやツールを問わずにデジタルおよびAIプロダクトを構築できるようになった。このウェブポータルには、以下2つの機能がある（図表4-4.1）。

❶サンドボックス環境の構築を求めるチームのリクエストに対して、以下のステップを自動で行う

1. チームメンバーにとって適切なアクセス制御およびツールを備えたサンドボックスを立ち上げる
2. チームが手作業で行う必要がないように、必要なバージョン管理を設定する
3. チームが連携できるWikiなどのコラボレーションツールを立ち上げ、そのプロダクト／プロジェクトの文書を保管する

4. チームがプロダクトだけに集中できるように、CIツールを立ち上げ、設定する

❷ウェブポータルを通じてプロダクトの開発に必要なすべてのツールをチームに提供する。ツールには、例えば以下のようなものが挙げられる

1. データを検索しアクセスするツール

2. コードを記述するツール

3. 他のチームが記述したもので、機密扱いではないコードを検索するツール（再利用により時間を節約）

4. 検証をトラッキングできるツール（特に機械学習モデルを開発する際に重要）

5. CIの状況を確認するツール（コードの変更がプロダクト全体の品質に影響を与えていないかどうか）

6. ボタンを1クリックするだけで、簡単にコードを本番環境にリリースするツール

7. 開発中および本番環境にあるソリューションの健全性を監視するツール

チームは、各々のサンドボックス内でメモリや計算能力を柔軟に調整することができる。このことは、開発プロセスに検証の要素が含まれる場合（適切なアルゴリズムやデータ処理の判断など）、アナリティクスやデータプロダクトを開発する際に特に重要となる。

◉ 最新かつ標準化されたツール

サンドボックス内で、エンジニアは最新で標準化されたツールへのアクセスが必要となる。これらのツールは、SDLC全体を通してアジャイルポッドが（実装される前に）コードを開発、テスト、パッケージ化、保存する際に使用されている。多くのクラウド・サービス・プロバイダーも、PaaSサービスの一部として使用できるツールをパッケージ化するようになった。

ソリューションの開発時にすべてのアジャイルポッドにとって重要となる開発ツールは、大きく5種類に分類できる。以下のうち、最初

の2種類のツールを選択する際には、アジャイルポッドが構築している製品（例えば、フロントエンド、バックエンド、API、データパイプライン、またはモデルなど）によって、大きく左右されるということに留意すべきである。

❶開発者ツール

　検証とコード作成に使用されるツールであり、これは統合開発環境（IDE）も含むものである。ここでのツールは言語（Python、R、JavaScriptなど）によって変わる。優れた開発ツールは文法チェックやコードの検証を実行するだけでなく、複数のエンジニアが同時に同じファイルで作業することも可能となる。

❷ソフトウェア・パッケージング・ツール（本番向け）

　複数のコードのブロックをパッケージ化する必要がある場合に使用される（例えば、HTML、CSS、JavaScriptをパッケージ化するwebpackなど）。これらのコードは、周囲にある他のコードの、他のバージョンや、他の依存関係に関連づける必要がある。これにより、開発者はソフトウェアを効率的にモジュール化し、より簡単にアップデートをリリースできるようになる。

❸パッケージ・ストレージ・ツール

　これはコードパッケージを保存するためのツールである。Nexus、Docker Hub、JFrog Artifactoryのようなツールは、本番環境に展開できるレベルのパッケージを保存できる。

❹ソフトウェア開発ツール

　このツールにより、サンドボックス環境を使用しているアジャイルポッドは、設定方法の検討に時間を取られることなく、バージョン管理および継続的インテグレーションへの統合とアクセスを実現できる。これにより、チームは高品質なソフトウェアを提供することに集中できる。

❺監視ツール

　サンドボックス環境は、適切に実行されているか、経費を無駄にしていないかを確認するために監視する必要がある（例えば、ライセンスを付

与されたものの現在は使用していないユーザーがいないか、または勤務時間外にビットコインのマイニングのためにインフラを使用しているユーザーがいないか、など。これらのことはよく起こりうる）。そのようなツールの例として Grafana や Graphite がある。

　開発者プラットフォームチームは、すべてのサンドボックスで利用される、標準化された一連の共通ツールを提供する。開発者は、自身が使い慣れているツールを選びたいと考える場合もあるが、組織は「コア、共通、カスタマイズ」のアプローチをとるべきである。つまり、何が「コア」であるか（逸脱してはならないライン）、何が「共通」であるか（使用は任意であるが、すべてのチームに提供されるもの）、また何が「カスタマイズ」であるか（特定のユーザーまたはポッドのために購入、ダウンロード、インストールするもの）を定義することである。「カスタマイズ」は、実際にビジネス価値がある場合にのみ行うべきである。

本番環境用のデジタル
ソリューションを提供する

「信頼性が確立されていない段階で、
　物事を早く進めようと努力しても全く意味がない」
　　──キャロル・スミス（著作家）

　革新的なデータプロダクト、AIモデル、デジタルのユーザージャーニーは、セールス取引、サプライヤー管理、価格設定の決定などの重要な場面で、ユーザーやアプリケーションに展開される。本番環境は、信頼性があり、かつ常に利用可能な状態であることが求められる。本番環境では、テスト環境や開発環境よりはるかに信頼性が重要な要素となる。

　プラットフォーム・エンジニアリング・チームは、すべてのアジャイルポッドが製品を実装する、この本番環境を構築するチームである。このチームは、下流システムとの統合を含み、インフラ、基盤となる技術スタック、サービスの設計、構築、ガバナンスに対して責任を担っている。本番環境は、手作業で作成すべきではなく、標準的なエンジニアリング手法に従い、各組織のアーキテクチャチームが設定した規格に準拠したものでなければならない。アジャイルポッドが本番環境に実装しようとするコードは、すべて厳格な継続的デプロイメントのプロセスを経たうえで実装する必要がある。

　信頼性が高く、効果的な本番環境を構築するには、以下に示す3つの要素が重要となる。

◦ 高度な制御性と可監査性の確立を目指す

　本番環境はビジネスにとって重要なアプリケーションを提供すると

いう点を踏まえると、高度な制御性と可監査性が必要となる。これは信頼性の観点だけでなく、コンプライアンス（SOC 2、ISO 27001、PCIなど）に準拠するためでもある。特に、以下の2つの領域に焦点を当てることが求められる（図表4-5.1）。

❶本番環境自体

具体的には、本番環境がどのように構成されているか、どのセキュリティポリシーを適用しているか、どの（限定的な）ユーザーがアクセス権を持っているか、どのような入力（イングレス）および出力（エグレス）のアクセスが許可されているか、などである。IaCスクリプト内で本番環境に関するこれらの考慮事項を明示し、バージョン管理内で保存することで、組織は本番環境に対して完全な可視性を確保し、本番環境に生じた変更を監査できるようになる。本番環境への変更は、CI/CDを適用し、プラットフォーム・エンジニアリング・チームのみが行うことができる。

図表4-5.1 ● 本番環境の制御性と可監査性

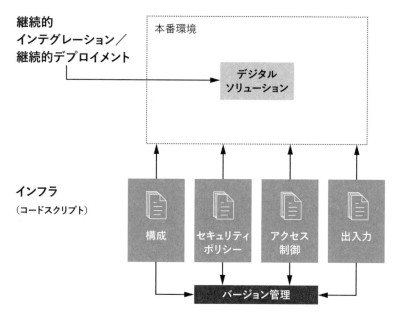

❷本番環境内で実行される内容

　具体的には、実装済みのアプリケーションやAPIの実行スケジュール、および誰がそれを実行するのかなどについてである。アジャイルポッドは、本番環境に実装されるものが監査可能で、容易に元に戻せる状態にしておけるよう、継続的デプロイメントを行う。本番環境の全体的な状態をバージョン管理の中でコードとして指定しておくことによって、必要に応じてコードを以前の状態に戻すことができる。

◉ 本番環境がセキュアで拡張性があり、利用可能な状態にしておく

　DXのニーズを満たせるよう、本番環境は以下3つの要素を備えておく必要がある。

❶セキュリティ

　本番環境内で保存または転送されるデータの大部分は暗号化する必要がある。暗号化により、データにアクセスできるのは、キーを使用できる認証済みのユーザーまたはアプリケーションのみとなる。クラウド・サービス・プロバイダーは、AWS Key Management Service、Azure Key Vault、Google Cloud Key Management Serviceなど、キーを管理するサービスを提供する。本番環境に直接アクセスすることは制限されており、また監査も行っている。各クラウド・サービス・プロバイダーは、IAMなどの様々なアクセス制御を提供している。

❷拡張性

　基盤インフラは、需要に応じて拡張できる状態にしておく必要がある。クラウドプロバイダーはこのような拡張を行うことができるが、企業は拡張が必要なアプリケーションにかかる負荷を測定する特定のサービスを設定する必要がある。例えば、AmazonはAWS Auto Scalingを提供しており、アプリケーションを監視して負荷状況を把握し、パフォーマンスを維持できるよう、必要に応じて容量を拡大している。それぞれのサービスには依存関係があるため、企業はどのサービスを利用するかをよく検討する必要がある。

❸可用性

　クラウド・サービス・プロバイダーはレジリエンスおよび信頼性が高いが、障害が起こる可能性はゼロではない。通信が途切れることなく、リージョン (地理的なエリア) を切り替えられる機能を備えておくことが重要である。これを実現するには、別のリージョンで実行されるランディングゾーンやセカンダリーの本番環境を持っておくなど (本番環境のミラーリング)、様々な方法がある。セカンダリーの本番環境は、プライマリーの本番環境と同じIaCを使用する。企業は障害を監視する仕組みを導入する必要があり、障害を検出した際には即時にプライマリーの本番環境からセカンダリーの本番環境に切り替える必要がある。

◉ 監視の仕組みと可観測性 (オブザーバビリティ) を組み込む

　監視とは、地味なテーマのように感じられるかもしれないが、重要であり、誤解されていることが多い。企業は、インフラ、環境、ソリューション、およびそれらのアプリケーションのユーザーの健全性やアクティビティを把握する仕組みが必要である。監視することにより、検出対象の事象が発生した時にアラート (警告) を発信するダッシュボードを構築することができる。

❶アプリケーションの監視

　アジャイルポッドが開発しているソリューションは、信頼性を担保するためだけではなく、ビジネスユーザーがそのソリューションとどのように関わっているかのフィードバックや示唆を得るためにも監視が必要となる。モニタリングのツールとして、一般的にDatadog、New Relic、Dynatraceなどが使用されている。

❷クラウドとインフラの監視

　ここでは、どのようなデータがクラウドを出入りしているのか、どのユーザーがそれを使用しているのか、またパフォーマンスの状態などを監視している。ツールとして、New RelicやZabbixなどが挙げられる。例えば、クラウドで従来型の仮想サーバーを使用している場合、

図表4-5.2 ●例：デジタルソリューションの監視ダッシュボード

CPATアプリケーションダッシュボード

トランザクション概要　1週間前〜

9.43M	**0.124**	**0.211**
トランザクション 合計	平均 トランザクション 時間	最遅10%／ 時間 (90%)

最新のエラー　1週間前〜

約5時間前

エラー概要　1週間前〜

0.017%	**1.56**
トランザクション 失敗率	失敗した トランザクション（千）

VM概要　1/31〜2/7

20.7	**61.5**
CPU平均 使用率	平均 メモリ量

1週間前と比較した本日のAdpexスコア
過去7時間 vs. 1週間前

失敗したトランザクションの上位　　　　**1週間前〜**

WebTransaction/Go/POST/run_binary	0.36%
WebTransaction/Go/POST/run/: section/: template	0.13%
WebTransaction/Go/POST/calculate	1.05M
WebTransaction/Go/POST/calculate/batched	42.8K

日別トランザクション量

最も利用されているトランザクション

WebTransaction/Go/POST/Calculate	2.74M
Webtransaction/Go/POST/data	2.74M
Webtransaction/Go/POST/batchgeo	1.05M
Webtransaction/Go/GET/curencies	42.8K

CPU使用率　　　　　メモリ量　　　　　データ処理能力

特にアプリケーションのパフォーマンスの問題を診断する際に、その動作と負荷を把握することが重要となる。通常、仮想サーバーのサイズは固定されているため、負荷が急増するとパフォーマンスとエンドユーザーへの応答性に影響を及ぼす可能性がある。データの流れや品質の信頼性をモニタリングするということに関しては、まだテクノロジーが十分に成熟していない領域となる。前述のツールに加えて、Azure Data Factory内の監視ツールなど、データの取り込みを可視化できるツールも存在する。

　一方で、情報の流れを全体的に把握できるような単一の監視ツールは存在しない。本番環境では、プラットフォーム・エンジニアリング・チームは信頼性を担保できるだけではなく、問題が発生した場合に迅速に診断することもできるツールを特定する必要がある。図表4-5.2は、マッキンゼーのコーポレートファイナンス・アナリティクスソリューションのパフォーマンス監視ダッシュボードである。これらのソリューションには、ウェブインターフェースまたはAPIを通じてクライアントがアクセスできるようになっている。

　このダッシュボードはNew Relicのツールでコーディングされており、ソリューション開発チームの監視対象である、アプリケーションの主要なパフォーマンス情報を提供する。ダッシュボードの上部は、Adpexスコア（総リクエストに対して満足を得たリクエストの割合）を含む、ユーザーへの応答時間を追跡している。中央の部分は、最も応答性が低い機能（図表4-5.2の例ではトランザクション）を示し、クラウドエンジニアやソフトウェアエンジニアが優先して改善すべき機能を特定しやすくしている。下部は、作業負荷（ワークロード）の変動的なニーズとクラウドサービスをマッチさせることで、クラウドストレージと演算負荷を経時的に最適化しやすくしている。

セキュリティと自動化を
初期段階から組み込む

> 「自分のパスワードは歯ブラシのように扱いなさい。
> 他人に使わせないで、6カ月ごとに新しいものに
> 取り換えるべきである」
>
> ──クリフォード・ストール
> （元ローレンス・バークレー国立研究所、システムジニア）

　クラウドで起こるほぼすべてのセキュリティ障害の原因は、不正アクセスによるクラウドインフラへの攻撃ではなく、人為的なミスや誤設定が原因である[1]。クラウドでは、アプリケーションおよびシステムをセキュアな方法で構成する必要がある。加えて、従来のサイバーセキュリティは、適切なペースで動作するように設計されていなかった。したがって、企業は自動化を中心として、新たなセキュリティアプローチをとることが求められる[2]。

● セキュリティの「シフトレフト」

　セキュリティの「シフトレフト」は、セキュリティ対策をSDLC（ソフトウェア開発ライフサイクル）の最後のステップまで放置するのではなく、SDLCの早期の段階（「左側」の上流工程）で導入するソフトウェア業界の動きのことである（図表4-6.1）。これには2つの理由がある。

　まず、開発チームがコードを記述している段階でセキュリティの問題に対処する方が迅速に解決できる。セキュリティの問題は後で検出されるのを待つことなく（全く異なるチームが検出するケースも多い）、アジャイルポッドがその場で対処すべきである。そうすることで、問題の検出・対処に必要なサイクル時間が大幅に短縮される。

次に、SDLCの各段階において、その都度セキュリティチェックを重ねていく。例えば、コーディングの段階では、開発で使用するサードパーティの脆弱性をチェックする。脆弱性が検出された場合、チームは回避策として代替のサードパーティのコンポーネントを探すなど、早急に対処することができる。

　この「シフトレフト」に取り組むには、まずインフラとアプリケーションの両方で、SDLC全体を通してリスクとセキュリティ管理における手作業による統制とガバナンスのプロセスをマッピングすることから始まる。これには、リスクとセキュリティのレビューも含まれる。次に、手作業による統制を最小限に抑えるか、排除できるツールやテクノロジーを模索する。例えば、IaC（ソースコントロール内に格納される）を使用すると、他のチームが使用する前にセキュリティの脆弱性や誤設定を分析できるという追加の利点が得られる。IaCの静的コード解析は、インフラコード（tfsec、checkovなど）内に脆弱性がないことを確認できる。同様に、これらのソリューションの構築に向けて、モジュール式で再利用可能なオープンソースのコンポーネントを使用しているチームも多い。ただし、オープンソースには様々な利点がある一方で、

図表4-6.1 ● 「シフトレフト」によるセキュリティの向上

従来：セキュリティをSDLCの最後のステップまで放置──ソフトウェア導入後にセキュリティチェックをする

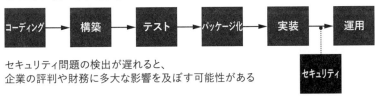

セキュリティ問題の検出が遅れると、
企業の評判や財務に多大な影響を及ぼす可能性がある

今後：セキュリティの「シフトレフト」──セキュリティチェックとその問題対処をSDLCの早期かつ全段階で重ねて行う

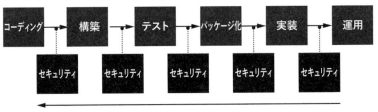

早めの対処・修復で、後の大問題を回避することにつながる

図表 4-6.2 ● DevSecOpsをデリバリーに組み込む

——ソフトウェア開発のライフサイクル (SDLC) を通じて実施するセキュリティテスト
の例

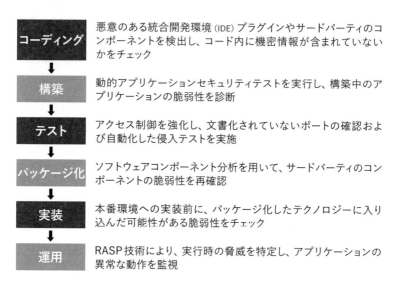

コーディング	悪意のある統合開発環境 (IDE) プラグインやサードパーティのコンポーネントを検出し、コード内に機密情報が含まれていないかをチェック
構築	動的アプリケーションセキュリティテストを実行し、構築中のアプリケーションの脆弱性を診断
テスト	アクセス制御を強化し、文書化されていないポートの確認および自動化した侵入テストを実施
パッケージ化	ソフトウェアコンポーネント分析を用いて、サードパーティのコンポーネントの脆弱性を再確認
実装	本番環境への実装前に、パッケージ化したテクノロジーに入り込んだ可能性がある脆弱性をチェック
運用	RASP技術により、実行時の脅威を特定し、アプリケーションの異常な動作を監視

それらのソリューションに組み込まれるセキュリティの脆弱性も取り
入れてしまう可能性がある。その対策として、Synkのようなツール
を使用すると、SDLCの早い段階でこれらの脆弱なコンポーネントを
識別し、修復することができる。

● DevSecOpsを適用してSDLCにセキュリティを 組み込む

「シフトレフト」のアプローチを実践するには、DevOpsアプロー
チにセキュリティを組み込むDevSecOpsを導入する必要がある。こ
れは、セキュリティ専門家をDevOpsチームに統合し、SDLCプロセ
ス全体でセキュリティ対策を実施することを意味する。このアプロー
チで鍵となるのが自動化である。同じCI/CDプロセスの中で、プラッ
トフォーム・エンジニアリング・チームはセキュリティリスクを検
証・対処するツールを組み込む (図表4-6.2)。最終的な目標は、セキュ
リティチェックを完全に自動化することである。

CI/CDで実施するセキュリティチェック

❶コーディング

　Synkのようなツールを使用して、開発者がコードに脆弱さをもたらす悪意のある統合開発環境 (IDE) プラグインをインストールしていないかを確認する。ソースコントロール内に機密情報が含まれていないかをチェックする (例えば、AWSのgit secretsやGitHub secret scanningなど、一部のソースコントロールシステムで利用できるビルトインの機密情報スキャンツールを使用してチェックする)。最後に、記述済みのコードを分析する、静的アプリケーション・セキュリティ・テスト (SAST) を実行する。これは言語に依存し、例えばIaCの場合はtfsec、Pythonコードの場合はSemgrepなどのツールを使用する。

❷ビルド (構築)

　構築済みのアプリケーションにおける脆弱性を探す動的アプリケーション・セキュリティ・テスト (DAST) を実行する。AppCheckやオープンソースのOWASP Zed Attack Proxyツールなどが使用できる。デジタルアプリケーションが実行されている間に脆弱性を検証するインタラクティブ・アプリケーション・セキュリティ・テスト (IAST) を実行する。SynopsysやVeracodeなどのツールが使用できる。

❸テスト

　デジタルアプリケーションの従来のアクセス制御が適用されているかを確認する。アクセス制御 (役割やポリシー) が適用されており、適切にアクセスを制限しているかを確認する。文書化されていないポート (必要かつ保護されているポートを除く) が存在しないかを確認する。

❹パッケージ化

　ソフトウェアコンポーネント分析 (SCA) を活用して、サー

ドパーティの脆弱なコンポーネントが含まれていないかを再検証する。

❺デプロイ（実装）

本番環境に実装する前に入り込んだ潜在的な脆弱性を再確認する。これは、パッケージング技術（Dockerなど）内部の問題か、SCAを使用してパッケージの内部を確認する際に混入した可能性がある。

❻オペレーション（運用）

ランタイムアプリケーション自己保護（RASP）の技術により、デジタルアプリケーションの内部データに対して、実行中の脅威を特定する。Datadogのような従来型の監視ツールを使用して、アプリケーションの異常な動作を監視する。

IN THEIR WORDS ｜ 先駆者の言葉

適切なマインドセットとシフトレフト

「セキュリティは高圧的なものと思われるが、我々はセキュリティとは非常に協力的な関係を築いてきた。我々は開発者であろうとプロダクトオーナーであろうとエンジニアであろうと関係なく、人々に対して我々のビジネス全体を通したセキュリティについてトレーニングを行い、認可を与える、いわゆる『セキュリティ専門家』プログラムというのを実施している。また、セキュリティチームにスポンサーもいて、プロジェクトで修正が必要なところを見つけると彼らは経営陣に自分たちの成果を伝え、我々はその努力を褒め称える。我々は、常にすべてを見ることはできないため、チーム内にそのスキルセットを組み込んでいるのである。

また、我々がクラウド上で構築するすべてのものに対し、初期設計でセキュリティを構築して『シフトレフト』を試みている。

クラウドが非常に速く進化するので、シフトレフトしないとチャンスを逃してしまい、絶えず後片付けをしているだけになってしまう」

──ケーシー・サントス（アシュリオンCIO）

DevSecOpsチームがCI/CDパイプラインを開発する際には、ポッドにトレーニングすることも含めて、セキュリティの自動化を組み込むことを必須とすべきである。

参考

1. Arul Elumalai, James Kaplan, Mike Newborn, and Roger Roberts, "Making a secure transition to the public cloud," McKinsey.com (2018年1月1日) https://www.mckinsey.com/capabilities/mckinsey-digital/our-insights/making-a-secure-transition-to-the-public-cloud.
2. Jim Boehm, Charlie Lewis, Kathleen Li, Daniel Wallance, and Dennis Dias, "Cybersecurity trends: Looking over the horizon," McKinsey.com (2022年3月10日) https://www.mckinsey.com/capabilities/risk-and-resilience/our-insights/cybersecurity/cybersecurity-trends-looking-over-the-horizon.

AIをスケーリングする
MLOps

「高度なAIを構築することは、ロケットを
　打ち上げるようなものである。最初の課題は加速を
　最大化することだが、スピードが上がり始めると、
　操縦にも焦点を当てる必要性が生じる」

──ヤーン・タリン（アメリカ合衆国の起業家、スカイプ創業者）

　人工知能および機械学習（以下、「AI/ML」）を活用して、収益に大きな
成果を生み出すには、テクノロジーの適用範囲を全社的に拡大する必
要がある。例えば、コアビジネスのプロセス、ワークフロー、カスタ
マージャーニーにテクノロジーを取り込み、意思決定やオペレーショ
ンをリアルタイムで最適化していく。AI/MLモデルの場合、基盤とな
るデータと共に変化する「生き物」であるため、これを実現するのは
特に困難となる。AI/MLモデルは常に監視、再トレーニング、バイア
スの除去が必要であり、数個のMLモデルだけでも容易ではないが、
それが何百となった場合は圧倒的に難易度が上がる。

●主な用語の定義

・**人工知能**（AI）：通常人間の知能を必要とするタスクを実行
　する能力を備えたソフトウェア
・**機械学習**（ML）：人工知能の一部で、あるタスクのパフォ
　ーマンスを向上させるためにデータから「学習」する手法
　のこと

・**深層学習**（ディープラーニング）：機械学習の一部で、大量の
　データと複雑なアルゴリズムを使用してモデルをトレー
　ニングする

　近年、MLツールとテクノロジーが大幅に進歩したことにより、ML
のワークフローが劇的に変化してアプリケーションのライフサイクル
が迅速化し、一貫性および信頼性を確保した形で、事業ドメイン全体
でAIの適用範囲を拡大することが可能となった。これらの新たなケ
イパビリティを活用し、効率的な機械学習オペレーション（MLOps）を
実現するには、モデルそのものに焦点を当てるのではなく、アプリケ
ーションの開発活動全体を考慮する必要があることに留意すべきであ
る。我々は、MLの開発における失敗の約90%は、モデルの品質が低
いためではなく、製品化の取り組みが不適切であることと、モデルを
本番データやビジネスアプリケーションと統合する際の問題に起因す
ると推定している。その結果、モデルが意図した通りにスケーリング
および実行されなくなるのである。効果的に製品化するには、モデル
（多くの場合は一連のモデル）をサポートする構成要素（データ資産、MLアルゴリズ
ム、ソフトウェア、ユーザーインターフェースなど）を統合する必要がある[1]。

　MLOpsは、実際にはMLモデルのライフサイクル全体に適用する一
連の手法である（図表4-7.1）。

・**データ**：MLアプリケーション向けに、大規模な高品質のデータを
　継続的に収集、整理、分析、ラベル付け、保持するシステムおよび
　プロセスを構築する
・**モデルの開発**：モデル開発を専門化し、高品質なアルゴリズムが説
　明可能であり、偏見がなく、期待通りに動作し、新たなデータを使
　用して継続的に監視し、定期的に更新する
・**データとモデルのパイプライン**：統合アプリケーションパイプライ
　ンを提供することで、ビジネス価値を最大化し、エンジニアリング
　の諸経費を削減する。このパイプラインは、データやイベントの受
　け取り、それらの処理および強化、モデルの実行、結果の処理、ア
　クションの生成、様々なコンポーネントとビジネスKPIの監視な
　どを行う

- **製品化とスケーリング**：モデルのスケーリングに向け、データ処理能力の向上およびモデルトレーニングの要素を強化する。例えば、テスト、検証、セキュリティ、CI/CD、モデルの再トレーニングなどを追加する
- **ライブオペレーション**：リソース、パフォーマンス、ビジネスKPIを積極的に監視する

これは、AIアプリケーションを継続的に開発、テスト、実装、更新、監視するために、堅牢なエンジニアリング手法およびMLアプリケーション手法の構築に向けて、繰り返し行うプロセスである。MLOpsは、前述のDevOpsエンジニアリングの概念および全工程の自動化をベースとして、MLの出力における確率的な性質や、テクノロジーが基盤データに依存するというAI固有の特性に対処している。

MLOpsのベストプラクティスを実践すると、達成可能な水準を飛躍的に向上させることができる。これは、AIで単に実験を行うことと、AIで企業の競争力を大幅に強化することとの違いである。MLOpsを効果的に展開するには、以下の4つの取り組みを行うことを推奨する。

❶MLシステムにフィードするデータの可用性、品質、および制御を確保する

MLモデルはデータに依存しているため、高品質および利用可能なデータがなければ、MLモデルの精度は担保できない。したがって、データ品質のチェックを行う必要がある。現在では、データ品質を評価し、異常を検出してエラーを発見するツールが存在する。これは、金融取引の監視など、処理量が多い場合に有効である。

MLモデルにデータを供給するには、生データからMLモデルを駆動する特徴量（対象の特徴を数値化したもの）を抽出する必要がある。この特徴はMLモデルの「燃料」ともいえる。例えば、気圧は大気センサーで測定するが、天気予報モデルの特徴となるのは気圧の変化である。これらの特徴を一括管理するレポジトリ（格納庫）である特徴量ストアは、特徴量を管理、メンテナンス、モニタリングし、MLモデルに必要な燃料を常に利用可能な状態にしている。

図表4-7.1 ● AI／MLモデルのライフサイクル

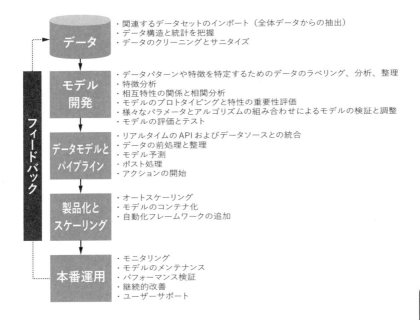

データ
・関連するデータセットのインポート（全体データからの抽出）
・データ構造と統計を把握
・データのクリーニングとサニタイズ

モデル開発
・データパターンや特徴を特定するためのデータのラベリング、分析、整理
・特徴分析
・相互特性の関係と相関分析
・モデルのプロトタイピングと特性の重要性評価
・様々なパラメータとアルゴリズムの組み合わせによるモデルの検証と調整
・モデルの評価とテスト

データモデルとパイプライン
・リアルタイムのAPIおよびデータソースとの統合
・データの前処理と整理
・モデル予測
・ポスト処理
・アクションの開始

製品化とスケーリング
・オートスケーリング
・モデルのコンテナ化
・自動化フレームワークの追加

本番運用
・モニタリング
・モデルのメンテナンス
・パフォーマンス検証
・継続的改善
・ユーザーサポート

フィードバック

❷ML開発を最適化するためのツールを導入する

　再現性、保守性、モジュール性を備えたデータサイエンスコードを書くことは容易ではない。Kedro（Pythonを使用）などのソフトウェアフレームワークは、このようなタスクを助けるものである。このようなフレームワークは、ソフトウェアエンジニアリングのモジュール性、関心の分離、バージョン管理などの概念を、MLコードに応用している。

　データサイエンティストは検証を行うことが得意で、様々なデータ・特徴やアルゴリズムを活用して、ビジネス成果を生み出すモデルの開発を目指している。検証データは、関連するすべてのメタデータ（使用した特徴や追加的なモデルの構成など）と合わせて任意の場所に保存しておく必要がある。MLflowやMLRunのようなツールは、モデルのガバナンスを提供したり、このような検証結果を再現したりすることができ、またどの選択肢が最も好ましいビジネス成果をもたらしているかを追跡する。

❸最大限の自動化に向けてMLアプリケーション・デリバリー・プラットフォームを導入する

　小規模なデータ探索やモデル開発から、大規模な本番環境に移行するには、コードのリファクタリング、フレームワークの切り替え、および大がかりなエンジニアリング作業を伴うことが多い。このようなプロセスにより大幅な遅延を引き起こし、場合によってはソリューション全体の失敗につながるおそれがある。

　一連のMLアプリケーション・デリバリー・プラットフォームを設計および実装することが重要である。このプラットフォームは、データ処理、トレーニング、検証、および本番環境用の高品質モデルのパッケージ化に向けて、拡張性があり自動化されたパイプラインを実行する。さらに、このプラットフォームは、オンライン・アプリケーション・パイプラインを実装する。このパイプラインは、訓練済みのモデルを組み込み、データの前処理または後処理の実行、データソースや他のアプリケーションとの統合、および可観察性の確保に向けて重要なデータ、モデル、アプリケーション、ビジネス指標の収集を行うものである。

❹継続的改善の促進のためにモデルのパフォーマンスを監視する

　MLモデルはソフトウェアとは異なる。ソフトウェアは、本番環境に実装されると、通常、期待通りに動作する（品質が担保され、厳格なテストが行われた場合）。一方、MLモデルは「訓練」されているため、モデルがどのように動作しているのかを監視し、成果が向上するようにモデルを調整していく必要がある。同様に、MLモデルは実際のデータの状態に影響を受けやすく、時間の経過と共に劣化する可能性がある。そのため、正しく動作していることを確認するためにも監視することが必須となる。

　例えば、世界的なパンデミックでロックダウン（都市封鎖）されると、顧客の行動が一夜にして変化してしまう。パンデミック以前の顧客の支出パターンで訓練されてきたMLモデルは、すべてのレストランが閉まっているにもかかわらず、顧客にレストランへの訪問を勧めてしまうなど、効果的な予測ができなくなってしまう。そのため、モデル

のパフォーマンスを監視し、変動の根本的な原因を迅速に診断することが極めて重要である。

　モデルの監視は傾向を探るだけでなく、データの品質や適合性を検証し、モデルの精度やパフォーマンスをビジネスKPIと照らし合わせて測定するところまで実施すべきである。このように広範囲にモニタリングを行うことは特に重要で、それにより企業はモデルのパフォーマンスのみに固執せず、それがどの程度ビジネスに寄与しているかを評価できる。

　MLOpsは急速に進化している分野である。執筆時点で60を超えるサプライヤーが、ターンキープラットフォームからニッチなツールに至るまで、様々なMLOpsソフトウェアツールを提供している。

SECTION 4-7

AIをスケーリングするMLOps

CASE EXAMPLE ｜ 事例

AIアプリケーション開発時間の削減

　アジアのある金融サービス企業は、新しいAIアプリケーションの開発時間を50%以上削減することができた。この企業は、高品質で即利用可能なデータプロダクトを提供するソースシステム上に共通のデータ層を作成し、それを多数の顧客中心型のAIアプリケーションで活用した。同社はデータ管理ツールとプロセスを標準化して持続可能なデータパイプラインを作成し、またデータのラベリングや系統追跡など時間のかかるステップを標準化および自動化するアセットを構築した。

　以前は、AIアプリケーションが開発されるたびに、各チームが異なるプロセスやツールを使用してソースシステムから生データを構造化・クリーニングしていたことに鑑みると、大幅な効率化に成功したといえる。以前のアプローチは、AI開発サイクルを必要以上に長期化するものであったのだ。

参考

1. Jacomo Corbo, David Harvey, Nayur Khan, Nicolas Hohn, Kia and Javanmardian, "Scaling AI like a tech native: The CEO's role," McKinsey.com (2021年10月13日)

https://www.mckinsey.com/capabilities/quantumblack/our-insights/scaling-ai-like-a-tech-native-the-ceos-role.

さあ、はじめよう！
CHAPTER 4の振り返りと実行準備

　以下の問いを手掛かりに検討することで、自社にとって最適な取り組みが明らかになってくる。

・クラウドネイティブの人材を惹きつけ、意欲を向上させるようなテクノロジー環境を持っているか？

・デジタルソリューションの更新版を開発し、顧客・ユーザーに直接リリースすることができるポッドはいくつ存在するか？

・リリースサイクルの時間・期間はどの程度か（また、その時間は正確に測定できているか）？

・ソリューションを迅速に構築するだけでなく、適切にかつ責任を持って構築しているといえるか？

・成功のために必要な新機能と投資の比率はどれくらいであり、その比率を実現するプロセスは存在するか？

・エンジニアリング開発のうち、継続的インテグレーション・継続的デプロイメント（CI/CD）のアプローチを適用している割合は？

・クラウド上で行っている業務量の実際の割合、および目標としている割合は？

・セキュリティ機能は、開発プロセスにどのくらい統合されており、また自動化されているか？

・現在、本番環境にある AI/ML モデルは適切に調整されているか？　それをどのように確認しているか？

● 日本語版補記

日本企業における負のIT遺産の整理と IT部門改革の重要性

松本拓也（マッキンゼー・デジタル）

CHAPTER 4では、DXを成功させるためのIT基盤の変革手法について、具体的な手順が示されている。しかしながら、これらの手順を実行する際、多くの日本企業がまず直面するのは、過去に構築された負のIT遺産だ。本コラムでは、日本特有の負のIT遺産が生まれた原因について、歴史を振り返りながら、この課題にどう立ち向かうべきかについて考察したい。

● 日本におけるIT軽視の歴史：失われた30年

日本企業で実に多く見かける構造は、IT関連課題の多くがIT部門へ丸投げされ、それを「丸受け」したIT部門は、その課題をさらにITベンダーへ丸投げしている状態である。こうした企業の共通点は、IT部門がプロフィットセンター（利益を生む部門）ではなく、コストセンター（コストだけが集計される部門）として扱われ、バックオフィス機能の一部とされている状態だ。コストセンターである以上、IT部門の毎年の目標は、いかにしてITコストを下げるか、という課題が最も重要視され、企業の成長ドライバーとしては期待されていない。

日本企業において、ITが重視されてこなかった歴史は1995年までさかのぼる。次の図表は、その時から現在に至るまでの年間IT予算の推移を示したグラフだ。これを見ると明らかだが、驚くべきことに、日本のIT投資は過去25年間で増えていないどころか、減少しているのだ。

日本企業とは対照的に、欧米企業は長期にわたりIT投資を大幅に増加させてきた。ITがもたらすイノベーションの可能性とインパクトの大きさにいち早く気づき、大きく舵を切ったからだ。欧米企業にとってDXは突然発生したブームではなく、過去25年にわたってITに対して多額の投資を行い、刷新され

てきた延長線上にある、いわば起きるべくして起きたイノベーションなのである。

　それでは、なぜ日本だけがITを軽視してきたのか？　その要因について過去を振り返ってみよう。

　まず、90年代後半に「ITバブル」が起きる。ITバブルは全世界に影響を与えたが、日本においては90年代前半に起きた「金融バブル崩壊」の傷が癒えない中、ライブドア事件など新興IT企業の不祥事も相まって、「バブル」というネガティブなキーワードを含む「ITバブル」に対して一過性のブームという独自の解釈がなされた。その結果、ITに対しての保守的な過剰反応をもたらした。欧米企業がITバブル後も失敗を糧にして、たくましくインターネットの進化に関する技術革新を次々と起こしていく中、日本だけが取り残され始めるきっかけとなったのだ。

　次の2000年代前半に起きたのは、ERPシステム導入による業務変革ブームである。業務を再設計し、標準化と効率化を図るERPシステムは、製造業を中心

図表● 過去25年にわたり日本のITは企業変革のイネーブラーではなくコストセンターとして捉えられてきた

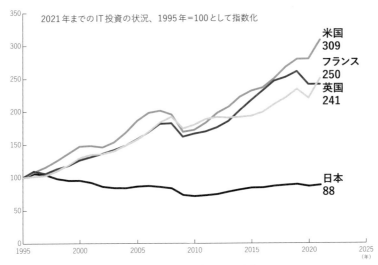

2021年までのIT投資の状況、1995年＝100として指数化

米国 309
フランス 250
英国 241
日本 88

資料：OECD Stat 8A. Capital formation by activity ISIC、情報通信白書、McKinsey分析
出所：マッキンゼー・アンド・カンパニー

に世界中の企業がこぞって導入を進めた。その結果、欧米企業は筋肉質な体制を構築し、大きな効果を刈り取った一方で、日本企業においては、生産効率を上げることは雇用問題に直結し得るため、経営上大きなテーマとなることはなかった。そうして、ERPシステムを導入すること自体が目的化してしまったのである。すなわち、現状のオペレーションは標準化せず、多額のコストを投じてERPシステムを大幅にカスタマイズし、ERPシステムの方を現行業務に合わせるといった、本末転倒なシステム構築が横行してしまった。

さらに2000年代後半にリーマンショックが世界を襲う。この世界的な不況下で加速したのは、IT関連作業のオフショア化（海外の企業に業務の一部を委託・移管すること）とそれに続くクラウドシフトだ。その結果、ITの効率化と技術革新を享受すべく、欧米企業では相次いで基盤刷新が行われた。一方の日本企業は、言語的なコミュニケーションの問題でオフショア化は十分に進まず、クラウド化については現在に至っても移行コストやセキュリティに対する保守的な姿勢から、他国に比べて進んでいない。

以上のように、ITの25年の歴史について日本と海外とを比較しながら述べてきたが、賢明な読者はあることに気づいたのではないだろうか。そう、この25年はいわゆる「日本の失われた30年」とほぼ符合するのである。一人当たりGDPや平均賃金が横ばいする状態が30年続き、国際競争力が低下し続けてきたことの要因の一つとして、海外を席捲するようなイノベーションが日本で生まれていなかったことが挙げられる。他方、海外ではITを基盤としたイノベーションが次々に生まれた。この事実と、IT投資の規模の小ささ、すなわちITが軽視されてきたこととの因果関係は非常に強いと考えられる。

●日本企業のDX成功に向けた最大の課題はITの刷新

DX時代が到来した今、30年ぶりにITに光が当たっている。DXを成功させるには、ITとして保管されてきた企業データの活用が不可欠である。しかしながら、データの重要性を再認識し、データを活用しようとしても、IT環境が古いため、データを取り出すのに有効な仕組みを作れないという問題に直面することになる。その結果、PoCでは成功したはずの多くのDXユースケースが頓挫している。頓挫するのは当然である。たとえるなら、30年間開けていなかった蔵を開けてみても、どこに何があるかが分からず、まずは整理することから始めざるを得ないというようなことである。

欧米以外に目を向けると、かつての経済的な開発途上国がDXの恩恵を受け

て、先進国をしのぐ勢いで急成長している。いわゆるリープフロッグだ。日本が30年の遅れを取り戻すためには、最先端の成功事例を吸収し、同様にリープフロッグすればよいのだが、そこには過去に築いた負のIT遺産が足かせとなり、飛び立つことを阻んでいる。グリーンフィールド上に最適なDXを構想できるそれらの国と比べても、日本が背負うハンディキャップは大きい。事実、2023年のIMD（スイスに拠点を置くビジネススクール・国際経営開発研究所）の世界競争力ランキングでも、日本企業・政府はデータ活用の項目で、調査対象の全64カ国中、最下位という極めて厳しい結果となっている。

　本書を手に取った経営者や経営幹部の方たちには、まずはこうした現状を直視していただきたい。そして、多くの日本企業が、結果としてではあるが、ITの重要性に対する判断を過去に見誤ってしまった歴史を十分に理解していただきたい。そのうえで、データを活用しDXを成功に導くには、IT環境の刷新と整備が不可欠であることも認識する必要がある。国内企業の中にも、ITに関して周囲と正反対の判断をし、DXを成功に導いた企業は多数存在する。例えば、創業以来、高成長を続けているニトリでは、20年も前からデータ活用の完全内製化を進めてきた。また、2022年に経済産業省のDX銘柄グランプリに輝いたニチガスは、2011年に早くもシステムのフルクラウド化を実現している（詳しくはCHAPTER 7 日本語版補記を参照）。改めて述べるべくもなく、DXは他社との競争に勝ち抜くための企業変革である。同業他社におけるDXやIT推進状況や投資規模を横目で見て判断することや、ITベンダーが提案するモデル化されたソリューションを言われるがまま採用するだけでは、DXで勝ち残ることはできないのだ。

　これまで述べたように、IT環境を刷新するには、30年間放置された負のIT遺産を整理し、IT部門を改革するという、複雑な課題に対処する必要がある。そのためには、長期的かつ戦略的なアプローチが求められる。IT戦略を描き、プランに落とし込み、それを実行するためには、経営者や経営幹部は課題をCIOやIT部門に丸投げにせず、自らが先頭に立ち判断しなければならない。そして適切な判断をするためには、自分自身に最低限のITリテラシーを備えることが必須である。現在、政府からデジタル能力のリスキリングの必要性が叫ばれているが、リスキリングが必要なのは何も現場社員に限ったことではない。むしろ、これまでITに触れてこなかった経営者や経営幹部こそ、デジタル時代にマッチさせるためのリスキリングが必要ではないだろうか。

あらゆる場所に
データを浸透させる

組織全体でデータの利用を容易にするための取り組み

伝統的企業において、データはしばしば不満の原因となっている。我々の経験では、AIをベースとしたソリューション開発のうち、最大70%がデータの整理や統合に費やされていた。これらの問題の多くはレガシーかつサイロ化したシステムに起因するため、データを簡単に利用、再利用するための「データアーキテクチャの構築」が不可欠である。これを怠ると、大規模な変革が難しくなる。データを整備するゴールは、きれいに整理され、関連性が高く、利用可能なデータを手に入れることで、アジャイルなポッドが優れた判断を下し、データを活用したより良いソリューションを構築することである。

このゴールを達成するために中心的な役割を果たすのがデータプロダクトだ。これは、チームやアプリケーションを問わず組織全体で容易に利用可能な、集約およびパッケージ化されたデータ要素のセットである[1]。

必要なデータプロダクトとそれらが含むべきデータ要素は何か？最初のステップはいつもこの問いから始めるべきだ。答えは、DXロードマップにあるもっとも価値の高いデータである。

データプロダクトの開発を簡素化するため、トップ企業は、データの取得からその利用までが効率的に「流れる」ような、しっかりしたデータ構造を導入している。また、トップ企業はフェデレーション型のデータガバナンスモデルを用い、リーダーがデータとプロダクトに対してスポンサーの役割を果たしている。CHAPTER 5では、データを競争優位性に変える方法をご紹介していこう[2]。

SECTION 5-1 データの重要性を判断する

どのような価値を創造するか、をもとに修正の必要なデータドメインを評価し、それを効果的に利用可能なレベルまで向上させる計画を策定する。

SECTION 5-2 データプロダクト：スケーリングのための再利用可能な要素

データをプロダクトのように管理することで、データへの投資から短期および長期的な価値を実現する。専任のチームがこうしたデータプロダクトをどのポッドでも安全に利用できるようにする。

SECTION 5-3 データアーキテクチャ、またはデータ「パイプ」のシ
ステム

ターゲットとなるデータアーキテクチャを構築することで、組織の
BI（ビジネスインテリジェンス）とAI（人工知能）両方のニーズを解決する。複
雑な開発を簡素化するため、既存のアーキテクチャを参考にする。

SECTION 5-4 データから最大の価値を引き出す組織とは

データの品質を継続的に改善できるよう、データガバナンスを明確
にし、適切なデータ人材とツールを確保する。

参考

1. Veeral Desai, Tim Fountaine, and Kayvaun Rowshankish, "How to unlock the
   full value of data? Manage it like a product," McKinsey.com（2022年6月14日）
   https://www.mckinsey.com/capabilities/quantumblack/our-insights/how-to-
   unlock-the-full-value-of-data-manage-it-like-a-product.
2. Veeral Desai, Tim Fountaine, and Kaybaun Rowshankish, "A better way to put
   your data to work," *Harvard Business Review*（2022年7～8月）
   https://hbr.org/2022/07/a-better-way-to-put-your-data-to-work.
   "The data driven enterprise of 2025: Seven characteristics that define this new
   data-driven enterprise," McKinsey.com（2022年1月28日）
   https://www.mckinsey.com/capabilities/quantumblack/our-insights/the-data-
   driven-enterprise-of-2025?linkId=150307929.

SECTION 5-1 | データの重要性を判断する

「データを手に入れる前に理論を立てることは、
　大きな過ちである」
　　──シャーロック・ホームズ（小説の探偵）

　データ戦略では、ビジネスの優先事項を実現するために必要なデータと、それを用意する方法を定義する。その戦略により、データを整理し、簡単に利用可能にするための計画ができあがる。

◉ データの特定と優先順位づけ

　まずは、DXロードマップにあるソリューションと基礎的なユースケースを実現するため、どのようなデータが必要か特定することから始めよう。ただし、DXロードマップのみでは粗い粒度での特定になりがちなため、それらをより詳細なニーズに落とし込む必要がある。

● 主な用語の定義

- **データ要素**：一意の意味を持つ情報の基本単位（例：顧客名、顧客住所、製品名、日付など）
- **データドメイン**：関連するデータの概念的なグループ。データガバナンスとデータアーキテクチャを整理するために使用される
- **データプロダクト**：組織全体が簡単に取得でき、高品質ですぐに利用可能なデータのセット。データドメインの一

図表5-1.1 ◉ ビジネスドメインからデータ要素へ
──保険会社の例

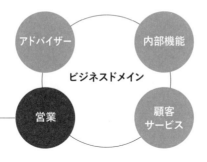

■ソリューション、
ユースケース、
関連データのニーズ例

アドバイザー　　内部機能

ビジネスドメイン

営業　　顧客
サービス

ソリューション	ユースケース	データドメイン	データ要素
アセット保護のサポート	デジタルポッド	災害安全データ	NOAA ハリケーンリスク指数（米国郡別）
付加価値サービスの提案	カバレッジの最適化サポート	資産市場データ	USGS 地震リスク指数（米国郡別）
マイクロポリシーとサービスの有効化	財産保護に関するアドバイス	詳細資料	FEMA（連邦緊急事態管理庁）の場所別土砂災害確率
緊急時に向けた対策サポート	リスクトラッカー	全体アセットと実績	不動産価格データ
アカウントとポリシーの管理サポート	ライフイベントに向けた準備	カスタマーのデジタルフットプリント	不動産購入履歴
	付加価値サービスアドバイザー	外部カスタマー属性	近隣指数
	Fee-for-serviceアドバイザー	被保険者数と人口統計	自動車市場価値データ
	マイクロポリシーの提案	保険のプリファレンス	
	総合サービスアドバイザー	交流チャネル	
	資産保護のヒント		
	迅速なコミュニケーション		

部分

　ほとんどの場合、最初の段階では必要以上のデータが存在する。DXロードマップの実現における重要性、またはリスクや規制要件といった考慮事項に基づいて、データドメインに優先順位をつけていく必要がある。

　加えて、データドメインにあるデータ要素においても、優先順位を特定すべきである。例えば、顧客データドメイン内には、顧客名、住所、クレジットカード番号など、数百から数千のデータ要素があるだろう。ユースケースを達成するための最も重要な要素を特定し（一般的には、すべてのデータ要素のうち約10〜15％）、リソースの大部分を集中させるべきである。

　例えば、財産保護の助言サービスを検討していた米国の保険会社では、この優先順位づけのプロセスを経て、災害リスクのデータ（例：米国海洋大気庁、米国地質調査所、連邦緊急事態管理庁からのデータ）や、物件価格の値動き、購入履歴、近隣指数などの資産市場データに集中する結論を導き出した（図表5-1.1）。

●データの完成度の評価

　ソリューションに必要なデータの品質が低いことは珍しくないだろう。品質の低いデータはDXをむしばむ、典型的な「ごみを入れればごみしか出てこない問題（ガベージ・イン、ガベージ・アウト）」が生じる。データを修正または整理する前に、データを徹底的に評価し（「データ検証」とも呼ばれる）、どこに病巣があるかを特定する必要がある。データ品質を評価する9つの基準は、図表5-1.2に示されている通りである。

　データをこれらの基準に基づいて評価する際、それぞれのデータ要素に対して3つのステップが含まれる。まず、データの既知および将来のビジネスニーズを考慮して、データ品質ルールを定義する。例えば、「顧客の住所」というデータ要素を考えると、多くのB2C組織で関連するルールは「顧客の住所が正確である」ということになる。

　次に、それぞれのルールに対してビジネスニーズを満たす指標を設定する。例えば、「顧客の住所が正確である」というルールにおいて

図表5-1.2 ●データ品質を評価する9つの基準

❶精度	ソースとデータの一致度合い
❷適時性	データがリフレッシュされるまでの所要時間、および値が変化した際にシステムが許容できるタイムラグの長さ
❸整合性	同一のデータの場合、保存場所や表示画面にかかわらず、同じ値を持っているか
❹完全性	適切なフィールドに、求められている広さ、深さ、履歴情報を満たすデータが、どの程度入力されているか
❺一意性	データが一つの場所に一意に保存されると共に、1人のカスタマーに対して一意の値で紐づいているか
❻一貫性	データの定義が時を経ても一貫しており、過去のデータと同様のコンテクストになっているか
❼可用性	現在および過去のデータのうち分析に利用可能なデータの割合
❽セキュリティ	どれほどデータが安全に保管され、アクセス制限の対象であり、トラブル発生時に復元可能か
❾解釈可能性	容易に理解可能なデータの明確な定義があるか

指標とする正確性は95%以上とする、などがあるだろう。会社が顧客に商品を発送する場合は高い正確性が求められるが、デジタルサービスを提供している場合はその限りではない。対象範囲の指標のみに変更を加えることで、基礎となるデータガバナンスを維持すべきである。

　最後に、データの品質を測定し、定義されたルールに対するパフォーマンスをまとめる。ほとんどの企業はソフトウェアパッケージ(例：Talend Open Studio、Ataccama ONE、Informatica Data Quality)をパフォーマンスの測定や広範にわたる品質問題の特定に役立てている。ソフトウェアの有無に関係なく、データ品質のルールと指標を定義するプロセスは非常に重要である。

　これらのステップを適切に実行することで、不正確な値による誤った演算結果や、組織間で異なるデータ定義に起因する誤ったデータ利用、データ統合の遅延による報告遅れなど、様々な問題を発見できる。

　このプロセスにおいて企業が直面する最大の問題の一つは、データ品質の評価と向上の取り組みに膨大な時間と費用がかかることがあるという点だろう(とはいえ、これらをサポートするためのAIツールも登場してきている)。

このため、優先度の高いユースケースにおける最も重要なデータに集中することが肝要である。例えば、図表5-1.1で紹介した保険会社では、3カ月以内のデータに対しては容易に利用可能な状態であることや、厳格なプライバシーおよび機密性の要件を満たすことが求められるが、100%の正確性は求められない。また、別の不動産会社であれば、データの最新性を重要視する一方、地域はニューヨークとロサンゼルスの市場に限られる。

完璧とはいえなくとも、適切なデータ量が整っており、会社として創出したい価値が明確であれば、最低限の実用的な製品の開発（MVP）は成功しうる。さらに、多くの企業は、TalendやTrillium Quality、Sypherlink、Syncsort、AI4DQ[1]などの機械学習やAIツールを利用して既存のデータをクリーニングしている。ただし、各地域で統一されたレポーティングを行う事を目的として、地域間の製品ヒエラルキーを整合させる場合など、一部の問題は手作業が必要となる。

ほとんどの場合、データの充実化というプロセスを通じてデータの品質や種類を改善することができる。外部からのデータ取得や新規データソースの追加（例：センサーやウェブサイト）など、複数のチャネルを活用してデータを改善することができる。データの充実化は継続的なものであり、ビジネスリーダーは時間をかけてデータアセットを改善する計画を共有し、それに必要な投資を行うべきである。この報告を年次計画の一部とすることも良いアイデアだ。

●データロードマップの作成

データの優先順位とその利用可否が十分に理解できたら、次のステップはデータロードマップを作成することだ。これは、DXロードマップで特定されたソリューションをデータ面からサポートするために必要な作業の順序を計画するものである。

我々の経験に基づくと、次の3つのレベルで同時に作業を進めるのが良いだろう。

・**レベル1**：優先すべきデータ要素を確保し、そのデータの利用経路の構築を担当するデータポッドの作成（次の SECTION で詳細説明）
・**レベル2**：優先すべきデータドメインにサービスを提供するデータ

パイプとストレージを構築（「SECTION 5-3」参照）
・**レベル3**：余分なデータのクリーニングと加工を抑え、今後のデータを正しく取得するための健全なデータガバナンス基盤を構築（「SECTION 5-4」参照）

参考
1. AI4DQはQuantumBlack AI by McKinseyの製品

SECTION 5-2 データプロダクト：スケーリングのための再利用可能な要素

「データは貴重なものであり、
　システム自体よりも長持ちする」
——ティム・バーナーズ＝リー
（コンピューター技術者、WWW（World Wide Web）の考案者）

データへの投資から短期的および長期的な価値を実現するためには、データを消費者が利用する商品のように管理することが必要である。データプロダクトは、高品質ですぐに利用可能な形式であり、組織全体で人々やシステムが簡単にアクセスし、様々なビジネスの課題に適用することができる。例えば、データプロダクトは、顧客、従業員、生産ライン、または支店などの重要な要素に対して、網羅的な360度の視点を提供できる。近年テクノロジーが進化しているデータプロダクトの領域は、実世界の物体の動きを複製するデジタルツインの核となる部分である。

COLUMN ｜ コラム

デジタルツインについて：

デジタルツインは、物理的な資産、人、またはプロセスの仮想的な表現といえる。埋め込み式のセンサーやIoTデバイスによって生成される豊富なデータ、ポータブルデバイス、そして自己学習を行うAIモデルによって推進されるデジタルツイン技術は、DXの重要な要素となりつつある。
デジタルツインは、エミュレータとシミュレータに分かれ

る。エミュレータは、別々のデータセットを統合して実世界のシステムを再現するデータプロダクトで、大規模なデータを取得、保存、再現する能力がある（例：ネットワークオペレーションにおける切断の監視、生産ライン上のボトルネック特定など）。一方、シミュレータはソフトウェアとしての役割を果たし、例えば企業が物流網を基に在庫量を調整する、エンジンの設計を変更するなど、「もしも」のシナリオを試すことができる。

最も成熟したデータドリブンな組織はこれらの2つの要素を組み合わせ、警告、解析、予測、そして継続的に自己学習を行うデジタルツインの開発に着手している。この手法によりデータ量が増加し、さらなるシミュレーションやユースケースを可能にすることで、様々なビジネス課題を高いROIで解決できるようになる。

既にデジタルツインの成功例も登場してきている。典型的な例として、企業やそのシステムが収集するような顧客に関する詳細かつ網羅的な情報網がある。例えば、オンラインと店舗での購入行動、人口統計情報、支払い方法、顧客サービスなどが挙げられる。デジタルツインを利用したAIのユースケースには、顧客の離脱傾向モデルや顧客が購入する可能性のある商品の予測などが該当する。

あるいは、デジタルツインは実世界の資産やプロセス（例えば、工場の生産ライン全体や重要な機械の一部）の動作をコピーし、設備の非稼働状態や製品の組み立てにかかる平均時間に関する情報を生成することができる。AIのユースケースでは、保守作業の予測やプロセスの自動化および最適化などがあるだろう。

デジタルツインの試みを成功させるには、多様な専門家から構成されるアジャイルなチームが必要だ。データサイエンティスト、エンジニア、デザイナー、開発者、そして特定ドメインの専門家が一丸となり、具体的なソリューションを実現する必要がある[1]。

これは、企業がデータについてどのように考え、管理していくかの

図表5-2.1 ● 多くの組織で続くレガシーのデータセットアップは複雑で非効率的

バッチおよびリアルタイム配信用に設計されたデータパイプラインは**断片的で重複している**
ユースケースごとに異なるテクノロジーが使用され、**費用と複雑さが増している**

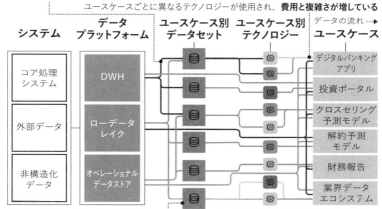

カスタマーなどの各ドメインのデータは、ユースケースごとに作り直されるため効率が悪く、**品質、定義、形式が異なる**

資料：Veeral Desai, Tim Fountaine, and Kayvaun Rowshankish, "A Better Way to Put Your Data to Work," *Harvard Business Review*（2022年7月～8月）

図表5-2.2 ● データプロダクトのアプローチによって標準化が進むと、時間とコストの節約に繋がる

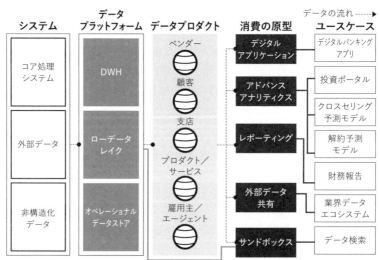

資料：Veeral Desai, Tim Fountaine, and Kayvaun Rowshankish, "A Better Way to Put Your Data to Work," *Harvard Business Review*（2022年7月～8月）

根本的なシフトを示している（図表5-2.1および5-2.2）。

　このように、データプロダクトはスケールにおける隠し味といえる。このアプローチの利点は大きく、新しいユースケースを最大90%速く実現することが可能だ。また、テクノロジー、開発、および維持を含むすべてのコストを30%減少することができる。加えて、リスクとデータガバナンスの負担を大幅に削減できる。

　データプロダクトは、デジタルアプリや帳票システムなどの様々なシステムがデータを「消費」するために必要な動線を組み込んでいる。それぞれのシステムは、データがどのように保存、処理、および管理されるかの要件を有しており、「消費の原型」と呼ばれる。

COLUMN ｜ コラム

データプロダクトの例

　通信業界における網羅的な情報を表すデータプロダクトは、ネットワークセンサーのデータ（例：電波塔、家屋、またはファイバーからのデータ）と記述データ（例：ネットワーク要素の仕様、または消費者とコストのデータ）を取り込み、仮想的にネットワーク全体を再現することが可能だ。これにより、例えばネットワークがダウンした場合、顧客体験にどのような影響があるかを評価し、それを軽減するためにネットワークのポイントを特定する。これにより、インフラオペレーションおよび顧客体験のユースケース再現が可能になる。

　例えば、環境・社会・ガバナンス（ESG）にフォーカスしたデータプロダクトであれば、炭素集約度、外部のESG評価、およびポートフォリオのデータなどを組み合わせて、特定の資産への投資を評価することができる。これにより、アセットマネージャーは、現在および将来の投資がどれほどESGに適しているかを計算し、データプロダクトは社外へのコミットメント（例：ネットゼロ）を達成するために必要なアクションを提案できる。

図表5-2.3 ● データプロダクトの消費の原型

消費の原型	必要条件	使用例
デジタルアプリケーション	特定のデータをクリーニングし、決められたフォーマットと頻度で保存する（例：GPSやセンサーから収集したデータにリアルタイムでアクセスが可能）	マーケティング動向調査アプリまたは車両追跡アプリ
アドバンスドアナリティクスシステム	クリーニングされ、かつ一定の頻度で連携されたデータを加工し、機械学習やAIによる処理を可能にする	シミュレーションと最適化エンジン
レポーティングシステム	定義が明確で、厳格に管理されたデータ（品質、セキュリティ、変更）を集計し、監査時の形式に沿うフォーマットで可視化する	運用または規制コンプライアンスダッシュボード
サンドボックス	ローデータと集計データを組み合わせる	新しいユースケースを探すために都度行う分析
外部データ共有システム	データの所在、管理および保護プロセスに関する厳格な方針および規制を遵守する	詐欺に関するインサイトを共有する銀行システム

資料：Veeral Desai, Tim Fountaine, and Kayvaun Rowshankish, "A Better Way to Put Your Data to Work," *Harvard Business Review*（2022年7月〜8月）

　ロードマップに無数のユースケースを持っていても、データは基本的に我々が「消費の原型」と呼ぶ5つの方法のいずれかで消費される（図表5-2.3参照）。一つ以上の「消費の原型」に対応するデータプロダクトは、類似の型を持つ他のアプリケーションに簡単に適用可能だ。

　すべてのデータ要素をデータプロダクトに組み込む必要はない。数あるユースケースの中で広く利用されるものにのみ集中しよう。例えば、顧客情報を網羅的に管理するデータプロダクトでは、顧客が所有する建物のロケーションに関する情報が安全リスクの評価に必要かもしれない。しかし、このような情報は他のソリューションでは役に立たないだろう。こうした場合、データ元のシステムからデータを直接取得するか、専用のデータ伝達手段を構築するほうがよい。データプロダクトの構築には投資が必要不可欠である。何に投資を集中させるか注意深く選択する必要がある。

⊙価値を生み出すデータプロダクトの特定

　データプロダクトを構築することは、DXにとって必要不可欠な要件である。企業が構築できるデータプロダクトの種類は多岐にわたるが、費用と時間がかかる。CHAPTER 4で説明した通り、ニーズに合わせた開発が非常に重要となる。多くの場合、企業はこのプロセスを軽視し、必要なデータセットを見誤ったり、正確性に欠ける要件に陥ったりしてしまう。何億も投資してデータを購入したり、大規模なチームが数カ月もの時間を費やしたりしても、実際には大した価値を生み出さないことが多々ある。

　詰まるところ、特定のデータプロダクトのビジネスニーズを理解するということは、以下の質問に答えることに帰結する。

・そのデータプロダクトはユニークか？　組織やマーケットに同じようなデータが既に存在しないか？

・プロダクトは、それを最終的に利用する人々やシステムに強く関連しているか？　例えば不動産の場合、企業が特定の市場に関する良質なデータを持っているが、それらのデータはマーケティングチームや顧客が関心を持っていない特定の市場に限られている場合がある。

・「良い」とされるものはどのようなものか？　最低限の品質基準について明確になっているか？　例えば、不動産のデータには、優先的なマーケットに対しては1カ月以内のデータを持つことが重要だが、他のマーケットではそのようなデータは必要ないかもしれない。同様に、データの正確性を定義することが重要だ。先ほどの不動産の例であれば、必要なデータは地域一帯、近隣、または郵便番号レベルのどれか？

・このデータプロダクトはどれくらいのユースケースに対応しており、そのケースの価値はどのくらいか？　データプロダクトは複数のケースに対応するように設計されている必要がある。多くの企業にとって、マーケティング、セールス、R&Dなど複数のチームがそれぞれの製品やソリューションを開発するために利用するCRM製品であったりする。

　このプロセスの目的は、選択肢を絞り込み、ユニークで価値のある共有可能なデータ要素を特定することである。これが整って初めて、企業は実際に構築するデータプロダクトのターゲットを設定し、構築するための計画を立て、適した人材を必要な数、配置することができる。

● データプロダクトポッドの立ち上げ

　データプロダクトには専用のポッドと資金が必要になる。各データプロダクトはデータプロダクトオーナーと組織横断的なポッドで構成され、資金提供を受けながら、製品を構築・改善し、新しいユースケースを実現する。データプロダクトオーナーは、方向性の定義、組織やクライアントの機会とニーズの理解、投資価値の最適化、ロードマップに対する開発をリード、依存関係を管理、成功を評価するといった、多くの責任を負う。

　ポッドは、データの性質やプロダクトの方針に基づいて、4人から8人の特定のスキルセットを持った人材で構成される（図表5-2.4参照）。ユーザーの視点（フィードバックを含む）を提供するために、ビジネス側の人々をポッドに取り入れるのがベストだろう。これは、品質を改善し、新しいユースケースを特定するのに役立つ。また、法的、あるいは社会的な観点からも責任あるプロダクトを開発するために、法務、コンプライアンス、リスクの専門家を取り入れることも勧めたい。

　オペレーティングモデルの構築において、データポッドは顧客・ユーザー向けサービスを提供するため、しばしばデータプラットフォームの一部として存在する（プラットフォームについては「SECTION 3-2」で詳しく説明）。

　最高データ責任者（CDO）は、ポッドがデータの出所を文書化し、利用状況を監査し、品質を測定する標準的な手法とベストプラクティスを確立する必要がある。この標準的な手法はデータプロダクト全体で再利用できるよう、必要なテクノロジーがどの消費の型に当てはまるかも視野に入れるべきだろう。このような取り組みやパターンの立ち上げには、センターオブエクセレンス（CoE）が役立つ。

　プロダクトがエンドユーザーのニーズを満たし、継続的に改善され

図表5-2.4 ◉ データプロダクトを開発するポッドの例

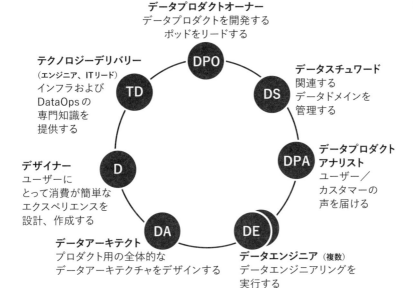

データプロダクトオーナー
データプロダクトを開発する
ポッドをリードする

テクノロジーデリバリー
（エンジニア、ITリード）
インフラおよび
DataOps の
専門知識を
提供する

データスチュワード
関連する
データドメインを
管理する

デザイナー
ユーザーに
とって消費が簡単な
エクスペリエンスを
設計、作成する

**データプロダクト
アナリスト**
ユーザー／
カスタマーの
声を届ける

データアーキテクト
プロダクト用の全体的な
データアーキテクチャをデザインする

データエンジニア（複数）
データエンジニアリングを
実行する

DPO / TD / DS / D / DPA / DA / DE

ていることを確認するために、データプロダクトチームの生み出した
価値を評価することも忘れてはいけない。関連する指標には、特定の
プロダクトの月間ユーザー数、製品が組織全体で再利用された回数、
ユーザー調査に基づく満足度スコア、実現したユースケースの投資収
益率などが含まれるだろう。

　品質問題がエンドユーザーの信頼と利用に影響しうるため、データ
プロダクトチームはデータの定義（例えば、顧客データの定義が現在の顧客に限
定されているのか、現在と過去の顧客の両方を含むのか）や可用性、それぞれのケ
ースに対する適切なガバナンスを満たすアクセス制御を厳密に管理す
る必要がある。また、データの整合性を確認するため、データのソー
スとなるシステムを所有するデータスチュワードと緊密に連携してい
る（「SECTION 5-4」参照）。

◉ データプロダクトの開発

　データプロダクトの開発プロセスは反復的で、ポッドはプロダクト

図表5-2.5 ● データプロダクトの開発アプローチ
──データプロダクトのレシピ"6S"の例

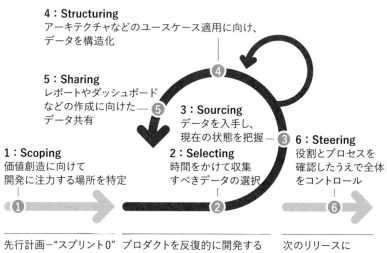

4：Structuring
アーキテクチャなどのユースケース適用に向け、
データを構造化

5：Sharing
レポートやダッシュボード
などの作成に向けた
データ共有

3：Sourcing
データを入手し、
現在の状態を把握

1：Scoping
価値創造に向けて
開発に注力する場所を特定

2：Selecting
時間をかけて収集
すべきデータの選択

6：Steering
役割とプロセスを
確認したうえで全体
をコントロール

先行計画－"スプリント0"
プロダクトバックログの
作成

プロダクトを反復的に開発する
アジャイルスプリント

次のリリースに
向けた計画の作成

が使えるようになるまで継続的にテストしていく。通常、データプロダクトのMVPバージョンを構築するのには3〜6カ月かかり、この時点から、チームは社内外のユーザーフィードバックに基づき、繰り返し品質を向上させていく。

　最高の品質を求めるのであれば、データプロダクトのポッドは、データの要件を定義し、使用するデータを定め、それを処理しやすい状態にする。そして取得したデータを潜在的な消費の原型を通じて共有する、という反復的なプロセスを行う。例えば、データプロダクトはAPIを提供して簡単なアクセスおよび利用を可能にし、中心的なオペレーションシステムとの直接統合に役立てることができる。また、ビジネスの意思決定を手助けする組み込み分析を備えたダイナミックダッシュボードも実現できるだろう。図表5-2.5と以下の例を参照し、データプロダクトを開発するためのベストプラクティスである6つのステップを確認してほしい。

CASE EXAMPLE ｜ 事例

クレジットカード会社が顧客情報の「単一の情報源（SSOT）」を開発

　国際的な大手クレジットカード発行会社は、顧客データを管理するために200近くのシステムを運用し、システム毎に平均で年間30万ドルもの維持費がかかっていた。さらに悪いことに、システムの普及により、リスク等の要因を評価するために必要となる顧客データの「単一の情報源」がないとして、規制当局から指摘を受けていた。

　この問題に対処するため、同社はユースケースをデータプロダクトにマッピングし、それぞれに価値を割り当てた。この方法で、彼らは顧客データプロダクト（例：Customer 360、Merchant 360）を8つ開発し、既存のシステムを保守する新しい方法を発見するなどの利点を発見した。同社は共有資産の集合体（例：データレイク、データカタログ、分析コードの共有リポジトリ）を構築することで、システムのメンテナンスコストを抑え、新機能のリリースを早めたり、コンプライアンス対応を簡便化した。顧客データを整理することで、ビジネスのあらゆる機能に単一の情報源からデータを提供することができるようになった。最終的に、同社はサービスの品質を向上させながら、年間約3億ドルのコストを削減したのである。

参考

1.　Joshan Cherian Abraham, Guilherme Cruz, Sebastian Cubela, Tomás Lajous, Kayvaun Rowshankish, Sanchit Tiwari, and Rodney Zemmel, "Digital twins: From one twin to the enterprise metaverse," McKinsey.com（2022年10月）https://www.mckinsey.com/capabilities/mckinsey-digital/our-insights/digital-twins-from-one-twin-to-the-enterprise-metaverse.

SECTION 5-3 データアーキテクチャ、またはデータ「パイプ」のシステム

「映画の台本は青写真である。
　悪い台本から素晴らしい映画ができることはまずない」
　──トファー・グレイス（アメリカ合衆国の俳優）

　データを水と考えるなら、データアーキテクチャは水が保存されている場所から使用される場所へと供給する「パイプ」に相当する。データアーキテクチャは、データが保存、変換、解析され、ユーザーやシステムがそれを利用する土台となる環境ともいえる。健全なデータアーキテクチャなくしては、データはしばしば数十のデータサイロ（例：旧来のコアシステム）に分散され、取り出すことが困難になってしまう。

　うまく実装されたデータアーキテクチャは、再利用可能で高品質なデータプロダクトを迅速に構築し、データを必要とするところに導くことができる。これにより、意思決定、顧客対応システムの情報収集、およびデータへのアクセスや制御の質が向上する[1]。

IN THEIR WORDS ｜ 先駆者の言葉

アジャイルを可能にするデータプラットフォーム

　「多くの企業にとって、ITを管理する従来のアプローチは、大規模なシステムプロジェクトを中心に予算を組むことだった。しかし現在では、アプリケーションはモジュール化され、よりアジャイルに開発されることの必要が認識されている。このアジャイ

ルモデルへの移行は、異なるシステムにも対応できるデータプラットフォームを持っていることで簡単になる。

　ひとたび独立したデータプラットフォームを構築すると、システムの開発をはるかにアジャイルにすることが可能だ。プラットフォームはメタデータをベースとすることで、正確なデータカタログを持つことができる。すべてのデータを保存する必要はなく、あくまでデータが適切なシステムに処理される。これにより、抽象レイヤーが形作られる。

　バックエンドやレガシーシステムからのデータ抽出は、限られた速さでしか行えないが、データの消費ははるか急速に変化している。データプラットフォームを通じて抽象レイヤーを構築することで、システム間を密結合させることなく、新しいアプリケーションを素早く展開できるようになる」

——アニル・チャクラヴァルティ

(Adobe デジタルエクスペリエンスビジネス CEO)

● データアーキテクチャの型

　モダンなデータプラットフォームの構築には、5つの典型的なデータアーキテクチャがある (図表5-3.1参照)。それぞれ、主要なクラウド・サービス・プロバイダーが提供するクラウドベースの拡張可能なストレージをベースとしているが、その上に構築されるデータベースおよびデータアクセス手法は異なる。

　データプラットフォームは、構築するAIベースのソリューションのニーズと同時に、管理帳票の作成やオペレーションの監視など、ビジネスインテリジェンス (BI) のニーズも満たすべきだろう。この二重性は、企業がデータレイクやDWHの共存を前提としたデータプラットフォームの構築方針に反映されていく。

　過去数十年間にわたり、2つの主要なデータアーキテクチャが存在している。2020年代初頭、新しい型であるLakehouse (レイクハウス) が登場した。これはBIとAIのニーズの両方を満たすデータテクノロジ

図表5-3.1 ●データアーキテクチャの原型

クラウド ネイティブ データレイク	・独立して拡張可能なオブジェクトストレージとコンピューティングを活用した集中型サーバーレスアーキテクチャ ・SQLアナリティクスと最新のAI/MLアプリケーションのための (非常に) 大規模なデータマート向けに最適化 ・機能 (DWH、リアルタイムなど) を追加するための柔軟な基盤だが、「レガシー」なアーキテクチャとの見方も
クラウド ネイティブ DWH	・拡張可能かつアジャイルなSQLドリブンのプラットフォーム ・SQLまたはUI中心のETLツール (DBT、Matillionなど) による最新のデータ変換の実装 ・大半の企業分析に必要なワークロードにおいて非常に優れたパフォーマンス ・ツールによるサポートが非常に充実しており、データユーザー、アナリスト、データエキスパートに必要なSQLスキルが豊富
レイクハウス	・データレイクとDWHの利点を、アナリティクス (BI、SQLなど) とAI/MLのユースケース向け統合プラットフォームに集約 ・オブジェクトストレージ上でACIDトランザクションをサポートする次世代ストレージテクノロジー (Delta LakeやIcebergなど) の活用 ・最も複雑なバッチデータジョブや大容量のストリーミングデータ (IoTなど) に対応 ・ツールは成熟していないが、技術革新のペースは速い
データメッシュ	・中央集権的なITとデータ機能からの根本的な脱却 ・ビジネスドメインが完全に所有するデータプロダクトにフォーカスした分散型アーキテクチャアプローチ ・データプロダクトは品質が管理され、カタログ化され、十分に実証されたデータサービスを通じてアクセス可能 ・データプロダクトは、上記で定義したデータアーキテクチャのアーキタイプのいずれかを活用して構築
データ ファブリック	・企業のデータ全体にわたって統一されたデータ環境を構築するための新たな戦略 ・ファブリックは、メタデータを通じてセキュアで統一されたデータ管理レイヤーに縫合 ・異なるデータソースとインフラストラクチャのマルチクラウドシナリオを解決 ・現在、真のデータファブリックを実現する既存のツールは存在せず、内製での開発が必要

ースタックの統一を目指すものであった。

　図表5-3.1に掲載された最後の2つの型は、データ管理分散化（データメッシュ）のトレンドと、大企業のマルチクラウド環境（データファブリック）におけるデータ管理ニーズに応えるために最近登場した。

　以下では、それぞれの型の特徴を説明する。

●クラウドネイティブデータレイク

　最もシンプルな型で、主要なクラウドプラットフォーム全体で浸透しているリファレンスアーキテクチャが利用可能である。データサイエンスの中でも特に非構造化データの取り扱いに最適で、高度な分析やAI/MLへのエントリーとして、ニーズに合わせて拡張できるシンプルなアーキテクチャになっている。

　最近までデータレイクはHadoopプラットフォームという複雑なオンプレミスに依存していたが、クラウドがゲームチェンジャーとなった。Hadoopの主要な機能は、オブジェクトストレージ（例：S3、ADLS）、Spark（例：AWS Glue、Azure Synapse Analytics）、分散クエリエンジン（例：Amazon Athena、BigQuery）など、クラウドプロバイダーによる拡張可能かつ堅牢なサービスを通じて提供される。

　一方、このアーキテクチャの欠点として、よくあるSQLヘビーなBI分析に適しておらず、エンジニアリングヘビーになりがちなことと、データが集中化される傾向にあり、組織にとってボトルネックになる可能性がある。

●クラウドネイティブDWH（例：Snowflake、Synapse、BigQuery）

　オペレーションおよび管理、もしくはカスタムの帳票出力を可能とするBIを作成するための主要なモデルである。このアーキテクチャは、テクノロジースタックを大幅に簡素化して、高度なインテリジェンスと分析機能を素早く実現してくれる。このデザインはSQLをエンジニアリングの中心に据えており、データ変換ツール（DBT）を使用して、モダンで実証済みのデータパイプラインを組み込んでいる。このアーキテクチャは、クラウドネイティブの組織やクラウドへの移行を進める大企業にとって魅力的である。

　このアーキテクチャの主な欠点は、まだ高度な分析やAI/ML開発を十分にサポートしていないことである。また、高度に複雑なデータワ

ークフローに対してSQLが最も効果的なアプローチであるとも限らない。さらにその使いやすさから、不適切な管理のもと未経験者の利用が増加することで、かえって価値の創出を遅らせる可能性がある。

●レイクハウス

データレイクとDWHの機能を単一のプラットフォームに統合したDatabricksによる革新といえよう。データレイクに比べ、特に大規模な構造化データの取り扱いにおいて大きな進化を遂げ、非構造化データの取り扱い性能 (例：ACID[2]トランザクション、リアルタイムサポート、データバージョニング、データ管理、SQL対応) が悪化することもない。

機能群が幅広く、開発と効果的なコスト管理にはかなりのエンジニアリングスキルが必要になるため、大規模なデータセット (100+GBレベル) における活用が最も経済的に折り合いがつくだろう。主要なクラウドプロバイダーやTabular (Apache Iceberg)、Onehouse (Apache Hudi)、Dremio (Arctic) に代表されるニッチなプレイヤーは、レイクハウスのアーキタイプを進化させ、これによりレイクハウスは単一ベンダーの独自設計ではない、モダンなデータアーキテクチャパターンとして確立されている。

●データメッシュ

データの分散型アプローチである。データドメインにおいて高い成熟度をもち、その爆発的な需要の対応に苦慮する大企業にとって、次の成長段階を期待させるものになる。

データメッシュのアプローチでは、ビジネスドメイン (例：マーケティングとセールス、地域オペレーション、製造工場) の直接的なコントロールの下、ITが提供するデータツールを使用して、キュレーション (収集、選別、編集) された再利用可能なデータプロダクトとして提供される。複数のドメインが独自のデータ能力を構築し、不要なデータ移動を最小限に抑えるためにデータフェデレーションツールを共通のデータサービスレイヤーとして使用し、互いにデータを共有するようになることでデータメッシュが形成される。各ドメインは自分たちのデータに責任を持つ一方、メッシュを通じてそのデータを取得する他ドメインのため、高い可用性と品質を保つ必要があることを意味する。

データレイクハウスからデータメッシュへの移行の決定は、データ

テクノロジーの選択よりもデータのオペレーティングモデルと関係が深い。データとIT能力が極めて集約され、データの成熟度と所有意識が低いほとんどの組織にとって、データメッシュの構築はよい選択ではない。しかしデータメッシュは0か100かの選択ではない。大企業はハイブリッドモデルでのオペレーションに利点を見出すかもしれない。最も成熟したドメインは、データメッシュモデルを採用し、データを所有し、ニーズを満たすデータプロダクトを構築する。一方、成熟度の低いドメインは中央集約型のデータ知識を活用するだろう。

● データファブリック

近代的かつ集中型のデータアプローチであり、データメッシュが「陽」であれば、これは「陰」といえるだろう。データファブリックを区別するのは、不要なデータ移動なしにソースからファブリックに仮想的に接続することで実現される、高速かつコストの低い統合である。これは、マルチクラウド環境でシステムを運用する大企業が直面する課題を解決してくれる。データファブリックのアーキタイプは大きなポテンシャルを秘めている一方、まだ大規模で複雑な組織横断のデータを自動的に結合し統合する機構が実現し始めている段階である。すなわち執筆時点では、データファブリックアーキタイプを検討するのは時期尚早といえよう。

アーキタイプの選択は、クラウドの変革とDXロードマップを考慮して行う必要がある。もし、基本となるBIアプリケーションに加えて多くのAI集中型アプリケーションを利用する場合は、データレイクハウスを検討してほしい。一方、DXロードマップが多くのBI集中型アプリケーションに偏っている場合は、クラウドベースのDWHを検討するのがよいだろう。

COLUMN ｜ コラム

クラウドvsオンプレミスのデータインフラストラクチャ

主要なパブリッククラウドプロバイダーのインフラを活用

することは、大規模なデータ機能実装の成功と低コストのオペレーションに大きく役立つ。クラウドネイティブサービスは、複雑なデータシステムの管理を必要とせず、価値を創出するユースケースに時間を費やすことができるため、チームの生産性を飛躍的に向上させる。

多くのクラウドネイティブデータ技術が、デジタルおよびAIベースのソリューションを容易に構築するために登場した。現代のクラウドベースのデータ機能を活用する試みは、かつての差別化要因であったテクノロジーがもう手の届く範囲にあることで、格段と容易になっている。

一部の組織はオンプレミスまたはオンプレミスとクラウドのハイブリッドモデルを構築しているが、この決定の背景には通常2つの問題がある。機密性の高いデータやクリティカルなビジネスドメインをクラウド化すべきかという懸念と、組織がクラウドプロバイダーの製品と同等のテクノロジーを設計および構築できるかという問いである。

クラウドプロバイダーの技術進歩に足並みを合わせるのは難しいため、オンプレミスまたはハイブリッドのアプローチは、通常、技術革新の歴史を持つ大企業によってのみ採用される。ここで注意が必要なのは、最先端のエンジニアリングスキル、データセンターの構築および維持への投資、およびこれらの投資を長期間維持するためのコミットメントが成功には不可欠であるということだ。近年のクラウドプラットフォームはより小さい投資で、繰り返しイノベーションの創発をサポートしてくれる。この均衡をとることは、イノベーションのスピードが特に速く、インフラのニーズが最も複雑であるAI領域の場合において組織が抱える悩みである。

データ能力の決定とリファレンスアーキテクチャの採用

CHAPTER 5で説明されている各アーキテクチャは、イベントスト

リーミング、DWH、データの効率的な「流れ」を実現するデータAPIなどの必要な機能を含む。図表5-3.2は下（データのソース）から上（データがどこで消費されるか）へその流れを示している。どのデータ能力が必要かはユースケースによって異なるが、共通する課題はデータアーキテクチャの構築およびオペレーションのためのデータテクノロジーが無数に存在していることだ。この分野での急速なイノベーションのペースを反映する反面、データテクノロジーの選択と統合をより複雑にしている。

　組織はしばしば、データアーキテクチャの開発を数年にわたる「ウォーターフォール」型のプロジェクトとして捉え、データレイクの構築とパイプラインからデータ消費ツールの実装までのフェーズを順に進めていくように構想している。しかしDXロードマップによってガイドされるアプローチとリファレンスアーキテクチャ（選ばれたアーキタイプにおいて動作が保証されたテクノロジーセット）を利用することで、より迅速に結果を実現することができる。

　このアプローチでは、最初にデータアーキテクトのリーダーがデータ機能のハイレベルターゲットを定め（図表5-3.2）、優先したいソリューション（BIおよびAI集中型の両方を含む）のニーズを満たすMVPの構築に焦点を当てる。このデータ機能マップは、必要なものの認識を合わせ、現在のアーキテクチャを分析する際の良いベンチマークとして役立つ。データアーキテクトのリーダーがこの評価を行うのと並行して、データ消費者、データマネージャー／管理者、および関連するテクノロジーについて知識を有するデータプロダクトおよびシステム所有者からのインプットは重要になる。

　一度必要なデータ能力構築の順序を確立すると、特定のデータテクノロジーの選定を始めることができる。そして、ここでリファレンスアーキテクチャが重要になる。一般的に、コアテクノロジーの部分は、アーキタイプとクラウド・サービス・プロバイダー（CSP）によって決定される。図表5-3.3は、AzureのDatabricksを使用して構築されたレイクハウスアーキテクチャのテクノロジーを示している。この例では、設計はDatabricksの機能を最大限に活用している。別の設計では、ベンダーロックインを最小限に抑え、コストを削減し、最先端の機能を確保するため、オープンソースソフトウェアを最大限に活用することもある。もちろん他のクラウド環境には、類似のレイクハウスアーキ

あらゆる場所にデータを浸透させる

図表5-3.2 ● データ機能

データ消費量 ↑

アナリティクス（BI&レポーティング）	アドバンスドアナリティクス	アプリケーション（オペレーションシステム）
BIとビジュアライゼーション アドホックSQL分析	DS開発環境 モデル制作環境	社内業務システム モバイルおよびウェブアプリケーション

データパイプラインのオーサリングとオーケストレーション

SQLまたはコード（Pythonなど）でデータパイプラインの構築 ロバストかつインテリジェントな方法でデータ処理をスケジュール

データサービス

データAPIエンドポイントとAPI管理（REST および／または GraphQL）
SQLエンドポイント（JDBC および／または ODBC）
パブリッシング／サブスクライブエンドポイント
リファインされたゾーンおよび／またはDSサンドボックスで最適化された分析データ（例：Parquet）
メトリクスとフィーチャーストア（例：BIとAIのための再利用可能なフィーチャーの変換、保存、提供、監視、管理）
データフェデレーションと仮想化

データとモードガバナンス

マスターデータ管理（MDM）
MLモデルガバナンス： MLOpsのためのモデルカタログ、モデルモニタリング、集中的なメタデータ
データガバナンス： カタログ、データリネージ、データクオリティ、オブザーバビリティ、DataOpsのためのメタデータの一元化

データリポジトリ

オブジェクトストレージ（構造化または非構造化）	データベース
DSサンドボックス（アナリティクス／ML用） リファインゾーン 信頼ゾーン ランディングゾーン 安価で信頼性が高く、「無限に」拡張可能なメディアに**データを保存**	**リレーショナル**（例：SQL Server、Oracle、Postgres） **NoSQL**（例：KVS、ドキュメントDB、グラフDB） **DWH**（例：BI活動や分析をサポートするための、構造化され統合されたデータのストア）

データ処理

AI／ML
MLモデルのトレーニングと最適化（分散トレーニング、最適化、GPUコンピューティングなど）

ストリーム処理
リアルタイムでのデータ変換と分析

バッチ処理
通常毎日、バッチでデータをクリーニング、変換、エンリッチ

データセキュリティ

暗号化、監査
高度なツールデータアクセス制御、データ損失防止、データプライバシー、データ保持など

データの取り込み

一括取り込み	イベントストリーミング	機密データの取り扱い
スケジュールされたバッチでのインジェスト	リアルタイムデータストリームからのインジェスト（例：チェンジデータキャプチャーストリーム、センサー、トランザクションイベントデータ）	PII管理（機密データの検出、保護、管理など）

インフラオペレーション

Infrastructure as Code（IaC）、**DevOps**と自動化、管理、ロギング、モニタリング

データソース

構造化データ	非構造化データ
トランザクションデータとイベントデータ 構造化マスターとリファレンスデータ その他のサードパーティ製構造化データ	機械とセンサーのデータ サウンド、画像、ビデオデータ 非構造化テキストデータ ソーシャルメディアコンテンツデータ

データフロー ↓

図表5-3.3 ●リファレンスアーキテクチャ：Azure上のDatabricksを使用したレイクハウス

データ消費量

アナリティクス（BI&レポーティング）	アドバンスドアナリティクス	アプリケーション（オペレーションシステム）
BIとビジュアライゼーション Power BI、QlikView、DBノートブック **SQLアナリティクス** Databricksノートブック	**DSラボのモデリング環境** Azure ML Azure ML Studio DSノート Kedro MLパイプライン	データドリブン＆スマートアプリケーション、その他オペレーションシステム

データパイプラインのオーサリングとオーケストレーション

データパイプラインオーサリング：Python、ADF、DBノートブック
データパイプラインのオーケストレーション
Databricksジョブ、ADF、Airflow

データサービス

データAPIエンドポイント：Azure API管理、社内API
SQLエンドポイント：Databricks SQL
パブリッシング／サブスクリプションエンドポイント（例：Azure EventHubs上のKafka）
分析に最適化されたデータ：ADLS上のデルタテーブル
メトリクスとフィーチャーストア：Databricksフィーチャーストア、Tecton
データフェデレーションと仮想化：Denode、Trino／Startburst、Dremio

データとモードガバナンス

モデルガバナンス：DB mlFlowまたはAzure MLレジストリ
データカタログ：Purview、Datahub OSS、Collibra、Alation
オブザーバビリティと信頼性：Mode Carloデータ、Datafold
データのリニアージとメタデータ：MarquezとOpenMetadata

データリポジトリ

データレイクハウス		AI/ML
ゴールド シルバー ブロンズ ランディングゾーン	サンドボックス（DSラボ用） Delta Lake （ローデータ） Azure Data Lake Gen 2	Databricks MLランタイム Azure ML

データの安全性

アイデンティティ管理：Azure Active Directory
機密情報管理：Azure Vault

ストリーム処理

Databricks（Sparkストリーミング）

データの取り込み

一括取り込み	イベントストリーミング	バッチ処理
Azure Data Factory、Airbytes、Fivetran	Azure Events Hubs（Apache Kafka用Event Hubsを含む）、Confluent	Databricks（pySpark、Spark SQL）

インフラオペレーション

コードとしてのインフラ：ARMテンプレート、Terraform、Pulumi
DevOps：Azure DevOps、Github、GitLab
ロギングとモニタリング：Azureモニタリング

データソース

構造化データ	非構造化データ
トランザクションデータとイベントデータ 構造化マスターとリファレンスデータ その他のサードパーティ製構造化データ	機械とセンサーのデータ サウンド、画像、ビデオデータ 非構造化テキストデータ ソーシャルメディアコンテンツデータ

データフロー

テクチャが存在する。

　まとめると、わざわざ車輪を再発明する必要はなく、実証済みのリファレンスアーキテクチャを用いることで、設計の効率化と開発リスクの最小化を実現することが可能だ。

CASE EXAMPLE ｜ **事例**

リテールバンクがデータアーキテクチャを クラウドに移行

　アジアで急成長中のあるリテールバンクは、DXの一環として、データと分析能力を最新化するためにクラウドを採用した。彼らは、ビジネスインテリジェンスとAIのユースケースの両方をサポートするカスタマー360スーパーマートのデータプロダクトに優先して着手した。それまではオンプレミスのHadoopデータプラットフォームを導入していたのだが、いくつかの帳票出力に対応しているだけ。数年間の開発もむなしく、中央集権的なIT体制のままデータAPIも実装されなかった。

　金融のクラウド規制に準拠し、クラウドのイノベーションを活用するために、このリテールバンクはハイブリッドプラットフォーム（オンプレミスとパブリッククラウド）を構築する必要があった。プロバイダーのベンダーロックインを避けるためにクラウドニュートラルなツールを使用し、オンプレミス（例：Kubernetes）やクラウドの実装をサポートするツールを活用しながら、クラウド移行を最適化するのだ。また、カスタマー360スーパーマートが、100GB+/日のデータボリュームをコントロールし、数百のユーザーを同時分析しながら、APIを介して業務システム（例：B2Cモバイルアプリ）に簡単に接続できるのが要件だった。

　チームは、オンプレミスでKubernetesとクラウドを活用して、オープンソースベースのデータレイクをハイブリッドで構築することに決定した。また、両方に同じクラウドネイティブのOSSツール（例：Python/Spark/Airflow/Parquet on S3）を

採用した。銀行の業務システムからのデータは、オンプレミスにある共通の「着地点」にて取り込まれ、個人を特定可能な情報を暗号化した状態でクラウドに送信され、データプロダクトの構築および分析を行う。個人を特定できないデータは、法定帳票に準拠するためオンプレミスに残される。データAPIは、カスタマー360データプロダクトへのアクセスを簡易化するために開発された。データフェデレーションツール（例：Dremio、Trino）は、オンプレミスとクラウドベースのデータを横断する共通のSQLアクセスレイヤーとして機能している。

　データプラットフォームとカスタマー360データプロダクトは約10カ月で構築され、実装と処理速度が劇的に増加した。あるケースでは、このアプローチによりデータの処理速度が50%向上し、モデルがより多くのインサイトを提供し、大きな効果の創出が可能になった（1日当たり$100,000以上の価値）。

データアーキテクチャの設計のベストプラクティス

❶スモールスタート

　データ機能が手元にない場合、最優先のニーズを満たすための最小限の実現可能なアーキテクチャを定義しよう。そこから、希望するケースに必要なデータをもたらす最小限のアーキテクチャを構築・実装していく。例えば、中規模の資産管理会社ではクラウドベースのデータプラットフォームを定義し、2〜3カ月のうちにデータ構造化に利用可能なプロトタイプを使い始めた。

❷データフローのあるステージに過度に投資するのではなく、データのライフサイクル全体にわたる成熟度を重視

　アーキテクチャの品質は、最も構造として脆い部分と同質になる。例として、リアルタイムのデータフローと処理が必要な場合、リアルタイムでデータをフィードするだけでは不十分だ。データが高速でフ

ィードされても、後続のDWHなどにおけるバッチ処理がストップを
かけてしまう。

❸データの柔軟性を意識した構築

　データの収集や特定のユースケース実現における柔軟性を得るため、
少ない物理テーブルを持つデータモデルを設計しよう（これを「スキーマ
ライト」アプローチとも呼ぶ）。このアプローチはデータの収集を簡単にし、
データ保存に柔軟性を与え、データクエリを簡易化することで複雑性
を抑えている。

❹高度にモジュール化された進化可能なデータアーキテクチャの構築

　データアーキテクチャの他の部分に影響を与えずに、必要に応じて
新しいテクノロジーと置き換えることができるようなアーキテクチャ
を構築しよう。データパイプラインやAPIベースのインターフェース
に焦点を当て、異なるツールやプラットフォーム間の統合を簡素化す
る。API管理のプラットフォーム（APIゲートウェイとも呼ばれる）にデータ
中心のAPIを構築し、利用方法の定義、権限の制限、そして利用状況
とパフォーマンスのモニタリングを行う。Amazon SageMakerや
Kubeflowに代表されるような分析の土台が、高度にモジュール化さ
れたアーキテクチャにおいて一気通貫の構築を簡単にしてくれる。

❺セマンティックデータレイヤーの構築

　ビジネスのデータドメインと整合したセマンティックデータレイヤ
ーを信頼できる唯一の情報源として構築し、これを基盤的なデータプ
ロダクトとして管理する。このアプローチは、すべてのユーザーにと
ってデータの品質と信頼性を向上させることができる。

　以上のベストプラクティスは、データアーキテクチャを効果的に設
計し、DXをサポートするための基盤を構築するうえで鍵となる。

参考

1.　Sven Blumberg, Jorge Machado, Henning Soller, and Asin Tavakoli, "Breaking
　　through data-architecture gridlock to scale AI," McKinsey.com（2021年1月26日）

https://www.mckinsey.com/capabilities/mckinsey-digital/our-insights/
breaking-through-data-architecture-gridlock-to-scale-ai.

Antonio Castro, Jorge Machado, Matthias Roggendorf, and Henning Soller, "How
to build a data architecture to drive innovation - today and tomorrow,"
McKinsey.com (2020年6月3日)

https://www.mckinsey.com/capabilities/mckinsey-digital/our-insights/how-to-
build-a-data-architecture-to-drive-innovation-today-and-tomorrow.

2. ACIDはトランザクションの重要な特性である原子性 (A)、一貫性 (C)、独立性 (I)、および耐久性 (D) を表す頭字語。ACIDトランザクションは、データ処理プロセス中に一部のみ処理されることで発生するデータの不整合が発生しない最も確実な処理方法

SECTION 5-4 データから最大の価値を引き出す組織とは

> 「混沌の中の混沌は面白くない。
> しかし、秩序の中の混沌は面白い」
> ——スティーヴ・マーティン（俳優、脚本家）

　データの運用モデルは、組織がデータをどのように管理するかの全体的なアプローチであり、それは、組織、人材と文化、DataOps、ガバナンスとリスクの4つの要素から成り立っている（図表5-4.1を参照）。

　一部の企業は、このケイパビリティを強化することは余計な官僚組

図表5-4.1 ● 効果的なデータ運用モデルの構成要素

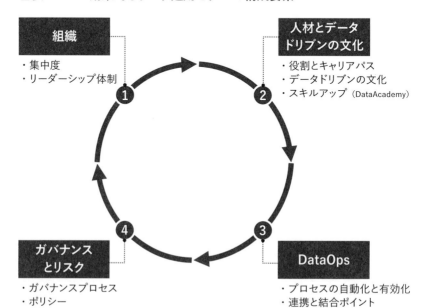

組織
・集中度
・リーダーシップ体制

人材とデータ ドリブンの文化
・役割とキャリアパス
・データドリブンの文化
・スキルアップ（DataAcademy）

DataOps
・プロセスの自動化と有効化
・連携と結合ポイント

ガバナンス とリスク
・ガバナンスプロセス
・ポリシー
・規格

織を立ち上げるようなものであるとか、あるいは大手銀行にのみ関連するようなものと心配している。しかし我々の経験から言えば、データガバナンスとオペレーティングモデルを正しく整理することは、データ集約型の企業になるために絶対的に重要である。強固なオペレーティングモデルの構築は、1つや2つのユースケースのみの段階では必要ないと感じるかもしれない。そのようなものがなくとも、多くの場合うまくいくからだ。しかし、数百、場合によっては数千のユースケースから価値を得るには、効果的でよく整理されたオペレーティングモデルがなければ不可能である。これらの分野で明確性を持つことで、企業はデータに関連する対立、混乱、遅延を避けることができる[1]。

◦ 組織

多くの企業は、効果的なデータ管理と分析のためにどのように組織を構築すべきか苦しんでいる。データの所有者は誰であるべきか？ データ組織を持つべきか？ ビジネスとどのようにリンクすべきか？ ITは？ データエンジニアリングの所有者は誰であるべきか？ データのプライバシーとコンプライアンスは分けるべきか？ データが組織のすべての部分に関わっているだけに、こうした質問は複雑性を増している。

組織設計における決定事項は2つある。集中度と、どのようなシニアリーダーの役割と管理体制が必要かだ。

◦ 集中度

いくつかの企業は集中化アプローチを導入していて、データスタッフのチームが企業全体をカバーしている。他の企業は主に分散アプローチを導入していて、各部署やファンクションが独自のニーズを満たす開発を個別に行っている。どちらも限定的な状況で効果を発揮するが、一般的に広範なビジネスニーズを満たす対応ケイパビリティやスケーラビリティが十分ではないといえる。

一方、先進企業は連邦型モデルを展開している。いわば連邦政府にあたる中央のチーム（データ管理室やチーフデータ室、企業データ室とも呼ばれる）

図表5-4.2 ● ベストプラクティスの連邦型モデルにおける、 データ機能分野の典型的なセットアップ例

	集中度[1]	主管部門
データ戦略	>50->75	チーフデータオフィス
データプロダクト管理	<25	チーフデータオフィス
データアーキテクチャ	>75	チーフデータオフィス または IT
データエンジニアリング	25-50	チーフデータオフィス または IT
データガバナンス	<25	チーフデータオフィス
データオペレーション	50-75	チーフデータオフィス または IT
データリスク （データプライバシーを含む）	>75	チーフデータオフィス または法務／ コンプライアンス
データタレントと カルチャー	>75	チーフデータオフィス または人事部

1. センターにおける典型的なFTE比率
2. 通常、エンタープライズデータオフィスに所属するが、IT部門、法務部門、リスク部門などが所有する領域もある

センターが提供するもの[2]	連邦型モデルで提供されるもの
企業データ戦略、事業部門横断的な価値保証	事業部門レベルのデータ戦略、ユースケース、機会および課題領域
データプロダクトの標準、ツール、プレイブック、エンタープライズプロダクトの管理	ビジネス、データ、テクノロジーの各リソースから構成されるクロスファンクショナルチームによるデータプロダクトの大半の管理
エンタープライズデータアーキテクチャ、アーキテクチャガードレール、レビュー	ソースシステムの所有と管理、外部データニーズの特定
深い専門知識、ユースケース実現のためのプールされた能力	(特にデータの成熟度が高まるにつれて) ビジネスエリアと連携したデータエンジニアリングチーム
データガバナンスポリシーと標準、メトリクスとダッシュボード、エンタープライズドメインのガバナンス	データドメインの日常管理 (メタデータの定義、データ品質の測定と改善など)
問題やデータリクエスト (抽出や新規データセットなど) を管理するデータオペレーションチーム	事業部門固有の問題や、深い業務専門知識を必要とする問題の解決
データリスク分類法、規制の解釈、リスク管理のための方針、基準、統制	事業部門固有のリスクと規制上の懸念事項。リスク許容度に関するビジネスガイダンス
データケイパビリティの構築、人材戦略と管理、チェンジマネジメント	目標とする文化や行動の役割モデル。リソースのパフォーマンスに関するインプット。事業部門固有の能力構築

が方針や基準を設定しサポートや全体管理を行う一方で、地方政府にあたる各部署や各機能は、日々のデータガバナンス確保や、データプロダクトの定義と管理、データパイプラインの構築などのデータ活動を管理する。

この連邦型モデルにおいては、いわゆる「中央」と「地方」の責任の間に適切なバランスをとるべきだ。図表5-4.2は、ベストプラクティスの連邦型モデルにおけるデータ機能エリア全体の一般的なセットアップを説明している。

○リーダーシップ体制と管理フォーラム

近年、多くの組織がデータ機能をリードするための最高データ責任者 (CDO) やそれに相当する役職を備えている。このリーダーは、CIOを報告先とすることが多いものの、データを基にした組織全体の構造、ニーズ、目標によって大きく異なる (例：COOやCRO、場合によってはCEOへの報告もある)。

この役割はしばしばデータ分析のポジションを包含する場合があり、最高データ分析責任者 (CDAO) とも呼ばれる。これはデータに関する取り組みがデータ分析に強く活かされるよう担保するものである。ただし、データに関する規制が強く、ガバナンスやリスク管理が他よりも重要な業界 (例：銀行) ではこの限りではない。

CDOの業務範囲は主にデータ戦略とデータガバナンスだ。彼らはまた、データプロダクト管理、データアーキテクチャ、データオペレーションズ、データリスク、データタレントとカルチャーの管理を担っている。組織の規模は異なるが、例えば中央集権的なデータ管理によって当局の監視を受けている大手銀行は、数百人からなるデータ組織を有している。一方で、データや分析に特化した組織の構築に着手した中規模のリテール企業では、同等の組織に20人もいないこともある。

連邦型モデルにおいて、チームやリーダーを全社で結びつけて整合性を保つためのフォーラムを設立することが重要だ。組織は通常、2つのレベルでこれを行う。データドメインレベルのフォーラムと経営陣レベルのフォーラムだ。データドメインのフォーラムはデータガバナンスのトップ (CDOが直接報告先) によってリードされ、データドメイ

ンを持つすべての人を集める。フォーラムの会議では進捗や課題を監視し、方針や標準に変更がある場合（CDOによって決定）は整合を取り、進捗を阻害するような要素は排除する。

経営陣レベルのフォーラムはCDOによって実施され、主にシニアリーダー（CEOとCEOを直接報告先にしている経営陣）で構成される。データ戦略と、実行施策や人材、投資について重要な決断を下す。また、データドメインレベルでは解決できないような問題もここで議論される。

● タレントとデータドリブンのカルチャー

データとビジネスが重なる点には、新しい人材が必要になってくる。主要な役割には、データドメインスチュワード、データプロダクトオーナー、データ品質アナリストなどがある（図表5-4.3）。いくつかのケースでは、既存の従業員に適切なトレーニングとサポートを与えることでこれらのロールを満たせる場合もある。ただ、データアーキテクトやデータエンジニア、データプラットフォームのオーナー（本書の「SECTION 1-1、1-3」で説明した通り）のような、より高度なテクノロジーを持つ人材も欠かせない。

データドメインに関連する役割は、しばしばパートタイムの責任（特にデータドメインのオーナー）である。ただし、「バースト・アンド・サステイン」というモデルに従い、3〜6カ月の間にデータドメイン（メタデータの定義、データ品質ルールの策定、優先度の高いデータ品質問題の手当てなど）を素早く確立するためにフルタイムのチームが配置されることもよくある。その後、データドメインのオーナーとスチュワードがパートタイムでドメインをカバーしていく。

● DataOpsのツール

DataOpsは、アジャイルの原則とテクノロジーを使用して、新しいデータアセットの開発時間を短縮し、既存のアセットを更新する際にデータ品質を向上させる。DevOpsと同様に、DataOpsは継続的な統合作業と実装から構成され、新しいコードを本番環境にプッシュする、またはデータ品質をチェックしてパフォーマンスを監視するなど、自動化可能かつ「低価値」な作業を排除することにフォーカスしている。

図表5-4.3 ● 主要なデータ人材の役割

カテゴリー	役割	責任
データドメインに沿った役割	データドメインスチュワード	特定のデータドメインのデータガバナンスを推進し、データの品質と使いやすさを向上させる
	データドメインの所有者 （「データオーナー」と呼ばれることもある）	その領域のデータ品質について最終的な責任を負う。データが正確であることを"保障"しなければならない。多くの場合、パートタイムで責任を負うか、"バースト・アンド・サステイン"モデルに従う
データプロダクトに沿った役割	データプロダクトオーナー	データプロダクト、すなわち特定のビジネスニーズを解決するための最小限のデータコレクション（多くの場合、複数のデータ領域からデータを収集する）の開発の方向性を定め、監督する
データ、アーキテクチャに沿った役割	データプラットフォームオーナー	データプラットフォーム（データの消費、操作、分析を可能にするために使用される一連の技術）の方向性を定め、開発を監督する
	データアーキテクト	データの情報アーキテクチャ戦略を確立し、データエンジニアの取り込みプロセスを支援する
分野横断的な役割	データエンジニア	再利用可能なデータパイプラインを構築し、データのアーキテクチャ取り込み、ドメイン、プロダクト、ユースケースのデータ構造化を行う
	データ品質アナリスト	ビジネスニーズに照らしてデータ品質を測定し、問題を特定し、改善のためのソリューションを提案、実行する

DXリーダー企業がベストなDataOpsが何であるかを定義する間、まずは3つの方法でプロセスを並び替えてみよう。

- ソリューションライフサイクルの開発、テスト、実装、および監視の段階を含む、完全に統合されたデータ関連活動 (別のチームによる後続処理は行わない)
- DataOps パイプラインとスクリプトを使用した、実装やセキュリティに関連するプライバシーの考慮を含むデータリスクコントロールの最大限の自動化。また、リリース管理の完全な自動化
- 自動テスト、エンド・ツー・エンドのデータの整流化、インフラの自動実装、フルスケールの監視を実現する堅牢なツールセット

●ガバナンスとリスク

データガバナンスは、データが再利用可能であり、関連するリスクと規制の要件を満たしていることを担保しながら、企業が自信を持ってイノベーションを加速するための「通行料」として機能する。リスクの観点から主に考えられていたデータガバナンスだが、近年は速度とスケールを向上させる強みとなる (データガバナンスではなくデータイネーブルメントという新しい概念として紹介される場合もある)。データガバナンスは堅牢なデータの定義を確立し、データ品質を監視および改善し、ビジネスのニーズを実現するうえで最も問題となるデータにリソースを集中させるのに役立つ。また、組織に流入 (例：第三者から) および流出する (例：クライアントに) データが堅牢で適切に保護されていることを担保してくれる。

データ管理室は、データドメインスチュワードによって構成されるデータガバナンス会議を設立し、それに経営陣を巻き込んでいく必要がある。経営陣と協力してニーズを理解し、現在のデータの課題と限界を強調し、データガバナンスの役割を説明し、進行中のビジネスの優先事項と整合性を取る必要がある。

データ管理室は、データドメインの境界と責任を明らかにし、ビジネス側のリーダーと協力してデータドメインスチュワードを提案および決定することも必要だ。スチュワードは、データ要素のクリーンア

図表5-4.4 ● データガバナンスのフレームワークとエグゼクティブ
　　　　　レベルのダッシュボードの例
──グローバル銀行の例

名称	定義	評価基準
データプログラムの進捗状況	データガバナンスプログラムの実施状況の追跡	チーム（オーナー）による**マイルストーン完了率**
		チーム（オーナー）別の**遅延マイルストーンの割合**
データポリシーとスタンダードの遵守	データガバナンスポリシーと標準のコンプライアンス測定	ビジネスアズユージュアルに必要な**データガバナンスフォーラムの立ち上げ**
データの品質	ビジネスプロセスとデータ提供者の観点からデータ品質の測定	**オープンデータの欠陥数**
データのスキルとタレント	データプログラムを提供するために必要なスキルと人材の測定	リーダークラスとその一つ下のレベルでデータ関連の役割を満たす人材の充足率
データリスク	データ活用事例におけるリスク低減の追跡	調整により影響を受けた**VaRの割合**（3カ月平均）
		ユースケース1における**総費用のばらつきの削減**

評価結果	トレンド	データ スポンサー	データ リーダー
● **96%** （47／49）	↑	ジョン	ジェイソン
● **4%** （2／49）	↓	ジョン	ジェイソン
● **100%** （10／10）	―	ケイト	ケイト
● **オープンデータの数** 27,671件中243件	↑	ケイト	ケビン
● **87%**（94／108） 95%（103／108）	↑	ケイト	マーヴィン
● **69%** 45%が目標	↑	ジョン	スーザン
● **21%**（$12.1B） 29%が削減目標	↓	ジョン	スーザン

ップを優先し、品質基準を確立することによって、日々のガバナンスの取り組みを推進していく。それぞれの役割がどのような価値を創出するか、またそれに必要なスキルは何か（関連する法規制やアーキテクチャの中核的な要素）を理解することが重要である。

　進捗と価値の創出をトラッキングする具体的な方法も忘れないでおきたい。例えば、データサイエンティストやアナリストのデータ発見、収集、それをソリューションに活用できるまでの所要時間や、低品質のデータに起因する作業エラーによって無駄になった工数などだ。

　上記のような影響を与える指標のトラッキングは、リーダーの注意と継続的なサポートを確保するために役立つ。そして、このような情報をリーダーが簡単にアクセスできるシンプルなダッシュボードにフィードしておくことで、データの問題箇所を特定し、組織が迅速に対処することを可能にする（図表5-4.4）。

　業界トップの企業はガバナンスに対して「ニーズベース」のアプローチを採用しており、個々の組織に適したカスタマイズを行いながら、データセットごとにルールの厳しさを調整している。このような設計は、企業が独自に直面する規制やデータの複雑性と整合性を取りながら進めていくものだ。

　例えば、R&Dチームの域を出ないリサーチでのみ使用されるデータには、軽いガバナンスを適用することができる。プライバシー確保のための適切なデータマスキングと内部の秘密保持契約（NDA）が必要だろう。一方、前述したデータが顧客との提案や交渉など広い文脈で使用される場合、より強力なガバナンスの原則を適用する必要がある。

　データガバナンスツールとプラットフォームは、組織がすべてのデータをトラッキングし、品質を向上させ、マスターデータの管理を助けてくれる。マーケットには様々なツールがあり、新しいプラットフォーム（例：Alation、Tamr、data.world、Octopai、erwin）や既存のソリューション（例：InformaticaやCollibra）などが存在する[2]。

　このプロセスにおいての重要な要素は、データの使用に関する明確な保護方針を確立し、従業員、クライアント、および他のステークホルダーに伝える必要があることだ。顧客のプライバシーとデータ使用を保護する規制に従うだけでなく、どのデータがどのように収集およ

び使用され、それが適切かについて透明性をもった情報を提供すべきである。AIモデルの構築において懸念はさらに複雑で、企業はAIモデルに偏見を誤って組み込まないように注意しないといけない。さらに、変わりゆく規制や法律との整合性の観点から、定期的にデータの使用を見直すべきである。

　ビジネス、コンプライアンスおよび法務、運用、監査、IT、経営陣で構成されるデータ倫理委員会を設立することを検討してほしい（デジタルの信頼性に関する詳細は「SECTION 6-4」を参照）。

参考

1.　Bryan Petzold, Matthias Roggendorf, Kayvaun Rowshankish, and Christoph Sporleder, "Designing data governance that delivers value," McKinsey.com (2022年6月26日)
https://www.mckinsey.com/capabilities/mckinsey-digital/our-insights/designing-data-governance-that-delivers-value.

2.　メタデータ：「メタデータとは、ライフサイクルにおける利便性向上のために、ある情報に関する様々な断面を記述したもの」
資料：ガートナー、「メタデータは、データの起点から何が発生しどう経過したかを内包したデータ系列。データ分析プロセスにおいて、問題の原因を示すエラーを遡るのを可能とする最もシンプルなデータ」
資料：ナタリー・ホアン、「データ系列とは事業価値を高めることを可能にするもの」
資料：Trifact (2017年3月16日)

GETTING READY

さあ、はじめよう！
CHAPTER 5の振り返りと実行準備

　以下の問いを手掛かりに検討することで、自社にとって最適な取り組みが明らかになってくる。

- データの整理は、価値を生み出すデータドメインやデータ要素に対してのみ集中しているか？

- あなたの組織の成功にはどのデータプロダクトが必要か理解しているか？

- あなたの組織にデータプロダクトチームは存在しているか？

- どの社内データと社外データを組み合わせれば競争優位性を生み出せるか？

- あなたの組織の人やソリューションに対して、データをどのようにアクセス可能にしているか？

- あなたの組織はデータの消費を測定しているか？

- 主要なステークホルダーの役割と目的が明確になっているデータ管理のオペレーティングモデルはあるか？

- あなたの組織のデータスチュワードは誰か？　どのような価値を生み出しているか？

日本企業再生のカギを握る
生成AIの活用と留意点

工藤卓哉 （マッキンゼー・デジタル）

CHAPTER 5では、データを企業の競争優位性にどのように変換するか、具体的には必要なデータプロダクトとそれらが含むべきデータ要素は何か、それらを簡単に利用、再利用するためのデータアーキテクチャの構築とデータガバナンス定義のアプローチを紹介した。本コラムでは特に生成AIの活用に焦点を当て、生成AIがデータ活用に与えるインパクトと日本企業への意味合いについて考察する。

●デジタルで激変する世界

東京証券取引所が2023年3月に発表した「資本コストや株価を意識した経営の実現に向けた対応について」が日本企業の経営層と株式市場関係者に衝撃を与えた。この指針により、PBR（株価純資産倍率）が1倍割れしている上場企業への改善指導要請を受け、日本企業の経営者は、これまで以上にデジタル時代に即した経営改革の促進と、対応の目線を上げる必要性が生じている。世界の市場関係者間では、これら改善指導が、ガラパゴス化して持ち株で馴れ合っていた日本株式市場や企業文化にメスをいれる明示的な指標として位置づけられる契機となった。長らく新しい企業価値をもたらさない、事なかれ主義の日本企業文化へ危機意識を導入し、意識改革を促進させることで、資本効率や収益性を改善させるのではないかという期待から、日本株が買われる場面もあった。テクノロジーの環境整備やDX人材採用の加速が一通り喧伝・認識され、下地を整えてきた企業は多く、舞台は整ったと言える。しかしながら、日本企業の多くでこれら投資が完了し、DX黎明期が一巡したにもかかわらず、企業が投資してきた実証実験は形骸化し、明確な結果やイノベーションの文化をなかなか醸成できずに息切れし始めている。中には懐疑的な思考回路までもが蔓延し、

リスク回避でゼロ成長を甘んじてでも無難にこの荒波を乗り越えたいと、むしろ数年前に逆戻りして、一歩も前進していない企業が多く見受けられる。

　一般論として、企業の付加価値創出には、投下資本効率性と労働生産性の改善が大きく寄与しており、最終的にはGDP成長率に貢献する一助になるとされているが、日本は欧米のそれら指標と比較して、一部のセクター（通信業など）を除いて、ほぼ全セクターで劣後している。

　これらの原因を要素分解したうえで深く掘り下げてみると、過去30年にわたり、欧米の労働生産性が4%以上の年率で成長改善してきたのと比較して、日本はその半分の2%で、生産性の大きなギャップが全セクターで生まれ、もはや追いつけないほどの溝を開けてしまったことが読み取れる。本書で繰り返し述べているが、2023年のIMD（スイスに拠点を置くビジネススクール・国際経営開発研究所）の世界競争力ランキングでは、64カ国中、遂に過去最低の35位となっている。社会学者エズラ・ヴォーゲルの原著 *Japan as Number One : Lessons for America* で世界一と称賛された日本は、1989年の第一回ランキングでは、華々しく1位を獲得し、1992年まで首位を堅持したわけだが、そんな遠い過去の日本の姿を知る現役世代は皆無だろう。ましてや、日本から学ぼうという海外のリーダー企業はほとんど存在しなくなってしまった。現在の世界経済を支えるテクノロジー・データドリブン経営者たちは、もはや日本をリーダーシップのあるべき姿として認識すらしていないのが現状だ。日本はこのまま凋落していくのだろうか？　次の図表の通りマッキンゼー・グローバル・インスティテュート（MGI）の調査によると、このままの既定路線では、日本のGDP成長率は概ね1.3%前後と見積もられているが、一方で、生成AIなどの技術革新を特定のセクターに適切に取り込むことで、当初予測よりも最大で28%近い成長が見込めるという試算もある。

●生成AIが物語るデータアナリティクス時代の幕開け

　そのような状況下において、生成AIの躍進により、データアナリティクスの民主化が国内外で急速に進展している。これを後押ししているのがChatGPT、広く世の中に認知された基盤モデルであり、その進化を支えるTransformerネットワークアルゴリズムで激変した機械学習と、その周辺ハードウェアや、ソフトウェアなどのエコシステムの急速な進化である。特にNVIDIAに代表される先端半導体（ロジックIC）のGPUの性能向上とそのアクセラレータであるCUDA-X、さらにディープラーニングを支えるPyTorchやTensorFlowのPython

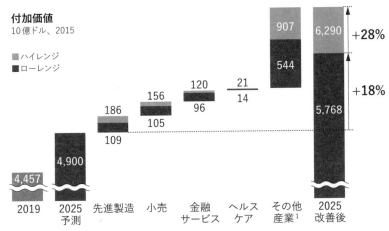

**図表◉一部セクターにおける労働生産性の改善により、日本企業の
付加価値を予測より最大28%向上させることが可能**

付加価値
10億ドル、2015

■ ハイレンジ
■ ローレンジ

注：端数処理のため合計と必ずしも一致しない

資料：World Input-Output Database；IHS Markit；McKinsey Global Institute

出所：マッキンゼー・アンド・カンパニー

1. 付加価値と労働生産性について詳細に分析した数値をもとに、親和性の高いセクター（例：先進製造の分析結果をほかすべての製造業に適用）の数値を推計

ライブラリなどの周辺エコシステムの躍進とディベロッパーコミュニティのオープン化による発展は目覚ましい。マッキンゼーの調査によれば、生成AIは年間2.6〜4.4兆ドル相当の価値を生み出す可能性を秘めている。

　日本政府から人工知能プロジェクトチーム（PT）によるホワイトペーパーが発行され、G7でも首脳陣によりその重要性が確認された。各国首脳がAI領域の法案化や投資議論に積極姿勢を示したことは、技術分野の中でも、取り分けソフトウェア・エンジニアリング領域で後塵を拝してきた日本にとって、革新的な政府のリーダーシップの舵取りとして企業幹部にも前向きに捉えられている。これを受け、G7直後の2023年6月2日には、個人情報保護委員会により「生成AIサービスの利用に関する注意喚起等について」も公開された。リスクをきちんと把握し、それを持ってリスクを制していくという姿勢を促すことで、データ利活用をリスクも含めて全方位で理解し、適切な投資判断をすることで、特に日本においては、生成AIがコンテンツ産業にプラスの結果を生むことが

期待されているのである。

　歴史を紐解くと、特に生成AIは1960年代から存在していたものの、それが広く認知されるようになったのは、一部のコンピューターサイエンティストたちのみの世界であった。それが潤沢な計算資源として、前述した革新的なTransformerアルゴリズム（引用：“Attention is All You Need” Google、2017年）の出現と開花により、人工知能の謎めいていた真価を、身近なアプリケーションとして万人が知るところとなった。これは、ChatGPTで急速に広く世界中に認知され、普及していった。各国政府は規制・法案化を進めると共に、支援策を打ち出し始めており、まさに賽は投げられた状態にあると言っても過言ではない。このような状況で、企業経営者は、生成AIをリスクとみなして対応を見送るようなことは許されない状況になりつつある。顧客や消費者はChatGPTを一過性の現象としてではなく、顧客接点（タッチポイント）の新たなデジタルチャネルとしての可能性を感じ始めており、これらの流れをリスクと断定したり、無視して可能性を試行しないこと自体が、もはや企業の生産性低下を招いたり、顧客接点すら失うリスクとなり得る時代が到来したのである。

● **生成AIの活用は、コストやリスクを踏まえ、インパクトを見定めることが重要**

　経営層は、以前にも増して、これまでに多数の企業で見られた「PoC貧乏」や「DX企画倒れ」を阻止する役割を果たすことが求められる。CDOやCIO、CTOの大きな役割として、例えばCEOやCFO、事業部長、および関連する行政機関長と連携して、生成AIが既存の組織やビジネスモデルに与える影響や、新たなビジネスモデルおよび価値の源泉を生み出す方法を理解し、適用して、合意形成することが挙げられる。いわゆる、インパクト設計とコンセンサスの工程だ。多くの日本企業が、この重要なプロセスを完全に省略しており、結果「技術良ければ全てよし」のありがちな日本企業的思考が先行した結果、何も顧客の付加価値を生み出すことなく、実証実験という名のプロジェクトの多くが、実運用に至らずに頓挫しているケースが散見される。CDO/CIO/CTOは、その専門性に甘んじることなく、常に顧客目線に立ち、企業全体で生成AIのメリットを享受できる最も価値のある機会と、課題およびメリットを享受できないものを特定して、正しい行動につなげる必要がある。場合によっては、生成AIが最良の選択肢ではないこともあるからだ。318ページの図表から分かるように、マーケティングと販売などはインパクトが高いが、社内の人材と組織においては、その相対的インパクトは小さい。

　また、前述のマッキンゼーの調査によると、生成AIが世界で生み出す経済価値は2022年度の日本のGDP 546兆円に匹敵すると試算されている。さらにその内訳を見ると、次ページの図表に示されているように、機能やセクターによって得意分野と不得意分野があることが分かった。

　CDO/CIO/CTOは、このような生成AIの強みと弱みの目利きとなり、生成AIの価値の最大化に向けてユースケースの最適な分類方法を検討する際に、特に重要な役割を担っていくことになるだろう。ユースケースの分類方法として、例えば上記のように、ドメイン別に分類するなどが挙げられる。また、自社が生成AIに関する優先順位を決定する際には、CDO/CIO/CTOが実現可能性およびリソースのコスト見積もりを提供することが大きな支援となる。

　このレベルの提言をするにあたり、ユニットエコノミクス（1単位当たりの経済性・採算性）は複数のモデルや外注または内製のコスト、モデルの相互作用（クエリが複数のモデルからの入力を必要とする場合があり、それぞれマネージドサービスやAPI使用料がかかる）、継続的な使用料、人間の監視コストを考慮する必要があるからである。

　また生成AIという概念的な言葉自体にも大きな誤解が生じている。多くの企業が生成AI = LLMとし、ChatGPTのような大規模基盤モデルだと誤解をしている。数千億円かけて、機械学習のトレーニングデータを通じたパラメータチューニングをLLMに対して投資可能な巨大な企業のみが享受できる便益であるという大きな誤解や、原始的な自然言語処理の世界として喧伝されている兆しがあるが、生成AIは、古くは1960年代に登場した隠れマルコフモデルや近年ニューラルネットワークにおけるディープラーニングのデータ加工のプロセスの一つ、「Data Augmentation」で広く活用されていたし、Generative Adversarial Networksなどの先行モデルも機械学習技術者の間では広く認知・活用されており、さほど真新しい概念ではなかったというのがエンジニアの間での本音であり、業界の常識となっている。また先述のAttentionモデルについては、テスラ・モーターズの自動運転のコアアルゴリズムとして、ずっと前に採用されているし、筆者個人も北米のID-POSデータでいち早くマッキンゼーのクライアント企業に導入した実績もあり、これまでCPUで処理されてきた構造化データを、うまくGPUのTransformerで処理することで、コールドスタートの問題などを克服する有効な手段として利用してきた実績も豊富にある。また何でも解決可能な銀の矢のような言われ方をしているが、当然苦手な領域もある。浮動小数点の積算など、単純な計算でも妄想のような「らしい」回答を返すハルシ

図表● 2034年日本市場における生成AIの付加価値は26兆〜44兆円と試算され、機能・業種の双方の軸で整理すると、付加価値の大きい領域が存在する

業種	総影響 兆円 26.4-44.8	業界総収益に 対する影響の 割合 (%)	機能 マーケティン グと販売 8.0 〜12.2	ソフト ウェア 6.4 〜13.4	顧客管理 4.4〜6.0
小売[2]	8.2-13.4	1.7-2.8	3.97	2.42	2
ハイテク	2.7-5.3	5.4-10.5	0.58	3.02	0.1
銀行	1.9-3.2	3.0-5.1	0.41	1.05	0.65
保険	1.6-2.6	2.3-3.6	0.55	0.44	0.85
旅行、輸送、物流	1.3-2.1	1.5-2.5	0.68	0.36	0.15
製造業[3]	1.1-1.9	0.9-1.6	0.4	0.25	0.03
医療	1.0-1.7	2.0-3.5	0.29	0.12	0.15
消費財	0.9-1.4	1.5-2.4	0.38	0.15	0.18
不動産	0.8-1.5	1.7-2.9	0.27	0.4	0.14
メディアとエンターテインメント	0.8-1.3	1.8-3.2	0.39	0.28	0.02
建設	0.8-1.3	0.6-1.1	0.37	0.12	0.00[4]
先端エレクトロニクス・半導体	0.7-1.3	1.4-2.4	0.21	0.16	0.02
公共および社会部門	0.7-1.3	0.4-0.8	0.05	0.31	0.25
管理および専門サービス	0.7-1.2	1.2-2.0	0.32	0.28	0.14
資源	0.6-1.0	1.0-1.8	0.29	0.1	0.00
通信	0.6-1.0	2.9-4.6	0.25	0.1	0.25
エネルギー	0.6-1.0	1.2-1.9	0.2	0.08	0.23
化学薬品	0.5-0.9	0.8-1.4	0.24	0.13	0.00
教育	0.4-0.7	2.2-4.1	0.11	0.04	0.01
医薬品・医療製品	0.3-0.6	2.5-4.4	0.1	0.09	0.00
農業	0.0-0.1	0.7-1.2	0.03	0.01	0.00

1兆〜▶

0.5兆〜▶

1. ソフトウェアエンジニアリングを含まない　2. 自動車小売を含む　3. 航空宇宙、防衛、自動車製造を含む　4. 0として表される
　非常に小さい数値
出典：Continuous Intelligence Service (CIS)、IHSマークイット；オックスフォード経済学；マッキンゼーの企業およびビジネス機能
　データベース。マッキンゼー製造およびサプライチェーン360；マッキンゼーセールスナビゲーター；イグナイト、マッキンゼ
　ーのデータベース

各セルの数値は、平均的な影響を示す

影響が少ない 　　　　　　　　　　　　 高い影響
0.01tr>= 　>=0.1tr 　>=0.5tr 　>=1tr

サプライチェーンとオペレーション	リスクと法的事項	製品と研究開発	戦略と財務	人材と組織	企業IT[1]
2.2〜4.1	1.8〜2.6	1.6〜2.8	1.1〜2.4	0.5〜0.8	0.4〜0.5
0.87	0.68	0.00	0.52	0.22	0.13
0.06	0.06	0.1	0.05	0.02	0.02
0.02	0.25	0.00	0.07	0.03	0.05
0.03	0.14	0.00	0.05	0.02	0.01
0.08	0.11	0.18	0.09	0.05	0.02
0.17	0.09	0.44	0.07	0.03	0.02
0.63	0.03	0.00	0.07	0.03	0.01
0.1	0.07	0.19	0.06	0.02	0.01
0.03	0.16	0.00	0.09	0.04	0.02
0.21	0.06	0.00	0.05	0.02	0.02
0.14	0.07	0.24	0.06	0.03	0.01
0.12	0.06	0.36	0.04	0.02	0.01
0.01	0.11	0.00	0.19	0.04	0.05
0.01	0.05	0.00	0.11	0.02	0.04
0.11	0.06	0.19	0.05	0.03	0.01
0.03	0.05	0.07	0.04	0.01	0.01
0.07	0.09	0.04	0.05	0.02	0.01
0.08	0.04	0.19	0.03	0.02	0.01
0.35	0.01	0.00	0.02	0.01	0.01
0.02	0.01	0.2	0.01	0.01	0.00
0.01	0.00	0.00	0.00	0.00	0.00

業種自体のコストが高いほど、かつAIの影響を受ける機能のコストが高いほど、AIの影響は大きくなる

ネーション問題を抱えていたりするし、大量の情報からインサイトを得るのに適している一方で、個別分類問題については、精度と処理速度において、LSTMと比較ベンチマークした際に、それほど優れたパフォーマンスを出せないことが、筆者の開発工程実験で理解が進んできている。例えば複数の人物が会話しているような音響データのログから、声紋分析技術を利用して、リアルタイムで個別の人物特定をするような分類問題については、LSTMで処理した方が圧倒的に早く高速に処理できたりもする。つまり、向き不向きがあることを理解して、適材適所でコスト効率的なアーキテクチャ設計をすべきということへの理解が確立されていないのだ。このため、メディアでは魔法の杖のように崇拝されている風潮があることを否めない。CDO/CTO/CIOは、こうした技術面での得手不得手を理解し、最適なアーキテクチャを、精度とコスト、インパクトの大きさなどを考慮して、的確に合意形成し、実装することも求められるだろう。生成AIが一過性のブームで終わるか、インパクトの設計と最適なアーキテクチャの実装まで含めた運用部分で着実な成功を収め、それをスケールアウトさせられるか否かは、こうした技術的な複雑性やビジネスインパクト設計の視点、法律のリスクやセキュリティ実装までも包括的に理解しながら、全方位で進めていく多様なチーム体制と配慮が求められるだろう。まさに賽は投げられた。この荒波を乗り切る多様なマルチタレント組織を成功裡に導くには、これまで横並び意識や均一性意識の強い日本企業経営文化のあり方を抜本的に見直し、技術を概念的にでも理解する努力をし、インパクト創出に対する強い投資の覚悟と決意を持った舵取りとリーダーシップが求められているのである。

参考

"The economic potential of generative AI：The next productivity frontier (日本語版「生成AIがもたらす潜在的な経済効果：生産性の次なるフロンティア」)" マッキンゼー (2023年6月14日)
"Technology's generational moment with generative AI: A CIO and CTO guide" (日本語版「生成AI時代のテクノロジー：CIOとCTOへの指南書」) マッキンゼー (2023年9月20日)
https://www.mckinsey.com/jp/~/media/mckinsey/locations/asia/japan/our%20insights/the_economic_potential_of_generative_ai_the_next_productivity_frontier_colormama_4k.pdf

導入と普及の鍵

デジタルソリューションの導入と
企業全体への普及を実現する方法

優れたデジタルソリューションを開発することは、複雑で難しいことかもしれない。しかし、開発に必要な努力は、最初の一歩に過ぎない。最も大きな挑戦は、そのソリューションを顧客や従業員に日々の活動の一部で導入してもらい、その顧客、市場、または組織全体に、それぞれの課題を乗り越えながら、普及展開させることである。

通常、デジタルソリューションの開発のための投資を得る方が、その展開を推進するための投資を得るよりも容易である。しかし、展開抜きではデジタル投資のリターンは得られない。

一般的な目安として、デジタルソリューションの開発に1ドル費やすならば、その展開と普及のために、少なくとももう1ドル（状況によってはもっと）追加で費やすことを計画する必要がある。

この追加の1ドルは、業務プロセスの変更、ユーザーのトレーニング、チェンジマネジメントの取り組み、時には生産性の向上のための給与支払いに充てられる[1]。

デジタルソリューションの展開と普及の両方を推進するために行うべきことは、素晴らしいソリューションがその全ての価値を提供できない原因となりうる技術的、プロセス的、人的な課題に、きめ細かく対処することである。

CHAPTER 6では、デジタルおよびAIトランスフォーメーション（DX）において発生する複雑なチェンジマネジメントに焦点を当てる（コミュニケーションのような一般的なチェンジマネジメントのトピックは含まない）。なお本書の終盤に進むにつれ、展開と普及に焦点を当てているが、実際の変革においては、初期段階で、これらの課題を検討することが必要である。

SECTION 6-1 ソリューションの導入とビジネスモデルの変革を実現する

多くの人が見落とす要素だが、価値提供のためには、ユーザーニーズに対応するだけでなく、事業基盤となるビジネスモデルを変革することが重要である

SECTION 6-2 複製と再利用を容易にするソリューションを設計する

異なる顧客セグメント、市場、または組織単位でデジタルソリュー

ションを共有および再利用することを容易にする複製機能を設計する
ことが重要である

SECTION 6-3 重要な指標を測定し、ビジネスインパクトを実現する

効果的な結果追跡には、OKRをオペレーションKPIに関連づける
密接なパフォーマンス管理アーキテクチャと、強力なステージゲート
管理が重要である

SECTION 6-4 リスクを管理し、デジタルの信頼性を築く

サイバーセキュリティ、データプライバシー、AIによるバイアス
など、DXによって引き起こされるリスクを管理するため、開発プロ
セスにコントロール機能を組み込むことが重要である

SECTION 6-5 文化とは何か

組織の上位300名が持つべき「デジタル」リーダーシップ属性に
着目し、組織全体でデジタルスキルの構築に投資することが重要であ
る

参考
1. Michael Chui and Bryce Hall, "How high-performing companies develop and scale AI," *Harvard Business* Review (2020年3月19日)
   https://hbr. org/2020/03/how-high-performing-companies-develop-and-scale-ai.

SECTION 6-1 | ソリューションの導入とビジネスモデルの変革を実現する

「十分に高度なテクノロジーは、
魔法と区別がつかない」

——アーサー・C・クラーク

（英国出身のSF作家、代表作『2001年宇宙の旅』）

　私たちはしばしば、落胆したリーダーが次のようなコメントをするのを耳にする。「永遠にパイロットの煉獄に閉じ込められているようだ」「この組織は惰性や変化への抵抗が非常に強い」「良いソリューションが提示されたが、ビジネス側が導入しなかった」。これらは、私たちが「ラストマイル」問題と呼ぶ典型例で、開発したソリューションを実装する際に、ユーザーがそれらの利用を望まなかったり、ユーザーが意図するように動作しない問題が生じたりするものである。

● **主な用語の定義**

・**導入**：従業員や顧客によるデジタルソリューションの利用

・**普及**：デジタルソリューションが顧客、市場、または組織に展開される際に、その全価値を提供するためのアプローチ

　これらの問題を解決するには、確固たる決意と継続的な努力が必要だが、何よりも重要なのは、開発から導入までのプロセス全体でデジ

タルソリューションを管理する取り組みである。例として、グローバルな鉱業企業であるフリーポート・マクモランを取り上げよう。同社は銅の濃縮施設でのセットポイント最適化のためのソリューション群を開発したのだが、開発チームは単にソリューションを提供しただけでなく、ソリューションの初回ロールアウト後の8カ月間、フロントラインのユーザーと協働したのだ。彼らは24時間×7日で働きながら、3時間ごとに、オペレーター、エンジニア、冶金技師を一堂に集め、セットポイントに関する推奨事項について、分析モデルを用いて議論し、リアルタイムにオペレーションの変革を行った。

　このアプローチにより、フロントラインのチームがソリューションの使い方を理解し、信頼し、それらを改善するために貢献し、その支持者となった。プロセス全体を通じた、この高いレベルの注力が結実したのだ。たった一四半期で、ある鉱山の生産量は、前四半期よりも10%増え85,000トン以上になった。同時に、銅の回収率は1%ポイント上昇し、そのオペレーションもより安定したのである（この事例の詳細は「SECTION 7-1」参照）。

　導入については、2つの側面を考えるとよい。第一は、ソリューションが、その対象となる顧客やユーザーにより導入されること。これは本質的には、デジタルソリューション自体が期待通りに動作し、人々がそれを使用したいと熱望している状態のことである。第二は、そのソリューションを実装することが、ビジネスにどのような影響を与えるかを理解し、必要に応じてそれらを調整することである。

● 二正面作戦になるユーザー導入

　顧客やユーザーによる導入を促進することは、ユーザーエクスペリエンスと変更管理、両方にとっての課題である。デジタルソリューションがユーザーのニーズに合わせて設計されていない場合や、ユーザーのワークフローに自然に組み込むことができない場合、それは失敗を意味し、どれだけのチェンジマネジメントを行っても修正することはできない。エンドユーザーがソリューションをどのように活用するか、何度もテストアンドラーンを繰り返すプロセスが必要である（顧客エクスペリエンスとデザインについては「SECTION 3-4」参照）。

　ソリューションがユーザーエクスペリエンスを改善する場合でも、

そのソリューションが導入されるように変更管理を推進する必要があるかもしれない。変更管理は、ユーザーが実際にソリューションを使用するように、ユーザーに対して特定の介入を通じて影響を与えるものである。これらの介入は、以下4つの要素を中心に構築されたインフルエンス[1]モデルで取り上げられている (図表6-1.1参照)。

1. 新しいソリューションを展開する際のサポート、熱意、および奨励を示すための、リーダーの関与や、リーダーや同僚のロールモデル化
2. ソリューションがエンドユーザー、顧客、そして会社全体にとってなぜ重要なのかを示す説得力のある変革ストーリー
3. 意図した結果が達成されているかを確認し、適切なインセンティブで報酬を与えるための、パフォーマンス指標 (先行指標と遅行指標) とその計測
4. ユーザーがソリューションを成功裡に活用するのに必要な知識とスキルを持つための、役割ベースのトレーニングとスキルビルディング

図表6-1.1 ●インフルエンスモデルの実施例
——ある航空会社の貨物事業における収益管理ソリューションの導入を、250人の貨物営業担当者向けに推進した例

リーダーシップの関与とロールモデル化	・ソリューションの主要な開発マイルストーンに貨物事業の責任者を関与させる ・年次販売会議でソリューションを紹介する
説得力のある変革ストーリーとコミュニケーション	・顧客、航空会社、従業員に対して、新しい収益管理ソリューションの価値を社内報で伝える
役割に応じたトレーニングとスキルビルディング	・新しいアプリケーションの使用方法について、全世界で250人の貨物営業担当者をトレーニングする ・最初の3カ月間はオンコールでサポートを提供する
進捗・効果測定とパフォーマンス管理	・アプリの使用頻度で、ソリューションの採用度合いを測る ・上級営業幹部の業績評価にソリューションの採用指標を含める

変革の取り組みを設計する際の重要な考慮事項は、関連するすべてのソリューションを、ユーザー向けの単一の変革介入プログラムにまとめることである（異なるソリューションごとに、同じユーザーに何度もアプローチする代わりに）。例えば、航空会社の貨物営業担当者が、「①利用可能な貨物容量を評価する」、「②利用可能な容量の価格を最適化する」、そして「③顧客に費用請求する」という3つの新しいソリューションの使い方を理解する必要がある場合、これらすべてのソリューションを一つの変更介入プログラムにまとめる方が合理的である。これが、DXにおいて、断片的なソリューションやユースケースを実装するよりも、ドメイン全体を一度に変革する方が効果的であるとされる理由の一つだ。

●ビジネスモデルの適応

多くの企業は、デジタルソリューションを、出来合いのレシピに材料を加えて、料理をより美味しくするようなものとして捉えている。しかし、より適切なたとえは、家への機能追加である。追加した機能が正しく機能するためには、家の基礎、壁、電気、配管システムも同様に変更する必要がある。これは新しいツールの使い方を人々にトレーニングするだけ、といった単純なものではなく、ソリューションに関連するすべての相互依存関係を解析し、将来のビジネスモデルがどのようなものになるかを検討することを必要とする。

このシステムレベルの革新は、特にAIベースの意思決定の実装の文脈でよりよく理解されはじめている[2]。図表6-1.2は、我々が業務の中で頻繁に目撃するビジネスモデルの変革例を示している。

例えば、ある保険会社が、エージェントが顧客に保険のアップセルを行うための分析ソリューションを開発した。しかし、このソリューションが現場で機能するためには、価格設定アルゴリズム、営業インセンティブ、流通モデル、顧客エンゲージメントモデル、および評価基準とパフォーマンスインジケータに変更を加える必要があった。そして、これらの変更のためには、将来のビジネスモデルを作成し、関連するビジネスプロセス全体を更新して、ソリューションがその全価値を提供できるようにする必要があった。

図表6-1.2 ● 新しいデジタルソリューションが生み出すビジネスモデルの変革

―― 例

売上高
ビジネスモデル
への影響

直接営業 ●　　　　　　　　　　　　　　　　　● 電子商取引

時間経過に伴い、営業　カスタマーサービス　eコマースチーム
人員の規模を適正化　グループの規模を拡大　内のIT統合

収益ミックス
ビジネスモデル
への影響

プロダクト ●　　　　　　　　　　　　　　　　● サービス

フィールドサービスサ　顧客の契約期間の
ポートの必要性　　　長期化と複雑化

オペレーション
ビジネスモデル
への影響

手動組み立て ●　　　　　　　　　　　　● コボット[1]アセンブリ

時間経過に伴い、直接労働　コボット設計チームと製造オペレー
規模と品質管理を適正化　ションチームの新しいコラボレーション

**CAPEX/
OPEXミックス**
ビジネスモデル
への影響

低いCAPEX、
高いOPEX ●　　　　　　　　　　　● 高いCAPEX、
　　　　　　　　　　　　　　　　　　低いOPEX

CAPEX投資の　　OPEX投資の必要性が高い　（新しいデジタルソリューショ
必要性が高い　　（人材、ソリューション、またはその両　ンへの投資とそれに伴う自動
　　　　　　　方に投資可能）　　　化によるものなど）

1. コボット：人間の活動をサポートを目的に複数のタスクの学習ケイパビリティを備えた協働ロボット。一方、自律型ロボットは
　事前に繰り返しとなる作業をプログラムされ、固定され独立して稼働するロボット

図表6-1.3 ● エンド・ツー・エンドの影響評価
―― 航空会社の例

利用率の向上と価格設定による航空機貨物事業の最適化
ある航空会社は、旅客機の貨物スペースにおける利用率と価格設定を
最大化するために、AIベースのソリューションを開発した

上流への影響例	下流への影響例
エンド・ツー・エンドのプロセス：プロセスはどのような影響を受けるのか？	
営業担当者は、どのフライトに空きスペースがあり、その価格がどの程度かを知ることが必要	より多くの貨物を積み下ろしするため、空港での所要時間の増加が必要
パフォーマンス管理：パフォーマンスを追跡するには？	
営業担当者は、より多く販売できるようになったため、新しい販売目標を設定することが必要	新しい販売目標とインセンティブが必要
組織と技術：人々はどのような影響を受けるのか？	
営業担当者は、新しい収益管理ソリューションの使い方を理解することが必要	空港の貨物取扱業者は最適なパレタイジング手順のトレーニングが必要
マインドセットと行動：どのように人々を巻き込むか？	
営業担当者は変化を受け入れることが必要	貨物部門と収益管理部門のより良い協力体制が必要

要するに、これはビジネス全体の上流および下流の機能（流通、サプライチェーン、マーケティング、セールスなど）と協力して、デジタルソリューションがその全価値を捉えるために必要なプロセス、パフォーマンス管理、組織、スキルの重要な変更を特定することを指す。このような幅広い組織横断の影響は、DXの本質であり、他のどの種類の変革とも異なる特徴である。そのため、CEOや部門トップの関与が、組織横断での調整を推進する観点からも不可欠である（詳細は「CHAPTER 7」参照）。

図表6-1.3は、旅客航空会社の貨物事業のための新しい収益管理ソリューションを実装していた商業航空会社が、上流および下流の問題の範囲をどのように取り込んだかを例示している。

目標は、できる限り多くのこれらの問題を事前に予測することだが、現実には、上流および下流の関連するボトルネックをすべて特定することは困難である。ソリューションが現場に出て、実際に動かしてみて初めて、問題が顕在化することは避けて通れない。だからこそ、導入プロセスは反復的で、常に見直しと改善を行う必要がある。

● 導入チームの設立

導入サポートのレベルは、ソリューションの複雑さ、ユーザー数とその地理的分散度合、およびビジネスモデルの変更の大きさに応じて大きく異なる。一般的なルールとして、ドメインリーダーはソリューションの実装成功の責任を持ち、導入をサポートするために適切なリソースを動員することが求められる。

導入が特に複雑で、長期的なサポートが必要な場合、導入チームの立ち上げを検討すべきである。導入チームは、変更管理やコミュニケーションなど、様々なスキルを持つメンバーで構成される。このチームは、開発の早い段階から関与し、アジャイルに活動しながら、導入における問題を特定し、サポートの必要性を評価する。

サポートの必要性が明確化されると、ソリューションの導入サポートのため、導入チームは関連する目標、ツールセット、およびテクノロジーを特定し、他のプロジェクトから再利用、もしくは新たに作成する。

保険会社が導入チームを構築

　ある先進的な保険会社は、全国2,300人以上のエージェント、150人以上のフィールドリーダー、および300人以上の営業担当者に、保持する15以上のデジタルおよび分析ソリューションの導入を促し、利用開始から24カ月以内に2億5,000万ドル以上のトップライン効果を生み出した。

　同社は、専任の導入チームを配置しており、この導入チームには、ドメインリーダーだけでなく、コミュニケーション、チェンジマネジメント、法務、コンプライアンス、トレーニングなど、様々なスキルセットを持つメンバーを、組織全体から招集した。

　チームは、まずデジタルおよび分析ソリューションのセットをパッケージ化した。そして、影響モデルに則り、トレーニングを通じてソリューションの導入をスムーズに行い、現場に精通した人材、リーダー役を使ったコミュニケーションを通じてソリューションの魅力を伝え、成功を示す指標の追跡と、フィードバックの収集によりソリューション導入結果を測定した。

参考
1. Scott Keller and Colin Price, *Beyond Performance* (Hoboken, NJ: Wiley, 2011年)
2. Ajay Agrawal, Joshua Gans, and Avi Goldfarb, *Power and Prediction* (Boston: Harvard Business Review Press, 2022年)

SECTION 6-2 | 複製と再利用を容易にするソリューションを設計する

「何かが終わったと思っているとき、
　しばしば別の何かが始まっている」

——フレッド・ロジャース（アメリカ合衆国のテレビ番組司会者）

　普及とは、ソリューションの導入を異なる環境で複製し、企業全体に影響をもたらすことである。複製が必要な典型例としては、生産施設全体への普及、異なる地域への普及、異なる顧客セグメントへの普及、または異なる組織への普及などがある。本SECTIONでは、これらの複製対象を「ユニット」と呼ぶことにする。

　普及においては、すべてのユニットに展開するための最も効果的な複製アプローチを設計し、異なるユニットの特定事情に対応するためにデジタルソリューションを効率的に再利用、もしくは適応するようカスタマイズすることが求められる。

● 効果的な複製アプローチの設計

　まず、どのソリューションをどこに普及するかを定義する。通常、これには各ユニットのリーダーが、各ユニットにおけるソリューションの価値を合意し、期待される結果を理解し、適切な財務的および人的リソースを確保し、期待される利益に対する責任を合意することが必要となる。次に、ソリューションを展開するユニットの順序を決定する。これには通常、価値実現までにかかる時間、導入の容易さ、ユニットの準備度合の3点が考慮される。図表6-2.1は、ある鉱山会社がこれら3つの考慮事項を基に、どのように普及順序を決定したかのかを示すものである。

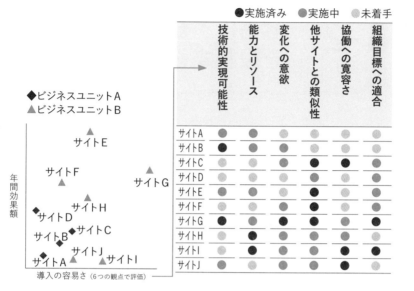

図表6-2.1 ● 普及順序を定義する
——鉱山会社の例

● 実施済み ● 実施中 ● 未着手

◆ビジネスユニットA
▲ビジネスユニットB

	技術的実現可能性	能力とリソース	変化への意欲	他サイトとの類似性	協働への寛容さ	組織目標への適合
サイトA	●	●	●	●	●	●
サイトB	●	●	●	●	●	●
サイトC	●	●	●	●	●	●
サイトD	●	●	●	●	●	●
サイトE	●	●	●	●	●	●
サイトF	●	●	●	●	●	●
サイトG	●	●	●	●	●	●
サイトH	●	●	●	●	●	●
サイトI	●	●	●	●	●	●
サイトJ	●	●	●	●	●	●

年間効果額

サイトE
サイトF　　　　　　　サイトG
サイトH
◆サイトD
サイトB ◆サイトC
サイトJ
サイトA ▲　　▲サイトI

導入の容易さ（6つの観点で評価）

次に、普及の型を選択する。適切な型は、ソリューションの全体的な複雑さ、変化に対応するための組織の準備度合、および変革を普及しなければならない緊急度に応じて決まる。なお、異なるソリューションは異なる型を使用できる（図表6-2.2参照）。3つの主要オプションは以下の通りである。

❶線形な展開

このアプローチは、新しいユニットごとに中央のチームがケイパビリティを構築し、ユニットからユニットへ順次普及するものである。このアプローチは時間を要するが、次のユニットに進む前に、前のユニットで確実に価値実現するため、着実な進捗を保証できる。このアプローチは、鉱山や製油所などの少数かつ高価値ユニットに適している。

図表6-2.2 ● 普及を推進するための様々な方法

例	どのソリューションをどこで普及させるかを決定	ユニットの普及順序を決定	普及の型を選択	推進方法
鉱山会社 鉱石濃縮装置のためのセットポイント最適化ソリューションを開発	セットポイントオプティマイザ12の鉱石濃縮装置に展開	見込まれる効果、IT成熟度、およびセンサーデータの利用可能性によって順序を決定	線形な展開	サイトごとに実施するすべてのサイトで、データアセスメント、カスタマイズ、トレーニングから開始した まず、サイト1のカスタムソリューションを構築し、サイト2およびサイト3でデータモデルを共通化して、サイト3以降での迅速な実装を可能にした
自動車会社 様々なプロダクト（システムおよびコンポーネントなど）の品質管理ソリューションを開発	スケールバンドルソリューション車両プラットフォーム間で展開	見込まれる効果とプラットフォームの類似性によって順序を決定	指数関数的な展開	同じ製品を生産する工場全体に展開し、1つ目の工場に続いて、2つ、4つ、8つと指数関数的に展開先の工場を拡大した 1つ目の工場でカスタムソリューションを構築し、そこで標準化されたものを以降の工場に展開した
航空会社 全世界に250人いる貨物営業担当者用に、貨物収入を最大化するための収益管理ソリューションを開発	収益管理ソリューション1,200のネットワークルートすべてに展開	すべてのルートを等しく優先	ビッグバン	全貨物営業担当者にトレーニングを実施した全ルート用のソリューションを開発した ソリューションをバックエンドの貨物システムに統合し一気に展開した

❷指数関数的な展開

このアプローチは、次第に大きな波で展開するものである。最初は2つのユニット、次は4つのユニット、さらにその次は8つのユニットといった具合に展開する。このタイプでは、トレーナー育成モデルを使用する。例えば、展開計画に含まれるユニットのリーダーは、最初の2つのユニットの実装に参加し、自身のユニットでの実装に備え学ぶのである。指数関数的に普及する展開は、より迅速に影響を生み出すが、品質を維持することが難しい側面もある。このアプローチは、多数の（低価値の）ユニットに適している。

❸ビッグバン

このアプローチでは、ソリューションを組織全体に一度に展開する。例えば航空路線のスケジューリングのソリューションは、一度にすべての場所に展開するのが適している。この型は、すべての重要な役職者のケイパビリティを同時に構築することを必要とするため、しばしば組織全体に張り巡らされた展開チームを活用する。このアプローチは、ネットワーク型ビジネスで最も効果的に機能する。

ソリューション再利用方法の作成──アセット化

もし企業が、標準化された部品、プロセス、品質保証プロトコルがない状態で、注文ごとに各部品をゼロから作っていたらどうだろうか。おそらく、どの幹部もこのアプローチを大きな問題とみなし、規模の経済を阻害し、かつ受け入れられないリスクを招くものとして、即座に対処しようとするだろう。

残念なことに、デジタルおよびAIのソリューション普及に関しては、企業はしばしば多くの作業を個別実施しており、その結果としてソリューション普及を阻害している状況である。効果的な普及ができるかは、どれだけ多くのソリューションが再利用できるかに依存している。

再利用のメリットを得るためには、デジタルとAIのソリューションをモジュールやアセットとしてパッケージ化する必要がある（これが「アセット化」という用語の由来である）。これにより、ユニット間の違いに適応しやすくなるのだ。たとえば、鉱山会社は、異なる鉱石処理技術で

図表6-2.3 ● 標準化の度合いによるデジタルとAIのソリューションの種類

	カスタムソリューション	アセット	標準化されたソフトウェアプロダクト
概要	特定の問題を解決するためのソリューション。カスタムソリューションはコードスニペットを再利用することもあるが、一般的にはゼロから構築される	複数のユニット（工場、市場、ビジネスユニットなど）間で共通の問題を解決するためのソリューションだが、ユニットごとのカスタマイズが必要。コアとなるコードベース、UI、デリバリーレシピは、企業レベルで共有される	カスタマイズなしに、複数のエンドユーザーにサービスを提供するスタンドアローンの企業向けソフトウェアアプリケーション
例	設備劣化原因を究明するための分析ツール	工場の生産性を最適化するためのAIベースのアドバイザリーシステム	統計分析ツール
標準化の程度	10%	60 〜 90%	90%以上
コンポーネント	データ（基本オフライン） モデル（ノートブックで開発されることが多く、プロダクト化されることはほとんどない）	データ（基本オンライン） コアコードベース、モデリングフレームワーク、UI 丁寧なSMEサポート ユーザートレーニング&導入サポート エンタープライズプロダクト管理 MLOpsと継続的なパフォーマンス管理	データ（基本オンライン） 標準ソフトウェアパッケージ エンタープライズ展開とユーザートレーニング ヘルプデスクサポート エンタープライズプロダクト管理（社内またはサードパーティ）

図表6-2.4 ● 効果的なアセット化のレシピ

プロセス	テクノロジー	人材
診断 実装機会を特定し、実装規模や優先順位を決定するためのガイド。実装により見込まれる効果の評価を含む	**コードビルディングブロック** モジュール式で再利用可能なコンポーネント（多くのユースケースに適用可能）	**導入・普及のためのエキスパート** ・サブジェクトマターエキスパート ・データサイエンティスト ・ビジネストランスレーター
オペレーション&サポート アセットの運用と保守の手順、役割と責任、エスカレーションプロトコルに関するガイド	**分析パイプライン** 特定のユースケースのために、あらかじめ構築された、設定しやすいエンド・ツー・エンドのコード	**能力開発プログラム** ・役割と責任の定義 ・能力を構築・強化するためのトレーニング
導入 標準およびカスタマイズされたコンポーネントを含む、アセットの実装方法のガイド	**コード設計の基準** 分析アプリケーションの開発に関し、プログラム間で標準化するためのガイド	**維持・革新のための人材** ・プロダクトオーナー ・MLエンジニア ・エンタープライズプロダクトオーナー
	ドメイン知識の文書化 ユースケースやその価値、プロセスのモデル化に関する文書（プロセスの説明、オペレーションKPI、イシューツリーなど）	**組織構造** ・ガバナンス ・チームの結成方法 ・各役割の相互作用 ・他組織との連携
	MLOpsインフラ ・アプリケーション展開 ・モニタリング ・パフォーマンス管理のための技術スタック	

建てられた銅濃縮プラントを持っているかもしれない。歩留まりを最適化するためのデジタルソリューションには共通の機械学習エンジンがあるかもしれないが、鉱石処理装置からデータを取り込むデータパイプラインは、おそらく各プラント特有のものになるだろう。

　ソリューション再利用の最初のステップは、各デジタルソリューションが異なる再利用レベルを持つことを認識することである（図表6-2.3参照）。あるソリューションは非常に特殊でカスタマイズされており、ほとんど再利用できない。あるソリューションは完全に標準化され、ソフトウェアアプリケーションとしてパッケージ化可能である。その中間には、ソリューションの広範なクラスがあり、その60〜90%は再利用できる可能性がある。企業が開発するほとんどの独自ソリューションは、このカテゴリーに属している。

　効果的なアセット化のための原則は、効率的かつ迅速な展開を実現するための再利用である。効果的なアセット化には、次の3つの要素を満たす必要がある（図表6-2.4参照）。

❶実装プロセスのステップ

チームがデジタルソリューションを使用できるようにするための、ソリューション提供・オペレーションに関するステップバイステップのガイドラインのこと。基本的には、ソリューションの使用方法や管理方法を教育するための標準化された方法を示すものであり、ユニット固有のニーズに合わせて特定のモジュールを使用することも含まれる。

❷モジュール式テクノロジーコンポーネント

APIを介して利用され、他の部分に影響を与えることなく簡単に交換できるコードのかたまりのこと。これにより、ソリューション普及時に、特定の状況に合わせて素早く調整することができる。図表6-2.5に示される例では、ある鉱山会社が複数のレイヤーに分かれたモジュラーアーキテクチャを使用したことで、鉱山技術やデータ環境の異なる採掘現場でもコードを最大限再利用した。

❸ソリューションサポートの専門家

ソリューションを展開し、異なる環境に適応させる方法を理解する専門家チームのこと（例：機械学習エンジニア、エンタープライズプロダクトオーナー）。これらの専門家は、ユーザーをトレーニングし、組織変革を実施する方法も把握している必要がある。

緻密なアセット化アプローチは、実装速度と効率の向上に大きく寄与する可能性がある。図表6-2.6は、異なる2つの産業での、セットポイント最適化の展開と、効果的なアセット化による実装速度の向上を示している。いずれの産業でも、ユニットが標準化されているほど、実装速度が短縮されていることが分かる。発電設備に関するデータでより効果が大きいのは、ソリューションが設備全体で共通という特性のためである（対して鉱物処理作業は、サイトや鉱石が特定のものである傾向がある）。

ソリューションの再利用が、普及アプローチの一部になるようにするため、再利用を奨励する資金モデルとインセンティブ構造を設計することが重要である。これらは次のようなことを含む——「(a) MVPステージを通過した後にソリューションをアセット化するための投資を予算化する」、「(b) 展開をサポートするための資金とリソースを

図表6-2.5 ● セットポイント最適化ソリューションのモジュール式
アーキテクチャーの例

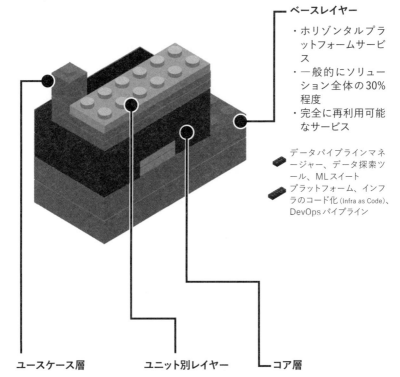

ベースレイヤー

・ホリゾンタルプラットフォームサービス
・一般的にソリューション全体の30%程度
・完全に再利用可能なサービス

データパイプラインマネージャー、データ探索ツール、MLスイート

プラットフォーム、インフラのコード化(Infra as Code)、DevOpsパイプライン

ユースケース層

・特定のユースケースを解決するために作られたコンポーネント
・通常、ソリューション全体の20%程度
・導入チームが特定のユニット用にカスタマイズ

ユースケース別UI
セットポイント最適化機能
ユースケースに特化した機能
原因分析装置

ユニット別レイヤー

・ツールキットの設定
・通常、ソリューション全体の20%程度
・一部をカスタマイズ

学習済みモデルと制約
ユニット／プロセスに特化した機能

コア層

・ユースケースにとらわれないコンポーネント
・通常、ソリューション全体の30%程度
・カスタマイズはほぼなし

ダッシュボードとレポート
ダッシュボードコネクター
オプティマイザライブラリ、パイプラインコンポーネント、シミュレーションエンジン

図表6-2.6 ● アセット化によるソリューション実装期間の短縮
——鉱物処理と発電の例

ソリューション実装までの週数

■ 要塞化　■ 構築　■ POC　■ 導入準備

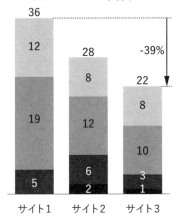

**鉱物処理作業における
セットポイント最適化
アプリケーションの実装**

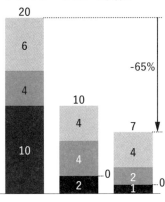

**発電設備全体への
セットポイント最適化
アプリケーションの実装**

調整する」、そして「(c) 各ユニットの導入状況を測定し、その実績に基づきユニットリーダーにインセンティブを与える」。

CASE EXAMPLE ｜ 事例

400のAIモデルの導入と普及

　先導的なエネルギー会社であるビストラは、発電所設備の最適化のために開発されたAIソリューションを迅速に普及するアプローチに投資した。これらのソリューションは、発電所の各操作を最適化するようにチューニングされた400のAIモデルで構成されていた。

　ソリューション開発プロセスの最初から、デザイナーはオペレーターと協力して、彼らの日常業務の理解に努めた。AIソリューションはオペレーターの仕事を容易にするためのものだったため、AIソリューションと推奨事項を表示する画

面は、オペレーターが追加の画面を開く必要がないように、既に使用しているインターフェースに統合された。ディスプレイ自体も見やすく設計され、プラントが適切に稼働している場合は緑の信号が、そうでない場合は赤の信号が表示されると共に、それに対応する推奨アクションも表示された。

　パイロット施設での試行でそのソリューションの価値が実証され、普及展開の承認を受けると、ソフトウェアと機械学習のエンジニアチームがすぐにコードをリファクタリング、モジュラー化、コンテナ化した。これにより、各展開の際に、更新と改善が可能な単一の「コア」パッケージが完成した。なお、各プラントには独自特性があるため、ある程度のカスタマイズは常に求められた。

　データサイエンティスト、エンジニア、オペレーター、および発電専門家で構成される専任のカスタマイズチームが、ソリューションを各プラントの独自特性に合わせてカスタマイズするために協働した。チームは、ビストラの各電力ユニットからのライブデータを単一のデータベースに取り込むためのMLOpsインフラストラクチャを構築した（MLOpsの詳細はSECTION 4-7参照）。また、コードのバージョンを管理し、コードを容易に任意の環境に構築できるようにコンテナ化するためにGitLabソフトウェアを使用した。さらに、チームは、モデルのパフォーマンスと利用状況を監視し、各モデルの継続的な改善を管理するためのダッシュボードも作成した。

　最後に、①モデルの使用方法を学ぶユーザー向けトレーニング、②AIモデルの開発と維持方法を学ぶ技術者向けトレーニング、③ビジネスの運営方法を変える方法とAIモデルの使用方法を理解するためのリーダー向けトレーニング、という3つのトレーニングを実施した。

SECTION 6-3 重要な指標を測定し、ビジネスインパクトを実現する

「活動を成果と混同してはならない」

——ジョン・ウッデン（アメリカ合衆国の元バスケットボール選手、指導者）

驚くほど多くのCEOは、自社のDXに関して、次のような進捗状況を明確に把握していない[1]。「よりデジタルなビジネスモデルへの変革は進んでいるのか」「必要なデジタルスキルは構築されているのか」「これらが、よりよい顧客体験と収益効果につながっているのか」などである。

変革の進捗を測定する必要性について議論の余地はない。しかし、問題は何を、どのように測定するか、である。パフォーマンスの追跡は、適切なサポートツールがなく、設計が不適切な場合、簡単に崩壊する。

質の高いパフォーマンスインフラストラクチャには、以下の要素が含まれる——「①適切なKPIの設計」、「②ステージゲートプロセスとワークフローツールによるトラッキングのサポート」、「③強力な変革オフィスの設立」。

● パフォーマンス管理のアーキテクチャとKPI

どのパフォーマンス指標を測定するかを明確にすることが、戦いの半分を占める。DXでは、重要業績評価指標（KPI）は、価値創造指標、ポッドの健全性指標、およびチェンジマネジメント指標の3つに分類されることが多い（図表6-3.1）。

図表 6-3.1 ● デジタルおよび AI トランスフォーメーションのパフォーマンス管理アーキテクチャ

	価値創造	ポッドの健全性	チェンジマネジメント
ゴール	デジタルソリューションがコアビジネス／オペレーションのKPIに与える影響を評価	ポッドの健全性と成熟度を評価	新たな能力構築と組織活性化の進捗状況を評価
指標	オペレーションKPI	ポッド組織成熟度KPI	スキルビルディングとチェンジマネジメントKPI
例	カスタマー採用率(%) オンライン売上率(売上全体に占める割合) 工程収率(%) クロスセル率(%)	ポッド人員配置の妥当性 OKRの実績 アジャイル/DevOpsの成熟度 リリース頻度	動員したポッド数 従業員エンゲージメント 人材採用／スキルアップ マイルストーン達成
分析単位	ソリューションとドメイン	ポッド	具体的な能力 リーダーシップ 従業員エンゲージメント
関連項目	経営幹部 ドメインリーダー	ドメインリーダー ポッドオーナー	経営幹部 トランスフォーメーションリーダー

ビジネス／オペレーションKPIを通じた価値創造の追跡

デジタルソリューションは通常、財務または顧客利益に貢献する、一つまたは少数のビジネス／オペレーションKPIを対象とする。これらの指標は、ドメインリーダーや経営陣にとって重要である。また、これらは投資家に対してDXの進捗を説明する材料となる。図表6-3.2はある国際的な銀行の例である。この銀行は、毎四半期、主要なDXの指標を投資家に報告している。これらの指標には、顧客のモバイルアプリの活用状況、デジタルセールス、支店ネットワークからのトランザクションの移行、支店での従業員削減などが含まれている。バリュードライバーツリーは、デジタルとAIのソリューションが、主要なオペレーションKPIを改善することが期待されている箇所を特定するための有用なツールである。このツリーは、そのソリューションに取り組むポッドのOKRにリンクするためにも使用され、改善がどのように実現されるかを統一された形で表現している。

例として、図表6-3.3は年金プランのプロバイダーのケースを示している。このタイプのビジネスの収益は、退職プランを契約した企業数、プランごとの参加従業員の平均数、および参加者ごとの平均収益によって決まる。

ツリーが分解されるにつれ、潜在顧客への提案数や契約獲得率のようなオペレーションKPIになる。通常、デジタルソリューションがビジネスのパフォーマンスに影響を与えるのはこのレベルである。この例では、営業ドメインのリーダーは、図表6-3.3に示すように、3つのデジタルソリューションを開発することを決定した。この例のソリューション2は、年金プランへの参加申請プロセスを容易にすることに焦点を当てている。この解決策には2つのポッドが取り組んでおり、1番目のポッドは申請を効率化するために、2番目のポッドは従業員情報を自動入力するためのAPIを開発するために活動している。

営業ドメインリーダーは、オペレーションKPIレベルでの進捗を追跡する必要がある。ソリューション2の場合、完了した申請の割合とユーザー満足度レベル（価値ドライバーツリーには表示されていない）が該当する。一方、ポッドのオーナーは、ポッドによって直接制御可能であり、

図表6-3.2 ● 銀行のデジタルトランスフォーメーションで管理される 典型的なオペレーションKPI
——国際的な銀行による投資家向け報告書の例（2016～2020年）

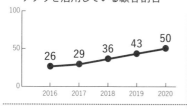

アプリは顧客に利用されているか？
アプリを活用している顧客割合

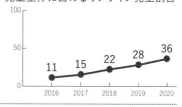

商品をオンラインで購入するのは簡単か？
売上全体に占めるオンライン売上割合

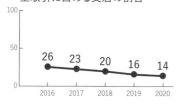

取引は支店外で行われているか？
全取引に占める支店の割合

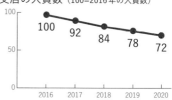

プロセスは自動化されているか？
支店の人員数（100＝2016年の人員数）

進捗が最大で数週間または数カ月で実現できる主要結果を追跡すべきである。この場合の良い例は、申請を完了するための手順の削減であり、通常、数カ月で達成可能である。

　図表6-3.4は、各ポッドのOKRがどのように組織されているか、また、各段階で期待される結果と、最終的な改善目標が示されている。併せて、開発したソリューションが申請の途中離脱率を減少させ、より多くの登録を実現するかについての仮説も示されている。

　これらの仮説策定は難しいものとなることがある。効率化された申請と事前入力された従業員データによって、どれだけ離脱率が減少するかを事前に把握するのは難しい。そのため、開発を段階的に進め、バージョン1のソリューションが離脱率にどのような影響を与えるかを観察し、バージョン2やバージョン3のソリューション開発に向け取り組みを継続するか、より有望なアプローチに方向転換するかを判断することが非常に重要となる。

　このバリュードライバーツリーの設計と、それに対応するKPIの追

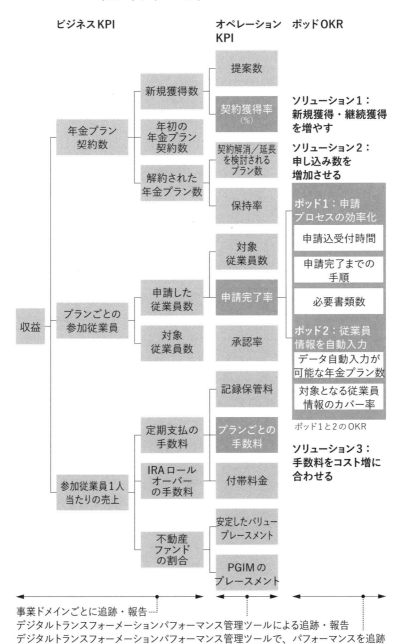

図表6-3.3 ◉ デジタルソリューションがKPIに与える影響を特定する
　　　　　バリュードライバーツリー

ビジネスKPI　　　　　　　　　　　オペレーション　　ポッドOKR
　　　　　　　　　　　　　　　　　KPI

提案数

新規獲得数　　　契約獲得率
　　　　　　　　　　（%）　　　　　ソリューション1：
　　　　　　　　　　　　　　　　　新規獲得・継続獲得
年初の　　　　　　　　　　　　　　を増やす
年金プラン
契約数　　　契約解消／延長　　　ソリューション2：
年金プラン　　　を検討される　　　申し込み数を
契約数　　　　　プラン数　　　　　増加させる
解約された
年金プラン数　　保持率　　　　ポッド1：申請
　　　　　　　　　　　　　　　プロセスの効率化

　　　　　　　　　　　　　　　　申請込受付時間

　　　　　　　　対象　　　　　　申請完了までの
　　　　　　　　従業員数　　　　手順
プランごとの
参加従業員　　申請した　　　　　　必要書類数
　　　　　　　　従業員数　　申請完了率
　　　　　　　　　　　　　　　ポッド2：従業員
収益　　　　　　対象　　　　　　情報を自動入力
　　　　　　　　従業員数　　承認率　データ自動入力が
　　　　　　　　　　　　　　　可能な年金プラン数

　　　　　　　　　　　　　　　対象となる従業員
　　　　　　　　記録保管料　　　情報のカバー率

定期支払の　　　プランごとの　　ポッド1と2のOKR
手数料　　　　　手数料
　　　　　　　　　　　　　　　ソリューション3：
参加従業員1人　IRAロール　　　　手数料をコスト増に
当たりの売上　オーバー　　付帯料金　合わせる
　　　　　　　　の手数料

　　　　　　　　安定したバリュー
　　　　　　　　プレースメント
不動産
ファンド
の割合　　　　　PGIMの
　　　　　　　　プレースメント

事業ドメインごとに追跡・報告‥‥‥
デジタルトランスフォーメーションパフォーマンス管理ツールによる追跡・報告
デジタルトランスフォーメーションパフォーマンス管理ツールで、パフォーマンスを追跡

図表6-3.4 ● ポッドOKRにリンクされたビジネス／オペレーションKPI
—— OKRマッピングの例−年金プランの加入促進

ソリューションビジネスケース

昨年は40万件の申請離脱者が発生。NPSは10%	このソリューションにより、申請離脱率が20%から5%に減少し、申請が30万件増加 NPSは業界トップクラスの50に到達	申請完了者の2/3が最終的に年金プランに参加した結果、20万人の新規参加者を獲得	参加従業員1人当たりの平均マージン500ドル	EBITDA 1億ドル NPS=50

目的	主な結果	1年目	2年目	3年目
ポッド1 申請書記入にかかる時間を60%短縮	1.1：必要書類の削減	8 ▶ 5	5 ▶ 2	2
	1.2：申請ステップの削減	40 ▶ 30	30 ▶ 20	10
ポッド2 50%の年金プランで従業員データの事前入力を有効化	2.1：人事システムにAPIリンクしている年金プラン率	0 ▶ 30	30 ▶ 50	50
	2.2：従業員情報の事前入力	従業員基本情報	前回の年金プラン情報	配偶者と扶養家族の情報

跡は、DXの成功のための基盤として、明確な指針を提供し、価値創出に焦点を当てることや、責任の所在を明確にすることに寄与する。

● ポッドの健全性評価

　ポッドはDXにおける「戦闘ユニット」である。健全で成熟したポッドなしには、デジタル変革を成功させることはできない。

　多くのDXでは、ポッドが適切に構成されていなかったり（例：パートタイムのポッドメンバー、スキル不足）、現代的な方法を導入していなかったり（例：アジャイル、DevOps）、あるいは重要なケイパビリティを欠いている（例：プロダクトマネジメント、ユーザーエクスペリエンスデザイン）ため、当初計画よりも遅い進行となる。私たちの経験では、低パフォーマンスのポッドと、高パフォーマンスのポッドでは、その生産性に5倍以上の差がある。ポッドの健全性を測定・管理することは非常に重要である。

　ポッドの健全性評価は、以下の3つの視点で行われる。

❶ポッドの構成指標

まず、ポッドは適切にスタッフィングされているかどうか。どの企業もリソースの制約があり、適切なリソース配分なしに、長い間ポッドが運営されていることがある。次に、より重要な点として、ポッドのリソースは専任か、そして、各役割は、適したスキルを持つメンバーが割り当てられているか、である。この評価は、ポッドオーナーとドメインリーダーが行うのが良い。QBRは、QBR報告の一部として、これらの評価を行う絶好の機会である。

❷ポッドのパフォーマンス指標

これはポッドの機能に関わる部分である。これらの指標は、通常バックログ管理ツール、例えばJira、Azure DevOps、Digital.aiから抽出される（したがって、これらのツールを一貫した方法で使用するため、ポッドをトレーニングすることが重要である）。業界では、追跡すべき指標について議論があるが、ここでは以下の指標を推奨する。最初の4つは標準的なDORA (DevOps Research and Assessment) 指標として知られている（図表6-3.5）。

- **実装頻度**：プロダクションごとに成功したコードリリースから本番環境適用までの平均時間を測定する。リリースがビジネス上の理由で制約されている場合、ユーザー受け入れテスト (UAT) への実装頻度を代理として測定する。

- **実装までのリードタイム**：開発サイクルの終了から本番環境への実装までの時間を測定する。この指標は、ポッドがコードをチェックインするところから、新しいソリューションが統合され、テストされ、実装されるまでのプロセスがどれだけ効率的（および自動化されている）かを示す。

- **平均復旧時間** (MTTR)：障害から回復するのにかかる平均時間を測定する。システムがレジリエンスを持って設計されているか、障害をどれだけ迅速に解決してシステムを復旧させるかを示している。

- **故障率**：本番環境の障害を引き起こす実装の割合を測定する。実装故障率は、一定期間にわたるすべてのワークフローを取り、失敗で終了したり修正が必要だったりした割合（例えば、ホットフィックス、ロールバック、フィックスフォワード、パッチが必要）を計算する。

- **ベロシティ**：特定のスプリント内でのユーザーストーリーが推定に対してどれくらいの時間で完了したかを計算する。各イテレーショ

図表6-3.5 ● ポッドのパフォーマンス測定
───グローバル資産管理会社の例

過去30日間の 平均パフォーマンス	月間トレンド	直近30日間の グループ別パフォーマンス

実装頻度

アプリケーション
ごとのコードリリース
から本番稼動までの
平均期間

33.1日

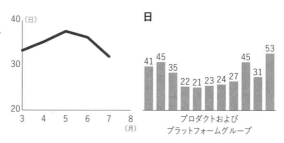

実装までのリードタイム

コードコミットから
本番環境実装までの
平均時間

14.2日

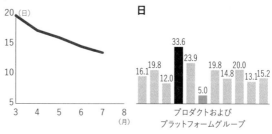

平均復旧時間

本番環境で、
障害からの復旧に
かかる平均時間

149分

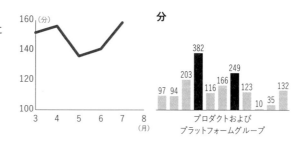

故障率

本番環境で障害を
発生させた割合

1.22%

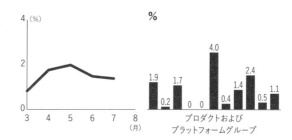

ンでどれだけの作業が完了できるかを測定し、将来のスプリントまたはプロジェクト全体の完了にかかる時間を予測するのに役立つ。

・**コードチャーン**：特定のコードの部分（例えば、ファイル、クラス、関数）がどれくらいの頻度で編集されるかを示す。例えば、コードが初めてマージされてから3週間後までに、何%のコードが編集されたかを測定する。

❸ポッドの成熟度指標

ポッドのパフォーマンスと全体的な効果を示すものである。ポッドの成熟度を測定するための複数の調査ツールが存在する。調査ツールは、ポッドのメンバーと、またはポッドのアジャイルコーチによって回答される。後者は通常、より独立した視点で適切な回答を行うことができる。図表6-3.6は回答例を示している。

理想的には、これらの異なる指標は、ポッドのワークフローで自動化されていると良いが、その実装には時間を要すため、ある程度の規模がある場合のみ自動化の意味がある（20以上のポッドがある場合）。

◎チェンジマネジメントの進捗

これらの指標により、スキル構築の進捗状況や、変革の健全性を測定できる。計画通りにポッドを動員できているか？　従業員の意欲は高まっているか？　ケイパビリティ開発や人材育成は進んでいるか？　私たちは、これらの測定において、完璧主義は敵であると考えている。土台となる部分を実行し、そこから発展させていくことが重要である。

❶リーダーの関与

企業内のトップ200～300人の幹部に対し、定期的に調査を実施して、デジタルが彼らの経営アジェンダにおいてどれだけ重要か、進捗状況はどうか、そして変革をリードする自身に対する評価を問う。また補完的に面接も実施する。

❷ケイパビリティ構築の進捗

CHAPTER 2～5で述べた、いくつかのデリバリーケイパビリティの構築の進捗状況を代表するいくつかの主要な指標がある。タレント

図表6-3.6 ●ポッドの成熟度測定

○あるポッド　○ベストもしくはワーストのポッド　●非常に低い (50%以下)　●低い (51〜60%)　●どちらともいえない (61〜70%)
●高い (71〜80%)　●非常に高い (81%以上)

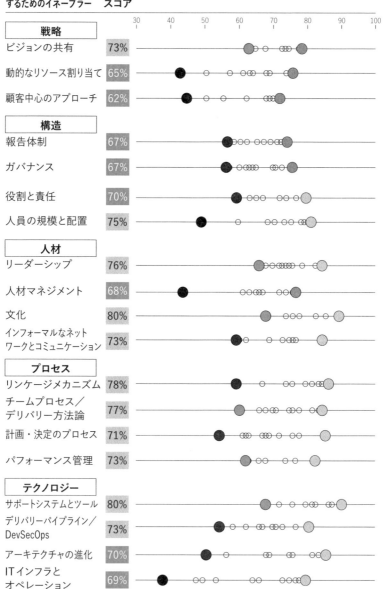

アジャイルを大規模展開 するためのイネーブラー	平均 スコア
戦略	
ビジョンの共有	73%
動的なリソース割り当て	65%
顧客中心のアプローチ	62%
構造	
報告体制	67%
ガバナンス	67%
役割と責任	70%
人員の規模と配置	75%
人材	
リーダーシップ	76%
人材マネジメント	68%
文化	80%
インフォーマルなネット ワークとコミュニケーション	73%
プロセス	
リンケージメカニズム	78%
チームプロセス／ デリバリー方法論	77%
計画・決定のプロセス	71%
パフォーマンス管理	73%
テクノロジー	
サポートシステムとツール	80%
デリバリーパイプライン／ DevSecOps	73%
アーキテクチャの進化	70%
ITインフラと オペレーション	69%

資料：Mckinsey「アジャイルの成熟度を伝え、改善の機会を特定するための方法」

に関しては、「デジタルベンチを構築できているか（外部からの導入、または内部人材のスキルアップ）？」また「最高の技術者を保持しているか？」。オペレーティングモデルに関しては「計画通りポッドを動員できているか？」また「これらのポッドのプロダクトオーナーはどれほど優れているか？」。テクノロジーに関しては「どのくらいの数のポッドが本番環境へコードをリリースできるケイパビリティを持ち、そのリリースサイクル時間はどれくらいか？」。そしてデータに関しては「どれくらいの数のソリューションポッドがデータ制約に直面し、進捗できない状況にあるのか？」「どれくらいの数のポッドが特定のデータプロダクトからデータを利用しているのか？」。

❸従業員の関与

年次の従業員関与度調査は、従業員の全体的な熱意やスキル構築度、個人的な成長度を測る良い機会である。また、変革の影響が大きいグループに対しては、調査を分けて行うことも良いアイデアである。例えば、ポッドで働く人や新しいソリューションの恩恵を受けるユーザーなどを対象にすると良い。

● ステージゲート法を用いての追跡

堅実な変革プログラムでは、ソリューションがステージゲートに基づいて管理されることを保証する。我々は、各ソリューションについて、5つのゲートプロセスを通じて進めることが良いと考えている。これら5つのゲートは、マッキンゼーが支援する変革プログラムを成功に導くために使用してきたものである。これらのゲートについて、図表6-3.7に説明する。

ゲートのL1からL3は、ドメインの再構築の一部でソリューション創出そのものである。ソリューションが正式なゲートレビューを通じて進行するにつれ、ビジネスケースやデリバリー要件が具体化される。L3は、各ソリューションの実施／中止を判断するゲートであり、この結果がデリバリーポッドの動員につながる。

L4は、しばしばソリューションのMVP提供と一致する。L5は、バージョン1が顧客／ユーザーに導入され、価値が提供されることを意味する。年次計画（またはQBR計画）を通じて、バージョン2の仕様が定

図表6-3.7 ◉ステージゲート法によるトランスフォーメーションの進捗管理
——ドメイン再構築段階

ソリューション創出	実行期間

年間計画+QBRプロセス

ソリューション
の具体化　ソリューション
の評価　ソリューション
の実施判断　MVP

L0：
ソリューション
のアイデア出し……▶ L1 ▶ L2 ▶ L3 ↻ L4 ↻ L5

完了

価値
実現

検証　　計画　　開発　　導入と普及

L0から L1へ
・解決すべきビジネス課題を明確化する
・ドメイン再構築ロードマップの一環として、ソリューションのアイデア出し

L1から L2へ
・ビジネスバリュードライバーツリーを構築
・主要な前提条件を踏まえ、ソリューションから見込まれる効果を算出
・L3およびL4に至る日程を計画
・実現可能性の定性的評価（技術、データ、チェンジマネジメントなど）

L2から L3へ
・バリューツリー運用KPIsの改善に関する前提条件を確定
・フィージビリティと技術的ニーズを確認（技術スタック、データ、採用とスケーリングを推進するためのチェンジマネジメント）
・必要なチーム構成、およびそれに伴うコスト計画
・財務価値と投資の詳細化；OKR曲線の"ロック"
・リリースまでの主要なマイルストーン特定（スプリントサイクル、MVPのローンチ日など）
・ポッドのOKR最終化、およびロードマップ定義

L3から L4へ
・スプリントサイクルによるデリバリー
・ポッドがJiraで実行を管理し、ドメイン／ソリューションリーダーが定期的（例：毎月）にWaveでKPIsとKRの進化を共有
・MVPソリューションの完成
・カスタマー／ユーザーへの展開完了

L4から L5へ
・四半期終了時にQBRが実施される
・目標達成されたKPI／財務効果
・より広範な組織全体にわたるスケールアップ／ロールアウト
・製品ロードマップをさらに開発し、必要に応じて拡張

完了

義され、別のサイクルが始まる。ソリューションは引き続き進化し、改善され、より多くの価値を提供する。ある時点で、ソリューションは成熟に達するかもしれない。その後は、開発チームは縮小され、コアサポートチームのみが残る。

このゲートプロセスがもたらすある種の規律の重要性は過小評価すべきではない。DXが、より多くのドメインに普及するにつれ、このゲートプロセスは、年次計画および（または）QBRを通じて管理できる、一貫した言語（組織の構成員が共通認識を持つことができる）と投資のルールを提供する。企業が、何がうまくいくか（そしてうまくいかないか）を学び、ケイパビリティを構築し、新しい価値の源を見つけるにつれて、DXロードマップ、ビジネスケース、リソース要件を動的に更新する。

大規模なDXは、数百のポッドを動員し、多くのデジタルソリューションを提供する。追跡や結果報告は、初期の段階ではスプレッドシートとスライドで行えるが、これはすぐに不可能となる。

我々は、変革の追跡と結果報告のために2つのソフトウェアパッケージを使用している。1つ目は、ソリューションと、その基礎となるユースケース、およびコアパフォーマンスKPIを追跡する汎用ツールだ。それはデジタルソリューションへの投資と価値を追跡する。我々はWAVE^{2}と呼ばれるツールを多用するが、市場にある他のツールも利用可能である。2つ目のLINKは、ポッドの健全性を追跡し、クロスチームの依存関係を管理を含む、アジャイルのセレモニーをサポートするために設計されている。

◉ 変革オフィス（TO：Transformation Office）

すべてのデジタルイニシアチブを継続的に管理するために、変革オフィス（TO）は常に必要である。TOは、ビジネス全体のDXの全要素を監督するチームであり、ドメインロードマップの品質担保から、パフォーマンスや健全性の報告まで、幅広く対応する。

変革の規模に応じて、TOは財務、HR、コミュニケーション、IT、および各種専門家（例：法務、調達）などのプロフェッショナルで構成される。主な責任は、変革プログラムの開始、DXロードマップの開発サポート、目標とする価値が実際に提供されているかの追跡、潜在的な価値漏洩の兆候の検出、障害物の除去、進捗に基づくロードマップ

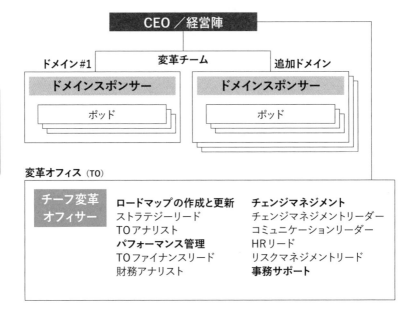

図表6-3.8 ● 変革オフィス (TO) の立ち上げ

の見直しおよび更新、ケイパビリティの構築、そして変革全体の管理である。

TOは重要な意思決定 (例：ステージゲートの承認、チームと予算の割り当てなど) を行う権限を持ち、変革推進のために、組織を後押ししたり、人々に責任を果たすよう求めることができる。

TOは従来のプログラム管理オフィス (PMO：Program Management Office) よりも未来志向的である。ボトルネックを予測し、積極的にそれらに対応するのだ。彼らは、問題解決、説明責任、そして変革のペース維持に注力している。

図表6-3.8は、TOを含むガバナンス構造を示している。

変革オフィサーには、ビジネスを理解し、尊敬を集め、人々を推進し、「関係資本」を使って変革を推進する意志が必要である。そのため、変革オフィサーはしばしば社内の幹部が務める。

DXが成熟し、通常業務に統合されるにつれ、TOの必要性は減少し、最終的には解散する。この段階に至ると、デジタルの取り組みは新しい運営モデルの一部として統合されている状態となる (CHAPTER 3参照)。

参考

1. Matt Fitzpatrick and Kurt Strovink, "How do you measure success in digital? Five metrics for CEOs," McKinsey.com (2021年1月29日) https://www.mckinsey.com/capabilities/mckinsey-digital/our-insights/how-do-you-measure-success-in-digital-five-metrics-for-ceos.

2. WAVEの詳細は下記参照 mckinsey.com/capabilities/transformation/how-we-help-clients/wave/overview.

SECTION
6-3

重要な指標を測定し、ビジネスインパクトを実現する

> 「リスクは、自分が何をしているのかを
> 知らないことから生じる」
> ──ウォーレン・バフェット（アメリカ合衆国の投資家、経営者、慈善家）

　リスクは常に存在する。そして、DXは、相互に結び付いた、新しくて複雑なリスクを表面化させる。急速なデジタルとAIの革新は、規制当局の監視が増加している環境で進行しており、消費者、規制当局、ビジネスリーダーは、サイバーセキュリティ、データプライバシー、AIシステムの脆弱性に対する懸念を高めている。

　AIアルゴリズムの中での暗黙のバイアスから起きる意図しない結果、自動運転車に関わる悲劇的な事故、個人情報の漏洩など、デジタルとAIのリスクは、どのビジネス、産業、政府も免れない。

　これらの問題こそが、消費者と規制当局の双方が企業に対して強力なデジタル信頼性を確立し、適用することを期待している理由である。デジタル信頼性とは、組織が消費者データを保護し、効果的なサイバーセキュリティを実施し、信頼性のあるAI搭載の製品とサービスを提供し、AIとデータの使用に関する透明性を提供することを意味する。

　強力なデジタル信頼性を確立した企業は、ネガティブなデータやAIのインシデントに関連するリスクを経験する可能性が低く、優れたパフォーマンスをする可能性も高い[1]。そのため、多くの消費者、特にデジタルに詳しい人々は、信頼性やデータ保護を、価格や納期と同じくらい重要な要素と考えている。

　本書の目的に沿い、DXを最も直接的にサポートする4つのデジタル信頼性ケイパビリティに焦点を当てて説明する。

リスクのトリアージ

　企業リスク管理の一環として行う従来のリスク評価に似ているが、ここではDXロードマップに含まれるデジタルソリューション、モデル、およびデータアセットに焦点を当てる。これらのリスクを評価する際には、リスクを特定し、リスクタクソノミーに分類し、それが実際に起こった場合の影響を基に「スコアリング」する。規制当局はデータ処理影響評価（APIA）やアルゴリズム影響評価（AIA）の実施を組織に求めている。

　この取り組み結果は、リスクヒートマップになる。スコアは追加の質問のきっかけとなり、どの部分にリスクがあり法的専門家が必要とされるのかを示す。これにより、方針の見直しが必要な部分に、優先的に取り組むことができる。

ポリシーの見直し

　包括的なデジタル信頼性ポリシーは、データ、分析、テクノロジーの使用に関する指針を提供し、組織の方針の指針を示す。これらのポリシーは従来のデータプライバシーポリシーよりも広範であり、個人データの使用と取り扱い、テクノロジーの使用に関するガードレール、コードベースのモデルの公平性、ソフトウェア・IoTシステム・クラウドソリューション・デザインプロトタイプに関するプロトコルなどのトピックを含む。

　以下の分野でポリシーを見直すことが期待される。

● データ
　機微なデータの収集に関する簡潔で分かりやすいポリシー、明確に定義されたデータ保持ポリシー、第三者の従業員やベンダーに対する適切な審査、および継続的な監査

● テクノロジーとクラウド
　ITリスクの優先順位づけの戦略、すべての従業員に対する継続的なサイバートレーニング、およびインシデント対応プログラム

● AI/MLと分析

透明性と説明可能性を含むAIリスクに対する明確な基準と閾値、自動化されたAIモデルモニタリングシステム、AIモデルのバイアスと公平性のチェックを行うポリシー

例えば、あるソリューションが様々な顧客属性を情報対象にしたり、多様な価格設定を行ったりする場合、企業はバイアスを防ぐために特定のプロトコルを実装する必要があり、そのことはAIポリシーに明記されるべきである。

これらの新たなリスクに対処するために全ポリシーを見直すことは、非常に時間を要するため、リスク管理や法務チームに、12〜24カ月にわたる計画的なアプローチを開発するよう依頼する必要がある。

● リスクポリシーの運用能力

世界で最も優れたポリシーであっても、チームがデジタル信頼性の確保を迅速かつ一貫して実施するケイパビリティを持たなければ失敗する。しかし、テストと検証が必要なデータソースやデジタルとAIシステムが単純に多すぎるため、企業は以下3つの運用ケイパビリティの構築に焦点を当てるべきである。

❶組み込みのコントロール機能

開発チームが多額の資金と時間を費やして新しいソリューションを制作し、実装した後に、リスクの問題（例：顧客のデータ使用に対する同意が得られていないなど）に遭遇して結局ゼロからやり直すか、それどころか作業を永久に棚上げしなければならないケースが数多く見受けられる。こうした問題は、従来のオペレーティングモデルに起因する。それは、法務、ガバナンス、品質保証などのリスク専門家が独立して作業し、ソリューションの開発プロセスの特定の「ゲート」でのみ対処するためのインプットを提供するというもので、その多くはソリューションの大部分が完成した後に行われている、というものだ。

この問題を解決するためには、リスクのトリアージ・チェックリストを作成し、リスク専門家の指導のもと、ポッドがこれを実施することで、法務、サイバーセキュリティ、データ、プライバシー、コンプ

ライアンスなど、企業が持つ管理部門からの専門知識が必要なリスクを浮き彫りにする。リスクの評価とその軽減策が合意されると、ポッドはそれらを作業のバックログに含める。例えば、MLモデルを構築する前に、顧客データのある部分をブラインド化する必要があると結論づけられるかもしれない。

このリスクトリアージ、専門家によるリスク評価、リスク軽減策の実施のプロセスはデジタルワークフローに組み込まれ、作業の履歴管理とスケーリングが容易に行えるようになっている（詳細は「SECTION 3-2」参照）。

❷専門人材

ここで議論しているのは、規制、倫理、テクノロジーの交差点にある高度に専門化された分野である。デジタル信頼性の構築と管理に責任を持つ、企業全体のデジタル信頼性リーダーを指名することを検討する価値がある。一部の企業では、最高信頼責任者を配置している。

こういった人材は、データプライバシーアプリケーションの管理と保守、セキュリティとコンプライアンスのための自動化されたテストの開発、アプリケーションのリファクタリングをコンプライアンスに適合させるための「プライバシーエンジニアリング」の専門知識を深化させる必要がある。

❸リスクコントロールの自動化

信頼性確保の自動化は、信頼性ポリシーをコードに変換するプロセスで（ポリシー・アズ・コード）、例えばコンプライアンス要件（コンプライアンス・アズ・コード）やリスク基準（セキュリティ・アズ・コード）などがある。これらの自動化されたリスクコントロールは、新しいコードが提出されるたびに適用される。このアプローチは開発と展開を劇的に高速化し、リスクを削減する。AIシステムの場合、これには新しい規制に対するコンプライアンスを自動化するMLOpsツールも含まれるかもしれない。

◉意識改革とパターン認識

全員がデジタル信頼性に責任を持つべきだという信念が、先進企業

で共有されるようになっている。信頼性の文化を築くためには、信頼性のメッセージは最上層部から発信される必要がある。リーダーは組織全体でデジタル信頼性の実践をスポンサーとして推進し、模範となる必要がある。これにはデジタル信頼性に焦点を当てたトレーニングプログラムの導入、データ、デジタル、およびAIテクノロジーの使用に関するコアバリューの公表、パフォーマンスレビューにデジタル信頼性の指標を定義することなどが含まれる。

　顧客が自身のデータを保護するための取り組みを信頼するには、それらの取り組みと方針を知っている必要がある。場合によっては、規制当局によってそのようなコミュニケーションを求められる。例えば、ニューヨーク州では、AIによる雇用と採用のシステムでの公平性を確認するための監査プロセスを、ウェブサイトで公開するよう企業に要求する規定が含まれており、そこにはデータサイエンティストがAIのバイアスを特定するために使用するツールも含まれている。デジタル分野のリーダー企業は、競争上の優位性を築き、消費者の期待を自社が優位な分野へ向けさせるために、定期的かつ積極的に市場に自身の取り組みを伝えることも重要である。

　最後に、関連する規制当局とデジタルリスク管理の取り組みを共有することで、新しい働き方とそれに伴う利益を理解してもらうことも重要である。このようにして、企業はコンプライアンスを確保するために積極的な対策が取られていることを規制当局に伝えることで安心させ、フィードバックを収集して今後の対策に活かすことができる。

IN THEIR WORDS ｜ 先駆者の言葉

ユーザーの価値とデジタル信頼性のバランス

　「現在、AIはほぼあらゆるものに組み込まれ、多くのことを私たちにとって魅力的なものにしている。例えば、YouTubeやSpotifyで私が思いつかなかったものを推薦してくれたり、スマートフォンが私の意図を予測し、プロンプトを提供してくれる。しかし、ユーザーの価値を生み出し、これらの製品を市場に出すのに忙しい一部企業は、これらのツールが作り出す副作用に十分

な注意を払えていない。これは、自動車産業が自動車の安全機能を考慮し始めたときに似ている。当時の自動車会社の考え方は、『シートベルトは20％の確率で動作する。いずれうまくいくだろう』というものだった。しかし、顧客の反応は『今すぐシートベルトを機能させる方法を見つけてほしい』というものだった。テクノロジーも同様だ。企業は必要な方法で革新する方法を知っているが、それらの分野に投資し一生懸命取り組む必要がある」

——マーク・サーマン

（モジラ・ファウンデーション社長兼エグゼクティブディレクター）

SECTION 6-4

リスクを管理し、デジタルの信頼性を築く

参考

1. Jim Boehm, Liz Grennan, Alex Singla, and Kate Smaje, "Why digital trust truly matters," McKinsey.com（2022年9月12日）
https://www.mckinsey.com/capabilities/quantumblack/our-insights/why-digital-trust-truly-matters.

「ケイパビリティは実現された時にのみ明確に現れる」

──シモーヌ・ド・ボーヴォワール（フランスの哲学者、作家、批評家）

　これは常に受ける質問である──文化とはつまるところ何なのか？
ビジネスリーダーは文化の重要性を認識しているが、デジタル文化
を構築するためには何が必要か──DXを支援し加速する心構えや行
動──についてはしばしば行き詰まる。これは文化を曖昧な用語とし
て捉えているためであり、どのように、またはなぜ、文化を築くべき
かが明確ではないからである。実際、文化は一連の行動、インセンティ
ブ、新しいスキル、リーダーシップの属性の結果によるものである。

　本書は全体として、経営者がデジタルとAIが提供する可能性を認
識すること、新たなテクノロジータレントを導入すること、ITをビ
ジネスに近づけること、新しい働き方を学ぶこと、イノベーションを
促進するために社内全体で簡単にテクノロジーやデータを利用できる
ようにすること、プロダクトオーナーを育成することなど、デジタル
文化を築くために必要な行動について言及している。

　これらすべての努力の結果としてデジタル文化が形成される一方、
デジタル文化を育てるためには、リーダーに期待するリーダーシップ
の属性を明確にし、それらの形成の進捗を追跡することから始めるこ
とが必要である（図表6-5.1参照）[1]。

　DXを進める際に、企業の組織文化に真っ向から取り組むことで、
変革が成功するために必要な心構えや行動の変容を強化できる。出発
点を定義し、定期的な調査を通じて進捗を測定することは、あるべき
文化的属性に対する変革状況を理解する良い方法である。

　DXは、他のどのタイプの変革よりもスキルの構築を必要とする。

図表6-5.1 ● デジタル企業におけるリーダーシップ属性

顧客中心主義	すべての活動の中心に顧客を置き、素晴らしい経験を提供するための努力を惜しまない
コラボレーション	顧客と企業の利益のために、役職や事業部門を超えて協働する
切迫感	素早く行動／反応し、各状況で求められるものを敏感に察知する
外向的な姿勢	他社、パートナー、顧客から常に学ぶ
試み、学び、成長する姿勢	新しいことを試すためにリスクを負うことができ、失敗を学びの源泉とみなすことができる
データ指向	意思決定にデータを活用する
エンパワーメント	従業員に意思決定の権限を与え、そのための環境を整える
継続的な価値提供	顧客への迅速な価値提供を優先し、プロダクトとソリューションを継続的に改善する

その理由は、変革のスコープと速度が組織全体に大きなプレッシャーをかけるためである。新しい才能の育成に向け、適切に設計し継続的に投資されるトレーニングなくしては、既存組織が変革への抵抗を引き起こすことになる。

　成功する企業は、必ず次の3つの基本的なスキル構築の取り組みに焦点を当てている。リーダーシップのスキルアップ、広範なチェンジマネジメントプログラム、そして重要な役職に対するリスキリングである。

● 最初にリーダーチームに投資する

　デジタル企業は異なる方法で運営され、リーダーにも異なるリーダーシップが求められる。デジタル企業のビジネスリーダーは顧客に熱意を持って接し、デジタルテクノロジーに理解を持ち（少なくとも基本的なものは）、デジタルソリューションを開発するためのプロセスを理解している。アジャイルに精通しており、アジャイルなプロセスで彼ら

が果たすべき役割を知っており、協力的なリーダーを体現し、「やればできる」という姿勢を示している。

IN THEIR WORDS ｜ 先駆者の言葉

新しいスキルを持つリーダーの評価

　「最近、私たちは経営幹部の評価基準を見直し、新しいスキル属性を追加した。以前は、経営チームを選定する際に、思考力、実行力、リーダーシップ力を基準にしており、これらは所謂ハードスキルであった。昨年、これらに加え、6つのソフトスキルを追加した。これらのスキルは一般的にも重要であるが、特に弊社 Ping An のような、非常に積極的な企業では、その重要性が増す。

　現在私たちは、人々の逆境指数や、受容性といったケイパビリティを見ている。この取り組みは、最初に上級管理職のトップ150人から始め、徐々に組織全体に波及させる予定である。

　多くの技術革新は異なる分野に跨がって影響することから、異なるチーム間での協力が重要となるため、こういった変化が必要とされるのだ。他の人と協力して働くケイパビリティがますます重要になっていると言える。

　非常に単純な変化に聞こえるかもしれないが、これらのソフトスキルは評価が難しいため、我々にとって大きな変化と言える」

——ジェシカ・タン（Ping An（中国平安保険）共同CEO）

　多くの大手企業のリーダーは、これらの特性を持っていないが、継続的なプログラムを通じてこれらを育てることができる。私たちの経験によれば、特に以下3つの実践が助けになる。

❶視察

　最も強力な初期投資の一つは、リーダーチーム（場合によっては取締役会も）を関連企業に2〜3日の視察に派遣することである。典型的には、

いくつかのビッグテックのデジタルネイティブ企業、デジタルおよびAIトランスフォーメーションが進んだ伝統的企業、および同業のスタートアップ企業が対象となる。目標は、デジタルファースト企業がどのように運営されているかを学ぶことである。

❷デジタル101

リーダーチームは、デジタル時代の効果的なリーダーになるため、少なくともデジタルテクノロジーと新しい働き方の基本を理解する必要がある。ほとんどのリーダーチームは、デジタルの基本に関する少なくとも10時間のトレーニングを受講する。これは従来の教室フォーマットや、オンライントレーニングフォーマットで行われ、必要に応じてカスタマイズできる。本書の内容は、リーダーが知るべき内容の一例である。時間をかけて、リーダーのテクノロジーセンスをさらに向上させるためのプログラムを検討する価値がある。

❸デジタル時代のリーダーシップ

デジタルトランスフォーメーションが進行し始めると、多くの企業は、トップエグゼクティブを対象に、彼らのリーダーシップスタイルや、再構築される企業で求められる進化について探求するための投資を行う。通常、学び続ける文化（知っている、ではなく）、より協力的な文化（私のリソース・私のP&Lといった考えではなく）、そして顧客中心の文化（顧客志向を唱えているが、実際にはそうではないという文化ではなく）を重視する。通常、これは10〜15人のグループを対象にした4〜6回の半日セッションで提供され、個別のコーチングが続く。

典型的には、リーダーシップトレーニングは、組織の上位2〜3レベルに焦点を当てて実施する。

CASE EXAMPLE │ 事例

ロシュにおけるデジタルリーダーへの投資

製薬会社のロシュは、DXプログラムの一環としてアジャイルな文化を築くために、リーダー向けの集中プログラムを開始した。1,000人以上のリーダーが招待され、4日間の集

中プログラムを通じて、アジャイルな組織をリードするために必要なマインドセットとケイパビリティを学んだ。

リーダー向けプログラムの提供開始から6カ月以内に、多くの参加者が自らのリーダーチームや組織でアジャイルな実験を開始し、組織にアジリティを埋め込むための革新的な方法を共創するために、何千人もの人々の巻き込みを行った。プログラム参加後に、その学びをチームに展開するフォローアップセッションを行う参加者の割合は、当初5～10％と予想されていたが、実際には95％もの参加者が実施した[2]。

　問題は、リーダーのスキル向上に対して投資を行っても、彼らの多くはこのトランスフォーメーションを推進する準備ができていないことである。銀行や小売でのDXを振り返ってみると、例えば上位300人の約30％については、エグゼクティブに昇進させるにはより適したリーダーシッププロファイルを持つ人が支持され、結果リーダーの交代が必要となる。

　最後に、これら上位300人のリーダーに対して、インセンティブや昇進基準について明示的な変更を加えない限り、リーダー向けのスキル向上プログラムは苦戦を強いられることになるだろう。私たちは、顧客のニーズや課題を深く理解し、顧客満足を測定し改善することに常に焦点を当てた実績を持つリーダーのみ昇進させる会社を見てきた。また、他社では同僚からの360度評価を通じて評価される、異なる部門間の協力の重要性を強調している。

◉普及のための広範な学習プログラム構築

　多くの組織は、組織全体をこのトランスフォーメーションの軌道に乗せるために、普及のための専用トレーニングプログラムを開発する。彼らはしばしば、組織横断で求められる意識、スキル、行動を構築するための学習プログラムを開発・提供するエンジンとして企業の「アカデミー」を育成することに投資している。

　例えば、シンガポールの多国籍銀行であるDBSは、強固な実験文化を築き、3万人規模のスタートアップへの変革を目指した。同行は、

組織全体にデータ中心のマインドセットを浸透させるため、学習インフラの開発に多額の投資を行い、以下の複数のプログラムを設立した。まず、ビジネスの担当者がデータと分析についての知識を持ち、新しい高付加価値のデジタルソリューションを概念化し実装できる「データトランスレータ」としてのスキルを身につけるプログラムを構築した。また、300以上のハッカソンやワークショップを組織するイノベーションハブを設立した。加えて、200人以上の新規採用を実現した「ハック・トゥ・ハイヤー」プログラムや、ピア・トゥ・ピアの学習文化を育むためのバック・トゥ・スクールプログラムも立ち上げた（詳細は「SECTION 7-2」参照）。

　これらのプログラムにより、同行は5,000人以上の従業員に様々なデジタルおよび分析のトレーニングを提供した。そのうち、1,000人以上の従業員がスキルを向上させ、DXにおけるより重要な役割に就いた。従業員のエンゲージメントレベルは6ポイント増加し、従業員の定着率は40%向上した。

CASE EXAMPLE ｜ 事例

40,000人の従業員のための「学校」構築

　中東に拠点を置く不動産および小売のコングロマリットであるMajid Al Futtaimは、40,000人の従業員のケイパビリティを向上させ、企業の変革を支援させるために「アナリティクスとテクノロジーの学校（SOAT）」を設立した[3]。同社は、シニアエグゼクティブ、テクノロジーエキスパートと実務家、中堅管理職、フロントラインスタッフ、初級レベルの実務家の5つのセグメントの優先学習目標を詳細に説明したうえで、これらの目標を達成するための学習カリキュラムとプログラムを設計した（図表6-5.2参照）。

　Majid Al Futtaimは、SOATを最も重要な事業ニーズに対応させるために、上級管理職、テクノロジーエキスパート、中堅管理職を分析やAIソリューションに取り組む層として優先した。SOATのリーダーは組織横断のポッドに配置され、迅速に学習カリキュラムを設計し、構築し、テストし、展開

し、改善した。「学校」は組織内からテクノロジーの専門家を募り、コンテンツを補強するための仕組みを提供した。プログラムには現実世界の状況に近いシミュレーションやゲームを適度に組み込むことで、誰にでも理解しやすくなる工夫を施した。

　結果として、学習者の体験、知識開発、プログラム完了から1カ月後の応用状況といった複数指標で良い結果が示された。また、プログラム完了から6カ月後には、360度評価に基づくスキルと行動や、ユースケースの成功など事業成果の実現においても良い変化が見られた。

　私たちが幅広い学習プログラムから得た最も重要な教訓は、学習プログラムは目的に関連し、かつ簡単に普及できるものにすることである。我々はしばしば、企業が野心的な計画から始めた結果、後に実行の複雑さから挫折する事例に遭遇する。

図表6-5.2 ●アナリティクスとテクノロジーの学校 (SOAT)

Majid Al Futtaimグループの例

アナリティクスとテクノロジーへの導入	アナリティクスのユースケースを理解し、適用する	テクノロジーの力
アナリティクスとテクノロジーの重要性を理解し、それがもたらす利益を理解する	アナリティクスとテクノロジーの徹底的な活用につながる	テクノロジーがいかに私たちの業務・生活を向上させるかを理解し、最新の技術トレンドと脅威を学ぶ

「学校」は従業員に……

柔軟で新しい働き方を認める	データによる仮説の裏付けを求める	アナリティクスアプローチに挑戦させる	アナリティクスとテクノロジーの活用を促進させる	アナリティクスとテクノロジーの最新トレンドの活用に挑戦させる

◦ 重要な役職のリスキリング

DXの価値を具現化するために、重点的なビジネスロールの強力な
リスキリングを行うことが必要である。

ビジネスロール固有のリスキリングは、3カ月から9カ月という長
い時間を必要とし、小売業のマーチャンダイザー、保険の引受人、銀
行のプロダクト・マーケター、農業分野の専門家、運輸・ロジスティ
クスのネットワーク・プランナーなど、業界に特化したものになる傾
向がある。これらの役割は、データの組み込みとAIの活用によって
大きな変化を遂げている。

例えば、アメリカの大手食品小売業者は、20年以上の商品販売経
験を持つ400人のマーチャンダイザーをリスキリングする必要があっ
た。これらの担当者は、商品の選別、価格付け、プロモーションの意
思決定などにおいて驚異的なパターン認識能力を持っていたが、デー
タとAIを中心にした世界での仕事に必要な新しいスキルの獲得が求
められていた。6カ月間の期間をかけて、同社は新しい統合ワークフ
ローツールを使った広告計画、ベンダーオンボーディング、ベンダー
の資金調達、プロモーションの実行のためのトレーニングを担当者に
提供した。彼らは、新しい推奨エンジンを使ってプロモーションイベ
ントを最適化するための新しいスキルを身につけた。最終的には、ロ
ーカルプランニングの出発点となるリアルタイムのベンダーポータル
を活用して、全国のカテゴリープランニングを行うスキルを身につけ
たことで、ネットワーク間での協業を最大化した。

リスキリングには困難なこともあった。すべてのマーチャンダイザ
ーがこのリスキリングを遂行できたわけではなく、2年間で20〜30%
が離職した。ただし、新しいツールとトレーニングにより、新しいマ
ーチャンダイザーを容易に育成できることも分かった。実際、自動化、
新しいツール、プロセスの再設計（新しいデータも含む）により、パフォ
ーマンスの低いマーチャンダイザーたちのパフォーマンスが、上位
25%のマーチャンダイザーのパフォーマンスレベルに引き上げられた
のだ。つまり、新しいテクノロジーにより、誰でも20年以上の豊富
な経験を持つ最高のマーチャンダイザーたちと同じレベルのパフォー
マンスを達成可能と分かったのだ。

参考

1. George Westerman, Deborah L. Soule, and Anand Eswaran, "Building digital-ready culture in traditional organizations," *MIT Sloan Management Review* (2019年3月21日)

https://sloanreview.mit.edu/article/building-digital-ready-culture-in-traditional-organizations/

Rose Hollister, Kathryn Tecosky, Michael Watkins, and Cindy Wolpert, "Why every executive should be focusing on culture change now," *MIT Sloan Management Review* (2021年8月10日)

https://sloanreview.mit.edu/article/why-every-executive-should-be-focusing-on-culture-change-now/

Julie Goran, Laura LaBerge, and Ramesh Srinivasan, "Culture for a digital age," *McKinsey Quarterly* (2017年7月20日)

https://www.mckinsey.com/capabilities/mckinsey-digital/our-insights/culture-for-a-digital-age.

2. Larry Emond, "How Roche helps leaders achieve the power of an agile mindset," Gallup (2019年4月29日)

https://www.gallup.com/workplace/248714/roche-helps-leaders-achieve-power-agile-mindset.aspx.

3. Gemma D'Auria, Natasha Walia, Hamza Khan, "Majid Al Futtaim's new growth formula: Innovate fast, stay ahead, work the ecosystem," McKinsey.com (2021年4月20日),

https://www.mckinsey.com/capabilities/growth-marketing-and-sales/our-insights/majid-al-futtaims-new-growth-formula-innovate-fast-stay-ahead-work-the-ecosystem.

さあ、はじめよう！
CHAPTER 6の振り返りと実行準備

　以下の問いを手掛かりに検討することで、自社にとって最適な取り組みが明らかになってくる。

・DX は期待通りの価値を生み出しているか？　もし生み出していない場合、どこに問題があるか把握できているか？

・ソリューションの導入と普及に同じくらいの時間／リソース／投資を割いているか？

・誰が導入の責任者か？　ビジネスリーダーはその責任を持っているか？

・開発されたデジタルソリューションのうち、何割が継続的に使用されているか？　それらのうち何割が普及に失敗したか？

・DX に関する指標とゴールは、従来のコストや売上の変革と同じくらい明確か？

・投資家や取締役会へのプレゼンテーションは、デジタルおよび AI が顧客や業務にどれだけ影響を与えているかについて、十分に示しているか？

・トップチームは、上位 10 個のデジタルソリューションに関する進捗と、どれだけの価値が生み出されたかについて、明確に説明できるか？

・デジタルと AI によって浮かび上がった新しいリスクやデジタル信頼性の問題は何か？　また、それらを管理して顧客の信頼を高めることができているか？

・3 年後にどのような「デジタル」文化を持ちたいか？　そこに到達したかどうか、どのように判断できるか？

日本企業におけるデジタルソリューション導入・普及の課題と日本流レシピの考察

斉藤基（マッキンゼー・デジタル）

CHAPTER 6では、デジタルおよびAIトランスフォーメーション (DX) において発生する複雑なチェンジマネジメントに焦点を当て、デジタルソリューションの導入と普及展開にあたっての具体的なアプローチを紹介した。本コラムでは、日本企業固有の課題に焦点を当て、日本企業のクライアントに従事するマッキンゼーのコンサルタント達が、常日頃意識している日本流のレシピについて解説したい。

● ビジネス部門とIT部門の壁を取り除く

DXの波が広がる中、日本企業における最大の課題は、ビジネス部門とIT部門の間に存在する壁である。欧米企業では、ビジネス部門とIT部門が連携し、共通のビジョンを持ち、DXを成功に導いている。一方、日本の場合、市場の最前線にいるビジネス部門は、新しいテクノロジーや概念をいち早く取り入れ、競争優位を築くことの重要性は理解しているが、ITやデジタルに関する理解度やリテラシーの低さから、要件定義を適切に行うことができない。いわゆるトランスレーター人材の不足が深刻だ（詳しくはCHAPTER 2 日本語版補記を参照）。そしてIT部門は、従来型のレガシーシステムの発想から抜け出せずに安定性とセキュリティを重視し、また、システム開発業務の大半をITベンダーに依存している結果、付き合いの長いベンダーに逐次相談・依頼しながら物事を進めることになるため、テクノロジーの導入には多くの時間とリソースが必要であるという固定観念にとらわれてしまっている。この両者のリテラシーの壁、ビジネス感覚の壁、常識の壁が、ビジネス部門とIT部門の間の信頼関係を損ない、効果的なコミュニケーションを阻害し、ひいてはプロジェクトの遅延や要件の誤解を招き、デジタルソリューションの普及を困難にしている。

これを解決するためには、両者の歩み寄りが決定的に重要となる。我々の経験上、最も効果的な方法の一つは、影響力のある事業部門のリーダーや役員をプロジェクトオーナーに据えて、ビジネス部門とIT部門が二人三脚で小さな成功体験を積み重ねることだ。アジャイルな進め方、ビジネスインパクトの生み出し方、ソリューション導入に必要な時間/リソース/費用感などの共通認識を実際の共同作業を通じて醸成することで、両者の距離は格段に近づく。また、デジタル化によるオペレーション効率の向上、顧客満足度の向上、競合他社との差別化などの成功体験を持つ役員は、デジタル化の価値を強く認識することとなり、組織内でのDXの支援者（エバンジェリスト）になる可能性が高い。根回し、合議制、部門縦割りの意思決定が文化として根付いた伝統的な日本企業において、影響力のある役員が率いる部門が実践した成功事例を通じて、デジタル化のメリットを組織全体で共有し、他部門に啓蒙することは極めて有効である。DXを一部の先進的な部門や個人の取り組みから、組織全体の大規模な取り組みへと拡大させる重要な第一歩となるだろう。

●チェンジマネジメントを根付かせる

DXの成功には、様々に起きる変化を効果的にリードする能力が不可欠である。しかし、日本においては「チェンジマネジメント」という概念の普及が不足している。一方、欧米企業では、チェンジマネジメントは組織変革や業務改革に不可欠な要素とされ、変化をリードし、文化を変え、業務を変え、組織を変え、効果的なコミュニケーションを確立するための戦略的アプローチとして、積極的に活用されている。

日本企業はチェンジマネジメントの必要性を認識し、その方法論を習得する必要がある。変化を受け入れ、組織全体が変革に協力する体制を築く方法を模索することは、DXの成功に向けた第一歩である。本書では、「TO（変革オフィス）」を組成し、変革を推進することを推奨している。「PMO（プログラム管理オフィス）」という言葉は馴染みがあっても、本書で紹介する「TO」や「CMO（チェンジマネジメントオフィス）」といった言葉にはなじみの薄い読者もいるだろう。本書で述べたように、TOとPMOとの違いは、TOはより未来志向であり、問題解決、説明責任、そして変革のペース維持に注力する点だ。TOは非常に効果的なアプローチであり、優れたエース級の人材を集め、優先順位に従って実際の施策実行に積極的に関与し、成果を志向する姿勢は、真の改革を実現するためには欠かせないものである。DXの成果を享受すべく、日本企業でも、本書で紹介

日本企業におけるデジタルソリューション導入・普及の課題と日本流レシピの考察

したチェンジマネジメントの手法を積極的に取り入れてもらいたい。

●IT財務情報の可視化と投資評価を徹底する

　日本企業が直面しているもう一つの重要な課題は、ITやデジタル投資に関する事後評価の取り組みが不足していることだ。欧米企業では、プロジェクトが完了した後にその成果と効果を定量的に評価し、将来の戦略に活かす文化が浸透している。しかし、日本企業では、事前の評価に主眼を置き、プロジェクト実施中や完了後のフォローアップが不十分なケースが散見される。さらに、多くの日本企業では、未だIT財務情報が十分に可視化されず、受益部門に対するコスト課金・配賦も適切に実施されていないという現実がある。その結果、ITの価値が不透明であり、ITコストに対する説明責任が果たされないため、大規模な新規IT投資に慎重になり、全体的なIT予算が増加せず、必要なデジタル投資が停滞するという、悪循環に陥っている企業を多く見かける（詳しくはCHAPTER 4 日本語版補記を参照）。

　本書では、ステージゲート法という、変革の進捗状況に関する追跡手法を紹介し、事前評価だけでなく、期中評価と事後評価の重要性に言及している。デジタルソリューションの真の価値を理解し、最大限に活用するためには、各デジタル施策の効果を定量的に評価し、定期的に施策内容を見直して確実に成果を得るよう改善し続けることが非常に重要である。経営者は、デジタルやIT資産がビジネスにどのように貢献しているのか、年間のITコスト支出の内訳はどうなっているのか、IT予算は十分かなど、IT財務情報を可視化し、IT投資ポートフォリオについての議論を定期的に行う必要がある。日本企業においても、DXの進捗と成果を精緻に追跡し、プロセス改善を徹底することで、持続可能な成長と競争力の向上を実現できるだろう。

●シニア人材の活用に活路を見出す

　高齢化社会を迎える日本において、経験豊富で洞察力のあるシニア人材は、貴重な資源である。彼ら・彼女らを適切にリスキリングすれば、メンターシップ、指導力、経験の共有、イノベーションへの貢献など、多くの価値を提供できるようになる。シニア人材の持つ経験や人脈を活かし、若い世代と協力して新たな成果を生み出すことが、日本企業にとって成功の鍵になる。

　ある日本企業の事例では、全社員向けのデジタルスキル研修を受講し、デジタルの基礎知識を身につけたシニア人材が、若いころに温めていた事業アイデ

アとデジタル技術を結び付けた新規事業を発案した。社内外の人脈を駆使して事業計画を練り尽くし、自らノーコードツールとBIツールを使いこなしてモックアップ（模型）を作成した。その後、このモックアップを用いて、事業アイデアを経営陣にプレゼンテーションした結果、プロジェクトの正式承認およびチームメンバーのアサインメントを取り付け、ソリューションの導入と普及の目途をつけた。これこそが、自社と事業を知り尽くし、ロイヤリティが高く、多大な経験と人脈を持つシニア人材ならではのイノベーションと言えるだろう。

● 日本企業が持つポテンシャルを解き放つ

DXは、組織の仕組みそのものを変革し、継続的に改善を積み重ね、変化を生み出していく長期的な取り組みである。日本は元々、卓越した教育制度、工業や自動車製造といった産業分野の推進力、高品質なインフラ、強固な職業倫理に裏打ちされた労働文化、そして一貫して高品質な製品やサービスを生み出す潜在能力を備えている。生成AIの台頭は、デジタルソリューションの開発手法にも変革をもたらし、例えば、自社の開発フレームワークに生成AIを組み込み、ITベンダーと適正に役割分担するアプローチを確立できれば、ソフトウェア開発生産性の格段の向上を通じて、過度なベンダー依存やデジタル人材不足を克服し、市場ニーズに即した迅速性と経済性を実現できる可能性がある。日本企業は、強い決意をもってデジタル文化を根付かせ、継続力をもってデジタルソリューションの導入と普及に取り組むことができれば、その価値を飛躍的に向上させる大いなる可能性を秘めている。

参考
"What is digital transformation? (日本語版「DXとは何か」)" マッキンゼー (2023年6月)
https://www.mckinsey.com/jp/~/media/mckinsey/locations/asia/japan/our%20
insights/what-is-digital-transformation_jp04.pdf

変革ジャーニーのストーリー

DXを成功裡に推進した3社の探索

本書は、成功するDXを計画し、実行するために必要な最も重要な要素を明らかにし、収集することを試みている。6つの核心的なケイパビリティとして、CHAPTER 6まででDXロードマップの開発、人材、オペレーティングモデル、テクノロジー、データ、導入および普及の関連性を個別詳細に見てきたが、これらの側面が全体としてどのように機能する必要があるかという大局を見逃してしまう可能性があったのではないか。

大局を考える際、2つの重要な側面に焦点を当てることが重要である。第一に、変革における必要な要素間の統合、すなわちトップのデジタル人材が、十分な自律性と俊敏性を持つオペレーティングモデルの中で効果的に機能しない限り、彼らが最高のパフォーマンスを発揮することは期待できない。同様に、ビジネスがその要素を活用し、スケールアップしない限り、素晴らしいデジタルソリューションが価値提供することは期待できない。第二に、基礎となるケイパビリティの要素である。それらの中でいくつかのケイパビリティは強くても、他が弱いとビジネスの努力は失敗することになる。

統合とケイパビリティの重要性を理解するには、実際に企業がどのようにこれらの側面に成功したのかを示すのが最も良いと考える。このCHAPTER 7では、3つの異なる組織が自らのDXをどのように舵取りしたかを示す。これら企業は、それぞれの業界でのリーディングカンパニーであり、デジタルリーダー企業でもあった。それぞれがデジタルジャーニーを数年間、ある会社は10年間をかけて行った。しかし、彼らの中でその変革を終えたと言う者はいない。逆に、彼らが進歩するほど、その進歩が彼らにさらなる新たな機会を見つけさせるのだ。

SECTION 7-1 フリーポート・マクモランがデータを価値に変える

SECTION 7-2 DBS——多国籍銀行がデジタル銀行へ

SECTION 7-3 遊びの未来に向けたLEGOグループの取り組み

フリーポート・マクモラン がデータを価値に変える

● 銅鉱業の DX の旅

フリーポート・マクモランは、鉱業業界で精通したオペレーターとしての評判を持つ。同社は、アメリカ大陸における比較的成熟した大規模な銅鉱山の採掘所を運営しており、同社の業績は世界の銅価格に大きく依存する。すなわち、銅が高価格の環境では多額の収益を生み出すが、価格サイクルの底では、一部の鉱山は採算を合わせるのが難しくなる。

同社の成長に必要なことは、大規模な資本、長期間かかる採掘許可の取得、大規模な建設作業であった。それらとは別の道を探して、フリーポートは、既存の資産からさらに利益を得られるか検討すべく、人工知能 (AI) に目を向けた。

5年間の変革を通じて、同社はビッグデータ、AI、アジャイルを通じ、新しい資本を投じることなく、銅の年間生産増を実現する「アメリカズ・コンセントレーター」プログラムを成功させた。

● フリーポート・マクモランについて

- **会社概要**：フリーポート・マクモランは、銅、金、モリブデンの生産を行う金属および鉱業会社で、1987 年に設立された
- **従業員と請負業者の数**：60,000 人以上
- **時価総額**：600 億ドル
- **収益**：220 億ドル／2022 年度
- **事業地域**：会社の資産ポートフォリオには、インドネシア

のグラスベルグ鉱山地区、およびアリゾナ州の大規模なモレンシー鉱山地区やペルーのセロ・ベルデを含む北アメリカと南アメリカの鉱山運営が含まれている

⦿ フリーポートのリーダーによるAI変革プログラムの成功の鍵

フリーポートのリーダーたちは、AI変革プログラムに成功した。その変革において鍵となったのは以下の点である。

1. 北米事業におけるビジョナリーなリーダーの存在。フリーポートが生き残り、繁栄するために進化する必要があると確信し、他の業界で活用されている先進的な実践からの学びを求めていたこと
2. そのリーダーは常に「何が可能か?」を問い続け、勇気を持ってそれを実行し続けたこと
3. すべての処理操作をサポートするための共通のデータインフラ、データアーキテクチャを確立し、現場に合わせたAIツールを迅速に実装することに精通した担当者を任命した。このことにより、現場レベルでは、アジャイルプラクティス、トレーニング、ケイパビリティビルディング、チェンジマネジメントに焦点が当てられたこと
4. パイロットケースでの変革において柔軟な現場マネージャーを任命した。新しいことを試して、何がうまくいくのかを学ぼうという創造力と自信を持ったこと
5. 対外的にプログラム推進を発信するCEOおよびCFOが存在した。これにより、多分野のチームが活力を持って前進することができたこと

最初のテストケースとして、ある成熟した鉱山現場をフリーポートは選んだ。この鉱山現場はAI変革プログラムを試してみたいと熱心に思っていた。アリゾナ州バグダッドでAIの価値を実証することで、既存のアルゴリズム解析と先進的なプロセス制御 (APC) システムを強化するために、機械学習 (ML) /AIがどのように役立つか学ぶことをま

ず目指した。

　6カ月の間に、少数の冶金学者、現場のオペレーター、エンジニアのチームがAIモデルを開発し、訓練した。この結果、銅の生産量は5％増加した。1四半期で、バグダッドのサイトの処理量は前の四半期よりも10％多い1日当たり85,000トンを超え、銅の回収率は1ポイント上昇し、運営がより安定した。処理能力と回収率の向上は、冶金処理においては設定しにくい目標だが、フリーポートは50年以上も操業していた資産でこれを達成した。

　会社のリーダーは、米州の鉱山全体でML/AIの可能性を普及することで、1日当たり125,000トンの生産増加を実現し、年間2億ポンドの銅（EBITDAにして3.5〜5億ドルに相当[1]）を生産することができると認識した。これは、新しい選鉱場（コンセントレータ）を始動するインパクトと同等であり、そのような大型の資本プロジェクトに通常必要な20億ドルの支出や8〜10年の待機時間を必要とせずに実現された。

　このような機会を中心にリーダーが結集したことで、フリーポートは「アメリカズ・コンセントレーター」プログラムを立ち上げ、このAI機能を他の鉱山にも導入していった。フリーポートは、運用実績のベンチマークを初めに完了できたことで、強固な知識基盤を築くことができた。同社は過去すでに、鉱山のパフォーマンス測定と報告データを標準化しており、さらにその情報を強化すべく、トラック、シャベル、据え置き型の機器に追加のネットワーク機器とパフォーマンスセンサーを取り付けた。彼らはこのデータを保存するためのセントラルデータウェアハウスも構築することで、リアルタイムで秒単位でのパフォーマンスを確認し、比較することを実現できた。

　運用実績のベンチマークと堅固なデータ基盤が整ったことで、会社はその分析スキルとエンジニアリングスキルの構築に注力した。彼らは、会社全体のプロセスエンジニアリングや冶金学のバックグラウンドを持つ16名のトップクラスのデータサイエンティストを登用することで大きな進展を遂げ、さらに外部のデータエンジニアリング専門家ともパートナリングし、スキルを補完した。一方、トップのアジャイルコーチ、プロダクトオーナー、データおよび分析エンジニアの採用は困難であったため、それらは「購入（採用）、構築（アップスキル）、請負（契約社員）」の人材戦略に転換した。このアプローチにより、彼らは迅速にタレントベンチを構築し、長期的な競争優位性の核となる

スキルを社内で開発することができた。

データサイエンティストやエンジニアを惹きつけて、引き留めるためのフリーポートの一つのアプローチは、データサイエンティストやエンジニアが経営陣の最優先事項に確実に取り組めるようにすることだった。これはビッグテック企業のトップタレントですら、なかなかできないことだった。例えば、同社のある見習いデータサイエンティストは、ちょうど1年前にアリゾナ州の鉱山で働くジュニアレベルの冶金学者としてフリーポートに入社した。彼女は大学でコンピュータープログラミングの経験があり、新しいスキルを学ぶ機会に興奮していた。それから3カ月も経たないうちに、彼女は精鉱のモデリングと最適化の仕事を社長に披露した。

タレントに対するこの新しい考え方は、オペレーティングモデルにも伝播した。AIモデルの開発には、会社の働き方に変化が必要だった。セーフガードを中心にした計画と開発の文化は、会社にとってよく役立っていたが、開発速度の面で欠点があった。バグダッドのAIを用いたパイロットケースでの経験を活かし、安全を損なうことなく、機敏さ、継続的な改善、そして迅速でリスクの低いテストを実現するオペレーティングモデルに移行した。この変更の成功の鍵は、本社のデータサイエンスグループと鉱山の専門家からなるクロスファンクショナルなチームを組み立てたことだった。

フリーポートは、現場がアジャイルな作業方法に合うようコーチを導入して、チームを迅速に増強し、スキルを構築した。バックログの作成の基本から、「MVP（最小限の実行可能な製品）」の構築までを訓練したのである。チームは、2週間のスプリントで、データモデリングの開発や変更を繰り返し、それをテストし、学習し、バックログに更新を加えるという仕事の進め方をすぐに学んだ。

また同社のリーダーは、各サイトの開発チームに冶金学者とプラントオペレーターをアサインするという重要な決断を下した。このことにより、AI開発のテスト段階で新しいレコメンデーションが出るたびに、チームのAI開発者、オペレーター、冶金学者がレコメンデーションを評価することができた。なぜそうなったのか？　それは理にかなっているのか？　うまくいくだろうか？　このような問いを経て、チームは欠陥を発見し、AI開発者はそれを迅速に修正した。このプロセスを通じて、冶金学者やオペレーターからのAIツールに対する

信頼は高まっていき、ツールの準備が整ったときには、より積極的に導入するようになった。

　新しいAIモデルと上記のチーム内の相互作用により、オペレーターと冶金学者との間で、対話が促進され、プロセスに対する理解が深まった。平均的な受入原料に対して1日中1つの設定でプラントを運転するそれまでとは対照的に、AIモデルは3時間単位で何が可能かを提示してくれるバロメーターとなった。

　最初のチームは、Throughput-Recovery-Optimization-Intelligenceの略であるTROIと呼ばれるMLモデルを開発した。この製品は、あらゆる条件下での処理プラントの動作や、どれだけの銅が回収可能かを予測するのに活用された。最適化アルゴリズムは、遺伝的アルゴリズムとして知られており、自然選択の原理を使用して、特定のタイプの鉱石を考慮して銅を最も多く生産する設定へと進化させ、1～3時間ごとにレコメンデーションを更新した。

　しかし、TROIを他のサイトで機能させるためには、フリーポートはモデルを「資産化」する必要があった。これは、他のプラントにも簡単に適応できるように、モデルをリファクタリングして再パッケージ化することを意味する。このツールのモジュラー構造ではコアコードの60％を簡単に再利用することができ、残りの40％は新しいサイトに合わせてカスタマイズするというものだった。カスタマイズは例えば、サイト固有のデータでモデルをトレーニングすることなどである。これらのローカライゼーションの努力をさらに簡略化するため、同社は、サイト固有のモジュールを特定のモジュールごとに必要なコードとして再作成するのではなく、呼び出すことができる中央集権的なコードベースの開発に投資した。

　フリーポートがデータアーキテクチャをクラウドに移行していたため、これらのモデルは効率的にオペレーションおよびスケーリングすることが可能だった。彼らは、明確な基準に基づいてDevOps、MLOps、およびCI/CDのツールを使用し、迅速に開発・展開した。フリーポートは、データパイプラインの開発などを通じ、手動で更新された数十のスプレッドシートからデータ取得する手間のかかるプロセスを自動化することで、クラウドの利点をさらに引き出すことができた。

　同社のアジャイルチームが増加するにつれて、全体のプロセス管理

方法も改善する必要があった。例えば、複数のアジャイルチームが並行して作業をしている場合、リソースを確保するのが困難であった。フリーポートは、チームを調整してリソース割り当てを改善すべく、シニアプロダクトオーナーを担当者として置くことでこの問題を解決した。財務ディレクターが、全社への影響を報告・管理することとし、各サイトが資金のリクエストや進捗を管理した。最後に、彼らは四半期ごとのマスタープランニングシステムを導入した。これは、会社のトップリーダーが集まって目標と主要な結果を設定し、高優先度のドメインにリソースを集中することと類似するシステムである。

　実証済みの変革レシピを手にし、「アメリカズ・コンセントレーター」ビジョンの大半を達成したフリーポートは、次にAIケイパビリティを適用できる他の事業分野に目を向けた。資本プロジェクトの実行、メンテナンス、浸出作業など、複数の有望なドメインを特定し、「アメリカズ・コンセントレーター」プログラムを成功に導いた実践書の進化版を、他の事業分野でも適用している。

参考
1.　ポンド当たり$4の銅価格かつ$2の単位原価

DBS──
多国籍銀行が
デジタル銀行へ

多国籍銀行のDXの旅

　急速に進化するデジタルな世界で、テクノロジーに精通した新世代顧客のニーズを満たすためには真にデジタルな銀行になる必要があると、DBSのリーダーは認識していた。DBSのCEOは、銀行に対する挑戦を驚くほどシンプルな言葉で述べた。「銀行のように考えるのではなく、スタートアップのように考えよ」と。

　「スタートアップのように考える」プロセスを開始するために、DBSのトップマネジメントは、他の銀行や金融機関ではなく、テクノロジーの巨人たちにインスピレーションを求めた。同社のCEOとトップリーダーたちは、世界中のトップテクノロジー企業を訪問し、学び、そしてその学びを持ち帰って「未来のDBS」を形作る糧にした。その学びは、「銀行をおもしろくする」という明確なビジョンに具体化されていった。このビジョンは、銀行業務を簡略化し、DBSを"見えない"存在にすることで、顧客を幸せにするという目標を反映したものだった。DBSがベンチマークすべきは、もはや他の銀行ではなく世界のトップテクノロジー企業であることが明確に分かっていた。

● DBS について

・**会社概要**：DBS グループホールディングス株式会社は、資産規模において東南アジア最大の銀行グループである。主にアジアで、リテール、中小企業、コーポレート、投資銀行サービスを提供している。この会社は 1968 年に設立され、シンガポールに本社を置いている

・**従業員数**：36,000人
・**時価総額**：910億シンガポールドル（690億米ドル）
・**収益**：165億シンガポールドル（125億米ドル）／2022年
・**事業地域**：シンガポール、中国、香港、インド、インドネシア、マレーシア、台湾、UAE、日本を含む19カ国で展開している

　チームはこれらの学びを胸に刻み、世界トップクラスのテック企業より学んだ教訓を応用し、DBS自身がテックリーダー企業になることを約束した。その志は、同社のニーモニックである"GANDALF"に反映されている。これは、G-グーグル、A-アマゾン、N-ネットフリックス、A-アップル、L-リンクトイン、F-フェイスブックを取ったもので、中央のDこそが、DBSが象徴的なテクノロジー企業のリーグに参加する大胆な志向を持つことを示している。映画「ロード・オブ・ザ・リング」から借りたGANDALFは、DBSの野心的なDXのための合言葉となった。

　このコミットメントを果たすべくDXの道筋を開発する中で、DBSのリーダーはまず、最も重要なカスタマージャーニーに焦点を当てた。理由としてはこのカスタマージャーニーが、深い分析によって最大のインパクトをもたらし、最大のペインポイントに対処できることが判明していたためである。その一例が、アカウント開設やATMでの待ち時間などである。これら「象徴的なジャーニー」として知られるものは、DBSが第二フェーズに迅速に移行するための学びやケイパビリティの基盤となった。ここでDBSは、ファイナンス、従業員の経験、異なるカスタマージャーニーを含む、ビジネスの様々なドメインで100のジャーニーを分析した。それぞれが組織の最も経験豊富なリーダーによって率いられた。

　顧客に焦点を当て続けるために、DBSはCustomer Experience Councilというステアリングコミッティを設立した（これは、CEOやビジネスユニットの責任者、サービスの責任者などの主要なリーダーで構成されている）。このコミッティはすべてのジャーニーの進捗をレビューし、顧客体験指標とEATE指標（early engagement, acquisition, transacting, and deepening engagement）に特に焦点を当てて、四半期ごとに開催された。

DBSは、そのケイパビリティを拡大するために、プラットフォーム
を中心に構築されたオペレーティングモデルを導入した。これは、プ
ロダクトアンドプラットフォームのオペレーティングモデルを、DBS
が自社の状況に合わせてアレンジしたものである。DBSは、事業セグ
メントと商品に沿った33のプラットフォームを構築し、そこに100の
カスタマージャーニーまたはユーザージャーニーをそれぞれ「統合」
した。各プラットフォームは「2-in-a-box」リーダーシップ・モデル
を導入し、ビジネス部門のリーダーとIT部門のリーダーが共同で指
揮を執った。DBSでは、ビジネス部門とテクノロジー部門の間の歴史
的な部門間サイロがあり、真に機能横断的なアジャイルチームをサポ
ートすることが不可能だった。このプラットフォームアプローチによ
りそのサイロを排除することができ、より効果的に取り組みをスケー
ルすることができた。

多くのプラットフォームのリーダーは、該当する分野の専門知識を
持つ内部の社員だった。プラットフォームリーダーとテクノロジーリ
ーダーは、成長、収益、顧客体験において、そのプラットフォームの
目標を達成する共同責任を有していた。各ジャーニーのチームは、8
〜10人のアジャイルチームを率いるジャーニーマネージャー（プロダ
クトオーナーのようなもの）で構成された。彼らは、目的、目指す価値、そ
の目標を達成すべく、時間軸を含むジャーニーステートメントを作成
した。特に、顧客体験デザインへの焦点は、チームの作業の基本だっ
た。同社のリーダーシップは、顧客に利益をもたらすプロセスの改善
を強く推し進めた。結果として、例えばクレジットカードの発行プロ
セスでは、従来21日間かかっていたものがわずか4日間に短縮された。

これらのチームが長期間効果的に機能するためには、タレントベン
チを開発する必要があることにトップマネジメントは気づいていた。
DBSは、テックタレントの70%を内製化するという重要な戦略的決定
を下した（これまでは20%程度）。また、同社はハッカソンなど、彼らが必
要としていた才能を見つけるための非伝統的な方法に着目した。これ
らのハッカソンは、DBSの変革初期の不可欠な要素となり、DBSのシ
ニアエグゼクティブが最先端のテクノロジーや方法論、例えば人間中
心設計に精通するためのトレーニングの機会でもあった。より多くの
場所での才能の獲得を支援するために、DBSは3つのテクノロジーハ
ブを設立した。これらの取り組みを通じて、DBSは10,000人以上の

技術者を抱えることができた。これは全社員の約3分の1にあたり、銀行員の数の2倍に相当する。

　DBSは技術者の採用を強化し、プラットフォーム運営モデルを確立する中で、最先端のテクノロジーで自由に技術を磨くことのできる実行者によるエンジニアリング文化を構築することを決意した。この目標を達成するための中核的な要素は、クラウドへの移行、自動化への投資、プラットフォームをサポートするマイクロサービスの開発だった。2021年までに、テクノロジーサービスの90%が内製化された（2015年にはわずか15%だった）。アプリケーションの約99%がクラウドベースになり、積極的な自動化によってオペレーションが大幅に最適化され、1人のシステム管理者が1,200台の仮想マシンを実行できるようになった。

　この技術的基盤の確立は、データ主導型の組織になるというコミットメントでもあった。加えてDBSは、データガバナンスの近代化、新しいデータプラットフォーム（SWLWTE）の導入、および組織全体での文化変革を含む、包括的なデータイニシアティブを立ち上げた。データ主導の意思決定を促進すべくプレゼンテーションスライドの代わりにダッシュボードを使用し、パフォーマンスやインパクトを評価した。全社のデータ管理方法が大きく変わったことで、顧客へのサービス方法を根本的に変えることができた。例えば、AIを導入して「インテリジェントバンキング」を提供し、毎日5万件以上のパーソナライズされたナッジ[1]を消費者に提供した。人事業務においては、AI/MLソリューションが従業員が退職を検討している可能性を予測でき、人事担当者が介入できるようになった（結果として、DBSの離職率は10%と、シンガポールの業界で最も低く、業界平均に対しても15〜20ポイント低い）[2]。

　クラウドへの移行により、DBSはAIとMLを複数のドメインでデータと共に利用するための規模とスピードを手に入れた。マーケティングでは、文脈に合わせてパーソナライズされたソリューションを提供し、人事では、従業員が退職を検討する時期をより的確に予測する。例えば、DBSはコンプライアンスと詐欺対策のチームにおいて、AIとアナリティクスを利用して、マネーロンダリング対策とテロ資金調達対策のための包括的なエンド・ツー・エンドの監視プロセスを開発した。この取り組みでは、ルール、ネットワークリンク分析、複数の機械学習モデルを、様々な社内外のデータソースと組み合わせること

で、マネーロンダリングの脅威に関するより迅速で優れた洞察を生み出している。

　DBSのAIを活用した取り組みにより、過去1年だけで約1億5,000万シンガポールドルの追加収益と、損失防止および生産性向上から2,500万シンガポールドルが生み出されたと推定されている。DBSには、革新を続けるための1,000人以上のデータ専門家がいる。

　DBSは、必要なスキルセットを取得するための組織的な学習プログラムに投資することで、そのデジタルおよびAIソリューションで生成した価値をスケールアップすることができた。60〜70人の変革チームは、「DigiFY」というモジュールベースの学習パスを開発した。これにより、従業員はアジャイルな働き方、ビッグデータ、ジャーニー思考、およびデジタルテクノロジーのような概念を理解し、業務へ適用することができた。継続的に更新される「ライブ」カリキュラムとしての「DigiFY」は、組織全体に基本的なデジタルスキルを身につけさせ、急速に進化するデジタル環境に対応できるようにした。

　変革チームは、個人やチームがアジャイルな作業を行うためのサポートツールを提供した。銀行内の10,000人以上の技術者の技術研修ニーズを満たすために、DBS Tech Academyを設立した。DBS Tech Academyはサイトリライアビリティエンジニアリングやサイバーセキュリティ、および機械学習などのドメインに焦点を当てた技術カリキュラムを提供した。DigiFYがすべてのDBS従業員向けに基本的なデジタル知識を提供したのに対し、DBS Tech Academyはエンジニア向けに深いエンジニアリング専門知識を提供し、銀行がデジタルケイパビリティの開発を広く、深く進めることを可能にした。

　このスケーリングにおいて、DBSは、学習モジュールからトレーニングプログラム、ジャーニーマッピング手法、アナリティクス製品に至るまで、可能な限り多くの自社アセットを標準化し、パッケージ化することにコミットした。例えば、ワークフローのデジタル化（標準テンプレートとベストプラクティスガイドによる、業務プロセス横断のAIプロジェクト管理など）、アナリティクス提供の指針となるベストプラクティスの開発、チームが再利用可能なコードに簡単にアクセスできるアナリティクスリポジトリの作成、他のアナリティクス開発に使用できる共通機能を保存したデータ／フィーチャーマート（MLに必要なデータや特徴量を管理する仕組み）の開発などである。DBSはデジタルカルチャーを構築すべく、

このようなフォーマルなトレーニングやスケーリングイニシアチブに加え、インフォーマルな取り組みとして、コラボレーションやイノベーションを促進するためのワークスペースの再設計、頻繁なピアレビュー、成功や失敗（すなわち学び）にまつわる情報共有を行った。

　現在までのところ、その効果は目覚ましい。DBSの顧客の約65%がデジタルツールやサービスを利用している。シンガポールと香港におけるDBSの消費者向け事業と中小企業向け事業では、デジタル顧客の割合は過去7年間で27ポイント上昇し、2022年には60%に達した。より多様な商品を保有し、より多くの取引を行うデジタル顧客は、常に従来型顧客の平均2倍以上の収入を生み出している。その結果、デジタル顧客のコストインカムレシオは従来型顧客の半分となっている。デジタル顧客のROEは39%で、従来型顧客より15ポイント高い。さらに、DBSは5年連続（2018～2022年）でいくつかの世界的なトップアワードを受賞している[3]。

　DBSの変革は終わらない。DBSは、国境を越えた金融取引への参入や、ブロックチェーンに対応した数々の事業の立ち上げなど、テクノロジーケイパビリティを強化することで、新たなビジネスチャンスに目を向け続けている。これらの取り組みはすべて、新たな価値の源泉を解き放ち、顧客にとってバンキングを楽しいものにするという、約束を果たすためのものである。

参考

1. ナッジ：経済的なインセンティブや行動の強制を行わず、行動を促す手法、仕組み
2. "DBS：Purpose-driven transformation," Harvard Business School（2022年7月29日）https://www.hbs.edu/faculty/Pages/item.aspx?num=62948.
3. "DBS named World's Best Bank for fifth year running," DBS.com（2022年8月25日）https://www.dbs.com/newsroom/DBS_named_Worlds_Best_Bank_for_fifth_year_running#:~:text=Piyush%20Gupta%2C%20DBS%20CEO%2C%20said,customers%2C%20employees%20and%20the%20community.

遊びの未来に向けた
LEGOグループの
取り組み

世界的玩具ブランドのデジタル変革

LEGOグループのDXの旅は、ある根本的な疑問から始まった。「世界で最も愛されているレガシーブランドを、デジタル化が進む時代に、どのように守っていけるのだろうか？」

子どもたちの目がますますスクリーンに奪われ、買い物行動がデジタル化し、物流がテクノロジーに依存するようになる中、LEGOグループは「遊びの未来を手にする」というビジョンを打ち立てた。そのためには、会社の最深部までデジタル化し、テックリーダーになる必要があった。

旅の最初の段階は、テクノロジーに焦点を当てたものだった。IT部門が、テクノロジーがよりうまく連携できるようにシステムをアップグレードし、技術チームにアジャイルプログラムを導入し、ワークロードのクラウドへの移行を開始した。しかし、CEOとトップチームは、もっと徹底的で抜本的な変革が必要だと考えていた。テクノロジーは極めて重要だが、それだけではビジョンを実現することはできない。テクノロジーを使って、顧客体験からグローバルなサプライチェーン管理まで、あらゆるものを再構築する必要があると考えたのだ。LEGOグループは、テクノロジーリーダー企業になるために、アーキテクチャ、オペレーティングモデル、人材プロファイル、テクノロジーとアナリティクスのコンピテンシーを変える必要があった。

● LEGO グループについて

・**会社概要**：デンマークのビルンに本社を置く玩具製造会社

である。LEGO ブランドの玩具を製造しており、そのほ
とんどが連結可能なプラスチックブロックで構成されてい
る。LEGO グループはまた、LEGO ランドとして知られ
るいくつかの遊園地を世界中に建設し、数多くの小売店を
運営している

・**従業員数**　25,000 人以上

・**時価総額**　N/A（非上場企業）

・**収益**　646 億デンマーク・クローネ（93 億米ドル）／ 2022
年

・**事業地域**　ヨーロッパ、北米、南米、アジア太平洋、中東、
アフリカ

● LEGO グループのデジタル変革の実現

　彼らが最初に気づいた重要な点は、このような基本的なビジョンは、
外部委託したり、短期的なプロジェクトとして経営者任せにしたりす
ることでは実現できない、ということだった。LEGO グループのリー
ダーたちは、デジタル変革を最初から共同で実行する必要があると判
断した。約100人のビジネスリーダーとマネジメントグループ全体が、
真にデジタルを活用した消費財企業になるという5年の志を策定した。

　その志を実現へと移行させるために、リーダーグループは、テクノ
ロジー、データ、アナリティクスに基づき、90以上の取り組みを通
じて向上させることができるビジネスケイパビリティを特定した。そ
れぞれについて、潜在的なインパクトが何か、そのインパクトをどの
ように測定するか、そのインパクトを得るためにどの程度投資が必要
か、を評価した。

　これらの機会を総合的に把握するために、LEGO のリーダーは、こ
れらのビジネスケイパビリティに近いビジネスドメインとの関連性に
基づき、10のドメインにグループ化した（例えば、消費者の経験に関連するケ
イパビリティは消費者ドメインにグループ化された）。そのケイパビリティを手に
入れると、次にリーダーは、各ドメインの基本的なソリューションと、
対応するテクノロジー、データ、および人材のニーズをマッピングし
た。

このプロセスにはいくつかの利点があった。その一つは、事業機会とその実現要件に合意が取れたこと。もう一つは、リーダーたちの間に、どれだけのことが可能なのかという真の関心と確信が生まれたことである。

チームは、まず素晴らしいデジタル体験を作りたいと考えている優先ドメインを決定した。消費者 (LEGO製品で遊んでいる人々、主に子供たち)、買い手 (LEGO製品を直接LEGOから購入する人々)、顧客 (LEGO製品をLEGOのために販売している人々、つまり小売パートナー)、そして同僚 (LEGOグループで働いている人々) である。彼らはこれらの優先順位を総合的なロードマップに落とし込んだ。そのロードマップは、ユーザーグループやドメインごとに、主要なデジタルソリューションの優先順位からなる。これには、各ソリューションのテクノロジー、データ、チームリソースのニーズの特定、および各ソリューションの予想される投資と必要なリターンの特定が含まれていた。会社の取締役会は、必要なデジタルソリューションおよびサポートするテクノロジーおよび分析のケイパビリティを構築するために、5年間で大規模な投資を行うことを合意した。

この計画を実行するために、リーダーはデジタル変革の複雑さを知る、実際の経験を持つリーダーが必要だと認識していた。

そこで、彼らは、テスコやメディア・サターンでデジタル変革を率いてきたアトゥル・バラディワジをデジタル技術最高責任者 (CDTO) として登用した。アトゥルが下した最も重要な決断の一つは、特定のソリューションを提供するために必要な製品ごとにチームが割り当てられ、責任を負うというオペレーティングモデルを採用することだった (製品・プラットフォームモデルの変換である)。ある製品チームは、ユーザー向けのソリューションとその下層のアプリケーションやワークフローの提供に焦点を当てた。例えば、ウェブサイトの体験の最適化などである。他のチームは、アプリケーションをクラウドに移行してアプリケーションの開発を加速するなど、開発チームをサポートするデータとテクノロジーシステムに集中した。別のプロダクトチームは、複数のドメインで共有されるデータプロダクトを開発することに焦点を当てた。例えば、顧客とその属性データ、プロダクトマスターデータの開発などである。

このオペレーティングモデルの重要な要素は、各々が明確なオーナーシップを持っていることだった。各ドメインには、エグゼクティブ

チームのスポンサーと、そのドメインの成果に共同責任を持つビジネスおよびITのリーダーがそれぞれいた。スポンサーは両リーダーと連携してロードマップを作成し、ソリューションの順序づけと設計の両方について調整を行った。プロダクトチームでは、ビジネスリードがプロダクトオーナーの役割を担い、エンジニアと密接に協力しながら、特定のKPIを達成するためのバックログを管理し、優先順位をつける責任を負っていた。このようにビジネスをプロダクト管理体制に統合することは、プロダクトチームが開発するソリューションをビジネス側が確実に採用できるようにするために極めて重要であった。

　ビジネス側のプロダクトオーナーは、リードエンジニアや、エンジニア、アジャイルコーチ、テクノロジープログラムマネージャー、データサイエンティスト、デザイナー、アナリティクスなど、8〜10人のチームと協力した。このチーム構造の最終的な目標は、「ビジネス」と「テクノロジー」の区別を消すことだった。プロダクトチームの全員がKPIとインセンティブを共有し、テクノロジー面は最終的にCDTOへ報告し、彼が彼らのキャリア開発、トレーニング、成長を管理した。

　このプロダクト志向のオペレーティングモデルを管理するために、CEO、CDTO、およびドメイン「スポンサー」は予算とリソースを1年単位で配分した。ドメインリードはプロダクトチームの進捗を初期的には毎月、取り組みの後期では四半期ごとに（または四半期業績レビューで）確認した。レビューでは、テクノロジー的な実装の変更（例えば、サブドメイン/プロダクトチームごとに実装されるAPIの割合）やアプリケーションのクラウドへの移行の割合など、成果のトラッキングとそれらの成果を推進する明確なKPIに焦点が当てられた。

　これらのプロダクトチームが扱うデータは、デジタル変革の本質であるとCDTOは考えていた。なぜなら、データは高度なユーザーエクスペリエンスを提供し、オペレーションを改善し、単位当たりのコストを削減するための鍵だからである。各ドメインは自らのデータを所有し、それを維持すると共に、他のドメインが簡単に利用できるようにする責任があった。こうすることで、データ上の混乱をなくし、各プロダクトのデータが単一かつ真であることを保証した。データ責任に対するこのアプローチにより、LEGOグループはデータプラットフォームを構築することができた。このプラットフォームは、セルフサ

ービスモデルを通じて他のチームが利用できるようにした。

　ロードマップで定義されたアグレッシブな計画に対してデジタルソリューションを提供するために、LEGOグループはエンジニアリングタレントを確保する必要があった。これは特に緊急であった。なぜなら、スタッフのうちエンジニアはわずか30％未満に過ぎず、コードの約70％は外部リソースによって開発されていたためである。ディレクター／シニアディレクターレベルのシニアエンジニアの不足は、この挑戦を特に難しくさせた。タレントを引き付けるために、LEGOグループは開発者向けのカンファレンスに参加し、開発者が使用する最新の技術や解決する深刻な技術的問題をハイライトするソーシャルメディアキャンペーンを開始した。また、上海にデジタルスタジオを開設し、当初7人であったデジタルおよび分析専門家を75人にまで増やした。コペンハーゲンにも、200人の新しいデジタルおよび分析専門家が働くスタジオを開設した。短期間で、クラウドのスキルを持つシステムおよびソフトウェアエンジニアを2.5倍に増加させた。このエンジニアリングタレント採用への注力は、LEGOグループが2つの具体的なニーズを満たすのに役立った。その一つは、より柔軟で迅速なセルフサービス機能を実現するための、アプリケーションとシステムの積極的なモダナイゼーションだった。これには、技術的負債の返済、パイプラインなどのインフラオペレーションの自動化、主要ワークロードの最大80％のクラウドへの移行、柔軟性に欠けるモノリシックなアプリケーションの使用を削減するためのPlatform-as-a-ServiceおよびSaaS機能の開発などが含まれる。もう一つは、セキュリティを開発プロセスに最初から統合するDevSecOps（米国標準技術研究所のスコアを継続的に測定）、コーディングの高速化と品質向上の両方を実現するCI/CDプラクティス、AIモデルを開発・管理するMLOpsなど、先進的なエンジニアリングプラクティスを取り入れたことである。

　中心的な焦点は、チームが開発したソリューションをユーザーが採用し、それらのプロダクトが普及できるようにすることだった。そこでLEGOグループは、「すべてのテクノロジーソリューションは、最初からグローバルな使用を想定して設計・デザインされるべきである」という方針を打ち出した。これは、所定のAPIの標準化、データドメインとオブジェクトの明確な定義、明確なリレーションマッピングと文書化、これらのデータドメインに対する明確な説明責任を含む、

特定の全社的なデータ分類法を構築することを意味する。CDTOは、これらの原則を満たさない"ローカル"な取り組みには拒否権を行使する権限を持ち、しばしばそれを行使した。このアプローチにより、チームはリグレッションテストやチーム間のコミュニケーションに行き詰まったり、時間がかかったりすることなく、並行して作業を進めることができた。

デジタル変革のこのフェーズが数年経過すると、LEGOグループは改善を見て正しい方向に進んでいると実感できた。LEGOグループは、強力な電子商取引およびオムニチャネル小売業者との提携が、彼らの業績に重要な要因として寄与したと述べている。LEGOグループの収益報告によれば、前年同期と比較して収益が17%成長し、営業利益が5%成長した。また、デジタル変革への投資の加速が、ショッパーやパートナーのためのオンライン体験の改善や消費者のための商品使用の体験の普及など、幅広い利点をもたらしていることも述べている[1]。ウェブサイトは強化して再構築され、LEGO Builderアプリのダウンロードは2021年と比べて42%増加した。

LEGOグループが開発したこれらの新しい企業全体のデジタルケイパビリティは、会社に新しい成長の道を開いている。LEGOグループは、新しいドメインに進出しており、Epic Gamesと提携してデジタルアリーナとメタバースでのプレーの未来を探求している。このゲームの野望は、物理的な店舗での体験からソーシャルプラットフォームでのエンゲージメントに至るまで、消費者を取り囲むエコシステムを形成する意欲が表れている。LEGOグループは、現在ゲームエンジニアリングやゲームデザインなどの新しいケイパビリティを構築するための投資を続けている。

参考

1. 「LEGOグループは2022年高い伸びを収め、未来への投資を継続する」LEGO.com（2023年3月7日）

日本におけるDXリーダー企業の事例紹介

佐久間隆介（マッキンゼー・デジタル）

CHAPTER 7では、本書で挙げたDXに必須な各要素を統合・実践している国外企業を事例にとって、変革ストーリーを辿ってきたが、本コラムでは、日本の読者にとって身近な日本企業の事例を2つ紹介したい。

● 日本企業事例1　株式会社カインズ

　カインズは、ホームセンターチェーンで、関東を中心として全国に約230の店舗を展開し、従業員数約1.3万名（2023年2月末）、売上高5,158億円（2023年2月期）の企業[1]である。ホームセンターから製造小売業（SPA）、そして今回紹介する「IT小売企業」へと変革を起こしながら成長を続けている。

　カインズのDXは、土屋裕雅会長の「IT（を使いこなす）企業になる」という強いコミットメントの表れである、2018年の「IT小売業宣言」が発端となっている。当初は、大きな売上のポテンシャルが見込めるデジタル会員の増加を最重要指標に設定した。店舗も巻き込んで実施した地道な声がけを含む会員増加施策により、取り組み開始から2カ月間で、会員数が50万人増加するという成果を生んだ。

　デジタル会員数の増加を原動力として、様々なユースケースが誕生した。アプリユーザー向けの店舗での品物受け取りサービス、マイストアでの在庫検索、オンラインでの注文を取り置く「非接触」ロッカーなどがある。注目すべきは、オンラインでの体験向上にとどまらず、顧客向けのサービスとして店舗に売場案内ロボットを導入したり、店舗にあるドッグランの予約システムを提供したりしており、さらには価値を享受する体験者を顧客から店舗スタッフにまで広げ、スタッフ向けの売場・在庫検索アプリを構築するなど、多方面にアイデアを発展させている点である。バラバラな施策を手広く行って失敗している他社のケースが多い中、カインズは全社のサービスとシステムのマップを整理して

社内の認識を共通化しながら進めることで、目指す姿に向けてユースケース群を意味のあるつながりにしてきた。

人材面では、2018年では数名であったデジタル部門の人員を、約4年間で160名に増員することに成功している。実際に行ったのは、幅広いゼネラリストの募集ではなく、どのような価値に貢献するのかを明らかにした役割定義、同業他社とは一線を画した価値の訴求[2]と自立・成長を促す人事制度が挙げられる。例えば、「じぶんらしい働き方、創ろう。」をキーワードとして独自の人事戦略「DIY HR®」を策定し、DIY (Do It Yourself) 思想を組織文化にも浸透させている。

アジャイルなオペレーティングモデルへの変革においては、IT開発で再利用できる「部品」を新しい仕組みの中で活用していく取り組みが特徴的である。動作保証付きの「部品」を、価値が出ると見込まれるEC事業、ウェアハウス・マネジメント・システム (WMS) などの新しい仕組み作りで繰り返し使えるようにしていくものである。社内の各エンジニアは、ビジネス部門と共に要件定義、設計、開発、テストを行い、社内で不足している領域をベンダーに発注するようにした。同社の言葉を借りると、「設計する側がビジネス部門と一番よい妥協点を探り、無駄なものを作らなくなること」を狙って、内製化そのものではなく「工程自体を変える」ことをゴールにした取り組みである。

ビジネス成果を生むために、アーキテクチャ面で必要となることは、単独で検証したユースケースを実際に企業が持つ膨大な顧客や商品のデータで実践することや、生成AI、ローコード・ノーコードなどの技術を顧客が使うシステムに適用することである。カインズでは、レガシーシステムからの脱却を一気に進め、アジャイルにサービスとシステムを開発できる環境を整えてきた。

さらには、従業員が勤務中に、どのような業務にどのくらいの時間を使っているのかを検証し、多くの時間を費やしている業務にソリューションを導入すると、どの程度効率化されるのかを評価するという業務もオペレーションの中に組み込んでいる。そのような評価を通じて、効果が高いと予想されるものを次のアプリケーションとして開発するという方針のもと、同社は継続的に進化を続けている。

● 日本企業事例2　ニチガス (日本瓦斯株式会社)

ニチガスは、LPガスの販売から始まり、約70年の歴史の中で、現在は首都圏を中心にしたLPガス・都市ガス事業、および電力小売事業まで手掛ける、

従業員数約1,750名 (2023年4月時点)、売上高2,079億円 (2023年3月期) の企業[3]である。効率配送のデジタルプラットフォームが評価され、「DX銘柄2022」のグランプリに選定されている。

　同社会長、和田眞治氏の「Uberを超えたい」との想いからデジタル事業を強く指向したことが、変革ストーリーの発端と言える。和田氏は営業時代に約200軒の顧客宅のガス交換・問い合わせへの対応や新築マンションなどへの新規営業を行う一方で、社内ではオフィスコンピューターからうまくデータが取り出せず、手作業で資料を作成するなどの業務の非効率に悩まされていた。その体験を背景に、現場視点での業務・IT改革を絶え間なく行ってきた。沿革をさかのぼると1997年のLPガス自由化を皮切りに激化する競争に備え、値下げおよび効率化に向けてガスボンベのデポセンターや充填工場の設立などによる物流改革、およびITシステムの改革に次々と取り組んだ結果、2010年代に効率配送のデジタルプラットフォームを構築するまでに至った。

　効率配送の仕組みの概要は次のようになる。家庭などの消費地のガス管に使用量やガス漏れなどを計測するスマートメーターを設置し、その情報を基幹情報システムに自動連携する。これを基にガスボンベの搬入から消費地までの最適な配送計画をシミュレーションし、物流部門へ自動的に指示。また、顧客のガス料金を自動計算・請求したり、ガス漏れデータをもとに保安作業を実施したりすることも可能。これをプラットフォームとして、自社のみならず、他のエネルギー事業者にも外販している。

　この取り組みの実現に至ったポイントの一つに、組織体制が挙げられる。ニチガスでは、DXを担う情報通信技術部をエネルギー営業本部内に設置し、ビジネス部門と一体となった施策を推進した。IT担当が営業担当からの要望をうのみにするのではなく、営業担当に寄り添って真に達成したいことは何か、本質的な課題は何かを把握したり、最新の技術で何ができるのかに関する情報を営業担当に伝えたりするなど、課題を共に解決していくことを重視している。

　他社に先駆けて、業務基幹システムのクラウド化も推進してきた。2011年、和田氏をはじめとするトップマネジメントが決断し、当初LPガスのために作られた基幹業務システムをクラウド上でアップグレードし、電気・都市ガスへの対応も含めたフルクラウド化を進めた。また、新規のユースケースをトライ・アンド・エラーで進めていくために、レガシーのリファクタリング、すなわち営業業務、経理業務、人事業務のような相互につながっていた機能を適切な単位に分割するマイクロサービス化を行ってきた。

　このマイクロサービス化した各機能に対して、データ・業務の見える化を行った。各機能をAPIでつなげ、そこに自動照会を可能にするボットを設定してアプリからアクセス可能にすることで、顧客および社内に効果をもたらしている。顧客向けでは、AIチャットボット経由でLPガス利用開始を申し込めるようにしたり、その他の問い合わせに対応可能なチャネルを構築したりしたことで、顧客体験が向上した。社内向けでは、従業員が業務の状況を把握できるようにしたことで、業務に時間がかかっているなどの課題解決の時間が短縮された。

　費用対効果の高いスマートメーターをスタートアップと共同開発するなど、他社との協業も積極的に行ってきたニチガスは、このデジタルプラットフォームを基に、AIをはじめとした先端技術を得意とする社外プレーヤーとの連携、および自社の持つネットワークを活用しながらツールやサービスを拡大している。

●日本企業固有の変革ストーリー構築に向けて

　他にも多くの日本企業がベンダー依存や負のIT遺産といった根深い課題に果敢に挑戦している。成功した企業は例外なく、企業としてありたい姿を「共通言語化」することに始まり、本書で述べた変革に必須な要素を統合させながら取り組みを拡大させている。ここで重要なのは、他社で成功した内容を個別に取り入れることではない。各企業の個性を生かしながら、全社一丸となってストーリーを創りあげていくことである。唯一の正解もないし、一朝一夕に実現できることではないが、本コラムで紹介したような、ユニークな変革を実践する日本企業がますます増えていくことを願ってやまない。

参考
1.　株式会社カインズ　企業ウェブサイト
　　https://www.cainz.co.jp/corporate/overview/
2.　例として、1Fにカフェスペースを併設した「CAINZ INNOVATION HUB」を表参道にオープン、オウンドメディア「となりのカインズさん」を設立
3.　日本瓦斯株式会社　企業ウェブサイトほか
　　https://www.nichigas.co.jp/corporate/aboutus

●謝辞
共同著者の3人より

『Rewired』は、我々のクライアントの革新、努力、および現実的な取り組みを映し出している。我々のクライアントは、デジタルやAIの時代に競争相手を凌駕するための新しい企業ケイパビリティを築くアイデアを受け入れてくれた。この驚異的な旅をクライアントと共にできるのは、我々の特権だ。本書は、彼らの経験の鏡であると言えるだろう。

特に、DBS、フリーポート・マクモラン、そしてLEGOグループの3つの企業には、本書のための指針とインスピレーションとして彼らの旅を提供してくれたことに感謝する。これらの物語は、この旅が進化し続けることを我々に思い出させてくれた。

本書は、我々の同僚や200以上のクライアントサービスチームのサポート、指導、洞察なしには実現しなかっただろう。我々は6年以上の数千時間にわたる彼らの堅実な取り組みに頼ってきた。また、本書の考え方を形成するうえでは、DXの旅に関する何百もの記事より、鋭い洞察を受けた。我々は彼らに深い感謝の意を表し、彼らとのパートナーシップに感謝する。

我々3人はマッキンゼー・デジタルの一員であり、これは5,000人以上の最先端エンジニア、科学技術者、デザイナー、ソフトウェア開発、AI、クラウド、アジャイル、プロダクトマネジメント、ユーザーエクスペリエンスデザインなどの分野の世界クラスの専門家、および有能なビジネス変革リーダーで構成されている。彼らには、デジタルの力を利用して企業や業界を変革するこの驚異的な旅を続けていることに感謝する。

本書の編集に不可欠であり、我々の思考を研ぎ澄ませ、この努力を通じて読者の視点を持ち込んでくれた同僚のバール・ザイツに特別な感謝を。彼なしでは、本書は実現しなかっただろう。

そして、我々のDXに関する考えに十分な価値を見出し、我々の思考を一冊の本に変えてくれたビル・ファルーンとWileyに感謝する。

●エリックから

本書に興味を持ち、多くの興味深い会話を引き出してくれた妻のマリーライスへ。そして、素晴らしい才能で私にインスピレーションを与えてくれる娘たち、アンネ・マリーとクレアへ。このプロジェクトを完了するためのサポートと自由に感謝する。

●ケイトから

毎日私を笑わせ、頭は非現実的な思考に、足は地につけてくれる、私の人生の3人の素晴らしい少年、ベン、ハリー、そしてザックへ。彼らはこれを読むことはないだろうが、私はあなたたちをとても愛している。

●ロドニーから

Zoomや通話でこのトピックを十分に話し合った結果、彼らも本を書けるようになったと思う妻のローラ、子供たちのザカリー、アッシャー、ダリアへ。そして、両親であるエスターとバリーが本書を読んで、私が何の仕事をしているのかをもっと理解できるように！

●リーダーへの感謝

本書の完成のために専門知識を提供し、時間（そして間違いなく努力や涙も）を投資してくれたリーダーや実践者に感謝したい。

Overall guidance
Rob Levin, Johannes-Tobias Lorenz, Alex Singla, Alexander Sukharevsky
SECTION 1：Creating the Transformation Roadmap
Tanguy Catlin, Alejandro Diaz, Bryce Hall, Vinayak HV
SECTION 2：Building Your Talent Bench
Vincent Bérubé, Sven Blumberg, Maria Ocampo, Suman Thareja
SECTION 3：Adopting a New Operating Model
Santiago Comella-Dorda, Julie Goran, Kent Gryskiewicz, David Pralong, Shail Thaker, Belkis Vasquez-McCall
SECTION 4：Technology for Speed and Distributed Innovation
Aamer Baig, Klemens Hjartar, Nayur Khan, Oscar Villareal

SECTION 5 : Embedding Data Everywhere
Antonio Castro, Holger Harreis, Bryan Petzold, Kayvaun Rowshankish
SECTION 6 : The Keys to Unlock Adoption and Scaling
Ryan Davies, Liz Grennan, David Hamilton, Mark Huntington
SECTION 7 : Transformation Journey Stories
Chapter 33 : Sean Buckley, Harry Robinson, Richard Sellschop
Chapter 34 : Shefali Gupta, Vinayak HV, Joydeep Sengupta
Chapter 35 : Karel Doerner
※「SECTION」「Chapter」の表記は原著に準拠

さらに、この取り組みに貢献してくれた以下の方々にも感謝したい。

Mohamed Abusaid, Chhavi Adtani, Aziz Almajid, Juan Aristi Baquero,
Sebastian Batalla, Kimberly Beals, Jonathon Berlin, Salesh Bhat, Dilip
Bhattacharjee, Etienne Billette, Jim Boehm, Jan Vanden Boer, Victoria
Bough, Sam Bourton, Jan Shelly Brown, Matt Brown, Yahya Cheema,
Devon Chen, Josephine Chen, Melissa Dalrymple, Jay Dave, Mathieu
Dumoulin, Jeremy Eaton, Ben Ellencweig, McGregor Faulkner, Scott
Fulton, Or Georgy, Martin Harrysson, Jeff Hart, Dave Harvey, Yaron
Haviv, RJ Jafarkhani, Steve Jansen, Noshir Kaka, James Kaplan,
Marami Kar, Prateek Khera, Gina Kim, Minki Kim, Kathryn Kuhn, Steve
Van Kuiken, Klaas Ole Kürtz, Laura LaBerge, Clarice Lee, Larry Lerner,
Amadeo Di Lodovico, Jorge Machado, Ani Majumder, David Malfara,
Brian McCarthy, Lauren McCoy, Tom Meakin, Sidd Muchhal, TJ
Mueller, James Mulligan, Björn Münstermann, Raju Narisetti, Kait- lin
Noe, Sona Patadia-Rao, Naveed Rashid, Ranja Reda-Kouba, Marti Riba,
Gérard Richter, Myra D. Rivera, Katharina Rombach, Aldo Rosales,
Tamim Saleh, Katie Schnitzlein, Stuart Sim, Pamela Simon, Rikki Singh,
Henning Soller, Arun Sunderraj, Anand Swaminathan, Shravan Thampi,
Gregor Theisen, Caitlin Veator, Anna Wiesinger, and Linda Zhang.

4
0
3

● 解説──「おわりに」に代えて

岩谷直幸 （マッキンゼー・アンド・カンパニー日本代表）

　本書は、マッキンゼーの10年にわたるグローバルおよび日本におけるデジタルおよびAIトランスフォーメーション (DX) のノウハウを、詳細に解説したものである。単なる理論や概念の羅列ではなく、海外を中心にDXで事業変革、全社変革を実現した200社の英知を集め、DXに携わるリーダーの皆様の必携書となっている。この書籍を、日本の経営者や実務家の皆様に、一刻も早く届け、企業運営に活かしてもらいたいという想いから、マッキンゼー・デジタルの日本オフィスの専門家チームが共同で翻訳し、短期間で日本版の出版にこぎつけた。

● DXによる企業価値向上は待ったなしである

　現在、私たちの経営環境は劇的に変化し続けている。コロナウイルスの流行、地政学的な変動、生成AIをはじめとする先端テクノロジーの急速な発展など、未曾有の出来事が相次いでいる。これからも変化のスピードは一層増していくことだろう。本書を通じて、世界をリードする企業が、DXにどれほどの資源を注ぎ込み、変革を果たしているか理解できると思う。同時に、グローバルリーディング企業と日本企業との間に、デジタルおよびAIを活用した変革力において、大きな差がついてしまっていることも垣間見ることになる。

　私たちは、日本企業の潜在能力の高さを強く信じている。国や文化として持っている強みや資産、加えて、個別企業が持っている技術や製品、先進的なサービスは、依然、高いポテンシャルを有している。フルポテンシャル発揮に向けてテクノロジーを十分に活用できていない現状は、大変「もったいない」と、言わざるを得ない。

　さらに、日本の企業が、今後の成長機会である国際市場において競争力を強化し、組織全体として、持続的な進化を遂げるためには、挑戦的なビジョンや目標が欠かせない。しかし、時に、日本企業は謙虚すぎる傾向があり、現実的すぎる目標を設定してしまう傾向がある。

今こそ、組織一丸となり、挑戦的な目標を掲げ、デジタル、技術、AIの力を駆使して、フルポテンシャルを発揮する時である。挑戦的なビジョンや高い目標設定ができれば、その具体的なHOWのヒントは、本書を参考にしていただける。

日本人の持つ謙虚さは大切だが、企業価値を向上させるための経営の転換を、劣後させることはできない。今こそ、デジタルとAIを駆使し、「サステナブルでインクルーシブなグロース（持続的かつ包摂的な成長）」を実現することが、企業として、国として、極めて大事になってきている。

◉日本企業の今後の運命を定めるのは本書を手に取った皆様である

本書には、日本企業がグローバル市場において存在感を高め、より競争を優位にするための手がかりが、多く詰まっている。デジタルやAIを、高度で敷居の高い分野と感じている方もいるかもしれない。しかし、今後の企業経営を考えると、これらなしに、企業の変革や進化を実践することは不可能である。それぞれの分野での専門家の活用も重要だが、そうした各分野の専門家やリーダーと協働して企業を進化させていくために、自分の頭で理解し、意思決定を進めていくことが求められる。

会社や事業の目標、その目標に基づき、機会を勝ち取り脅威を避けるための戦略、その戦略を実現するための打ち手、組織および人材のあり方の再定義、これら全体の中でデジタル、技術、AIをどのように活用できるのか、すべきなのかを理解し、組織に明確な指示を出すことが、極めて重要である。

テクノロジーが日々進化し続ける中、リーダーには、新しい資質が必要なのだ。常に知的好奇心を持ち、新しいテクノロジーや概念を迅速に学び、試し、広範囲にわたって適用し、不確実性と向き合いながら、大胆に企業を進化させ続ける力のことである。

今後、デジタルおよびAIを駆使した企業変革は、企業におけるリーダーにとって不変のテーマであり続ける。本書でも繰り返し述べているが、DXは企業変革そのものである。本書の内容を参考にしていただき、日本ならではのフルポテンシャル・強みを活かした企業変革

と進化の旅路を歩んでもらいたい。この旅路を歩んでいくことこそが、日本企業と日本社会の、輝ける未来をつくることに繋がると、強く信じてやまない。

●代表監訳者　謝辞

黒川通彦（マッキンゼー・デジタル 日本共同代表）

　この書籍の出版に際し、多くの方々からの貴重な協力と支援に深い感謝の意を表す。このREWIRED日本語版出版プロジェクトを短期間で実現できたのは、多くの個人と組織の協力の賜物である。

　まずなによりも、原著者であるERIC LAMARRE（エリック・ラマール氏）、KATE SMAJE（ケイト・スマージュ氏）、RODNEY ZEMMEL（ロドニー・ゼメル氏）に心から感謝の意を表す。彼らは、膨大な時間をかけ、デジタルおよびAIトランスフォーメーション（DX）に大きな成功を収めた選りすぐりの200社との共同作業で、成功のための方法論や教訓を導き出した。そこに彼らの経験からの深い知識、洞察力、情熱が加わり、この本の内容を深化させ、この時代を生き抜くリーダー達の実践書として、最先端の有益な情報を惜しみなく提供してくれた。

　また、マッキンゼー日本の同僚である岩谷直幸氏（解説執筆）、片山博順氏（CHAPTER 2解説）、茶谷公之氏（CHAPTER 3解説）、松本拓也氏（CHAPTER 4解説）、工藤卓哉氏（CHAPTER 5解説）、斉藤基氏（監訳、CHAPTER 6解説）、佐久間隆介氏（CHAPTER 7解説）にも、日本の読者に向けた解説コラムを寄稿してくれたことに感謝したい。数多くの日本企業のDXを成功に導いた実績と、多くの経営者と二人三脚で課題解決を行ってきた経験から、日本独特の困難・挑戦を理解した彼らの視点が追加されたからこそ、本書が単なる辞書ではなく、より臨場感をもった有用な実践書として仕上がった。

　さらに、日本語版出版チームの中村鉄智氏、関満亜美氏、保坂紀子氏、劉新宇氏、池畑有咲氏、元宜靖皓氏、林伶俐氏、山田優士氏にもこの場を借りて感謝する。海外とのやり取りを含めた詳細なプロジェクト管理、専門的な翻訳により、最先端で難解な内容も含まれるこの本を、タイムリーに、また原書を超える充実した内容で日本の読者に届けることができた。

　加えて、東洋経済新報社の編集者である齋藤宏軌氏、デザイナー、校正担当者の皆様にも深い感謝を捧げる。彼らの専門知識、アドバイス、そして出版プロセスへの献身は、この書籍の品質向上に著しい寄与を果たし、助言により内容は洗練され、読者に魅力的な形で届けられた。

　最後に、本書に興味を持ってくださった読者の皆様にも感謝の意を表したい。この本が皆様の手に渡り、役立つ情報や洞察を提供でき、得られた知識が、DX成功への一歩を踏み出す助けとなることを、マッキンゼー一同、心より願っている。

●著者紹介

エリック・ラマール　ERIC LAMARRE

　マッキンゼーのシニアパートナー、マッキンゼー・デジタルの北米地域のリーダー。鍛錬されたエンジニアで、MIT（マサチューセッツ工科大学）にて水中波と水中音響に関する研究に従事した後、マッキンゼーに参画。マッキンゼーのデジタルおよびAIに関する方法論開発を先導し、同テーマに関する多くの著作を有する。マッキンゼー・カナダのマネージングパートナーを務めた経験を持つ。現在、モントリオール・ハート・インスティテュート・ファンデーションの取締役も務める。

ケイト・スマージュ　KATE SMAJE

　マッキンゼーのシニアパートナー、マッキンゼー・デジタルのグローバル共同リーダー。歴史学を専攻後、マッキンゼーで20年以上、B2C企業のクライアントの支援に従事している。デジタル領域に関する講演・出版活動を行い、地域や業種を超えたクライアントと協力し、テクノロジーとAIの力と人類の変化を結びつけ、飛躍させることに精力的に取り組んでいる。CTO（最高技術責任者）としての経験を有し、テクノロジー、継続的な学習、人材育成に関心を持つ。ロンドンを拠点とする児童慈善団体であるトミーズの理事を務める。

ロドニー・ゼメル　RODNEY ZEMMEL

　マッキンゼーのシニアパートナー、マッキンゼー・デジタルのグローバル共同リーダー。マッキンゼーのニューヨークおよび北東部オフィスのマネージングパートナーを歴任。アメリカにてヘルスケアクライアント担当をリードし、製薬、バイオテクノロジー、ヘルスケアサービスのクライアントを支援。思想家としても知られ、共著『Go Long: Why Long-Term Thinking Is Your Best Short-Term Strategy』を出版。分子生物学者としてキャリアをスタートし、現在は、デジタルトランスフォーメーション、AI、テクノロジー生産性の向上、デジタルビジネス開発についてクライアントを支援している。

●監訳者・各CHAPTER解説者略歴

黒川 通彦（くろかわ・みちひこ）　代表監訳、「日本語版出版に当たって」執筆、「CHAPTER 1」解説
マッキンゼー・デジタル、東京オフィス、パートナー

　マッキンゼー・デジタル部門の日本統括パートナー。26年以上にわたり日本のデジタル変革をリードしてきた経験とコアテクノロジーの知見を活かし、金融機関・製造業・小売業など複数の業界において、DXプログラムを支援中。日本におけるDXを加速すべく、書籍『マッキンゼーが解き明かす 生き残るためのDX』を出版。デジタルによる日本の企業価値向上をモットーとし、収益改善による足腰強化に始まり、本業の売上成長を経て、最終的には新事業による新たなイノベーションを実現。世界に輝ける日本を夢見て、日々、企業変革に情熱を燃やしている。

片山 博順（かたやま・ひろゆき）　「CHAPTER 2」解説
マッキンゼー・デジタル、東京オフィス、パートナー

　早稲田大学大学院理工学研究科 (情報ネットワーク専攻) 修了、デューク大学フュークア・スクール・オブ・ビジネス卒業 (MBA)。テクノロジー・メディア・通信事業者をはじめ、デジタルテクノロジーによって破壊的イノベーションが求められる様々な業界においてコンサルティングを提供。デジタル戦略、デジタル変革、新規事業の創出、コアテクノロジー変革に注力。業界・企業横断的なCIO・CDOのコミュニティ「Japan Technology Leaders Roundtable」を主宰。

茶谷 公之（ちゃたに・まさゆき）　「CHAPTER 3」解説
マッキンゼー・デジタル、東京オフィス、ベンチャーリーダー

　世界的ビデオゲームプラットフォームの元CTOとして知られ、創業期から関わり、EVPや執行役員としてグローバル経営に携わる。その後、インターネットコングロマリット企業AI担当執行役員、BIG4会計ファームCDOおよびパートナー、同グループデジタル開発会社初代CEOを歴任。現在、Build by McKinsey日本統括として、マッキンゼーの新規事業創出プログラムLEAPを通じて、企業支援を行う。

松本 拓也（まつもと・たくや）　「CHAPTER 4」解説
マッキンゼー・デジタル、東京オフィス、パートナー

　早稲田大学商学部卒業。アクセンチュアのマネージングディレクターを経て、現在はマッキンゼー東京オフィスにおけるコアテクノロジー部門の代表を務める。クラウドネイティブ化、エンタープライズ・アーキテクチャ導入、データ

エンジニアリング、サイバーセキュリティ対策といったテクノロジーのモダナイゼーションに深い知見を有し、これまで20年以上にわたり、企業のデジタル戦略の立案と実行を支援。

工藤 卓哉（くどう・たくや）「CHAPTER 5」解説
マッキンゼー・デジタル、関西オフィス、パートナー

慶應義塾大学商学部卒、コロンビア大学環境科学政策修士（MPA）、カーネギーメロン大学情報工学大学院卒（MS）。前職では、アクセンチュア（シアトル）マネジングディレクターとして、データサイエンス部門の北米およびグローバルリードで22カ国の統括を務める。専門は半導体、通信業と先端製造技術分野。生成AIを含む複数の北米特許を保有。現在、QuantumBlack（AI by McKinsey）の日本共同代表を務める。

斉藤 基（さいとう・もとき）　監訳、「CHAPTER 6」解説
マッキンゼー・デジタル、東京オフィス、エキスパートアソシエイトパートナー

慶應義塾大学経済学部卒業、香港科技大学経営大学院修士課程修了（MBA）。野村総合研究所にて、システムエンジニア、システムコンサルタントとして20年以上従事し、同社部長職を経て、現在に至る。特にレガシーITモダナイゼーション、エンタープライズ・アーキテクチャ導入、データマネジメント戦略、ITコスト構造改革、IT組織変革に関して深い知見と経験を有し、製造業、流通業、金融機関等のクライアントのデジタル変革を支援。

佐久間 隆介（さくま・りゅうすけ）「CHAPTER 7」解説
マッキンゼー・デジタル、東京オフィス、エキスパートアソシエイトパートナー

慶應義塾大学法学部法律学科卒業。アビームコンサルティング株式会社執行役員、株式会社ABEJA事業責任者を経て、現在に至る。主に製造業、コンシューマビジネス、小売業向けのデジタル戦略立案や全社変革プログラムに従事。特にERPパッケージ・SaaS・独自開発を組み合わせた基幹業務の刷新およびデータ・AI活用によるユースケースの立案と実行に関する深い知見を有する。

中村 鉄智（なかむら・てつのり）　監訳
マッキンゼー・デジタル、東京オフィス

イリノイ州立大学修士課程修了（MBA）。デロイトコンサルティングのシンガポールオフィスにて消費財、製造業、通信業等に対しDX戦略、ERP・SaaSによる企業改革に従事し、現在は国内外の企業に対しコアテクノロジーを活用した企業価値向上を支援。

マッキンゼー・デジタル

　マッキンゼー・デジタルは、経営者のビジョンを現実化し、企業の未来を輝かせるための戦略的パートナーである。経営戦略とデジタルテクノロジーの融合のため、革新的なアプローチと、世界中の6,700人以上のエキスパートを活用し、クライアント企業の収益性と成長性を高めることで、企業価値向上を支援している。多様な変革プログラムを組み合わせることで、全世界で毎年2,000件以上のDXプログラムを支援するとともに、2018年から累計で500件の新規事業を構築。具体的には、全社デジタル変革の「Digital Transformation Service：DTS」、コアテクノロジーを変革する「McKinsey Technology」、データとAIを駆使して価値を生み出す「AI by McKinsey」、新規ビジネスを生み出す「Leap by McKinsey」、デザインを通じて価値を提供する「McKinsey Design」、そしてデジタルプロダクトで価値を創造する「Build by McKinsey」、デジタル組織の力を高める「McKinsey Digital Academy」などの専門能力を組み合わせることで、財務的インパクトを創出するのみならず、従業員の組織能力とエンゲージメントを高めることで、企業文化の変革にも貢献している。

マッキンゼー・デジタル日本

https://www.mckinsey.com/jp/our-work/digital

● 解説者略歴

岩谷 直幸 （いわたに・なおゆき）
マッキンゼー・アンド・カンパニー日本代表

　一橋大学経済学部卒業。在学中、テック企業HENNGE創業に関わる。1999年入社。カーネギーメロン大学経営学大学院 （テッパースクールオブビジネス） 修士課程修了 （MBA）。2021年日本代表就任。現在、消費財・小売企業を含む幅広い産業のクライアントに対し、全社変革プログラム、グローバライゼーションと海外でのさらなる成長の実現、オペレーション改革、戦略立案、経営統合、新規事業開発や営業・マーケティングに関するコンサルティングを提供。

マッキンゼー　REWIRED

デジタルとAI時代を勝ち抜く企業変革の実践書

2024 年 1 月 30 日発行

著　者——エリック・ラマール／ケイト・スマージュ／ロドニー・ゼメル
代表監訳者——黒川通彦
発行者——田北浩章
発行所——東洋経済新報社
　　　　　〒103-8345　東京都中央区日本橋本石町 1-2-1
　　　　　電話＝東洋経済コールセンター　03(6386)1040
　　　　　https://toyokeizai.net/

装　丁…………竹内雄二
本文レイアウト/DTP……村上顕一
印　刷…………ベクトル印刷
製　本…………ナショナル製本
編集担当………齋藤宏軌
Printed in Japan　　ISBN 978-4-492-53470-0